# 札幌キリスト教史の研究
## ―通史のための試み―

鈴江 英一

北海道出版企画センター

# はしがき

本書『札幌キリスト教史の研究　―通史のための試み―』は、もともと別に計画した『札幌キリスト教史』（仮題、出版準備中）とともに、札幌におけるキリスト教の通史とその執筆を支えた研究の諸編を一冊の書籍として公刊する心づもりであった。しかし通史と研究を一冊とするのは大部にわたり、出版の事情、通史部分の普及を考えると困難なことが多々あると予測された。そのため通史と研究をそれぞれ別に公刊することにした。このことは、後述するように、両書の性格の違いを明確にするうえで適切であったと思う。

『札幌キリスト教史』の原型は、『新札幌市史』で、そのキリスト教史の部分は、第二巻通史二（一九九一年刊）、第三巻通史三（一九九四年）、第四巻通史四（一九九七年）、第五巻上通史（上）（二〇〇二年）、第五巻下通史（下）（二〇〇五年）と五巻六編に及んで掲載しており、ほかに第八巻Ⅱ（二〇〇八年）の年表にもキリスト教関係事項が収録されている。これらにはすべて筆者が関わったので、一書にまとめてみようと考えた。二〇一二年の秋頃のことであった。以来六年余を要したことになる。このような公刊まで長期にわたったのは、『札幌キリスト教史』の叙述が、基本的には『新札幌市史』の記述を踏まえたとはいえ、各章ごとキリスト教をとりまく札幌市・北海道・日本の社会的環境、全国のキリスト教の状況を書き加え、『新札幌市史』にはなかった出典の註をすべてにわたって付加したためである。

さて通史に対して、本書であるが、通史執筆を直接的に、また間接的に支えた論考とともに通史から派生した研究を加えて一書としたものである。本書を構成する各章は、それぞれ独立した論考なので、以下、各編の概要を初出掲載誌及び初出年次とともに、紹介することとしたい。それぞれのうち各論編は、補論を除き『新札幌市史』執筆に先行し直接的また間接的に通史を支えた諸編である。特論編の第一、第二の二編は、それぞれ『新札幌市史』の前後、十二年ほど前、また十二年後に公表したものである。いずれも『新札幌市史』とは公表年次が離れてはいるが、戦時下のキリスト教を理解する一端となるものなので本書に収録した。各論編とは章節の構成を異にし、執筆の契機も異なるので、特論編とした。

各論編第一章「自治体史の中のキリスト教史」は、原型が一九九三年十二月四日開催の日本プロテスタント史研究会第五〇三回例会で報告した「自治体史のなかのキリスト教史　—札幌市史の経験を中心に—」である。報告の要旨は、『日本プロテスタント史研究会報告』第五一号（一九九四年一月）に掲載されている。この報告を大幅に書き加えて本章とした。この報告は、筆者が『新札幌市史』第三巻の執筆・校正を行っている最中であって、市史における執筆をどのように続けていくか模索していた時期の所産である。すなわち今後とも札幌のキリスト教史を時間の連続性を持ってその全体像をたどり続けることがはたしてなし得るかどうかという課題を抱えていた。そのような関心から、他の自治体史がキリスト教史をどのように叙述しているか参照したいと思い、可能な限り点検することとした。結果は、管見の限りであるが、多くの自治体史におけるキリスト教の扱いは通史というより断片的であって、連続性を持って全体像を描く叙述はなされていなかった。それに対して『新札幌市史』の執筆方針であり、筆者がめざしてきたのは、通史としての連続性を持って描き続けることであるが、あらためてその方法には、意義があり市史としては必要であると確認するところとなった。あわせてこの章の最後には、地域キリスト教史と全国史との関係について言及した。

第二章「戦前、札幌におけるキリスト教会の変遷　—その名称と会堂位置について—」は、新札幌市史編集室編の「新札幌市史」機関誌『札幌の歴史』第一三号（札幌市教育委員会文化資料室、一九八七年八月）に掲載された同名の論文である。これは『新札幌市史』第二巻に先立つ四年前に刊行されたさっぽろ文庫の一冊、『札幌とキリスト教（さっぽろ文庫、四一）』の編集作業のひとつとして取り組んだもので、戦前の札幌における教会の所在の全容を明らかにしようとする試みである。掲載誌は市史の機関誌であるが、市史に直接的に寄与することを意図したわけではないけれども、『札幌とキリスト教』そのものが市史におけるキリスト教史執筆の道備えをなしたものであって、とくにこの第二章は市史にとっては欠くことのできない予備的な作業であったと、今になっては思う。本章については、教会及び会堂の変遷の典拠とした教会史誌がその後、新たに公刊されるなど、補正すべき点が多くあるので、新たな文献・事実を加えて改稿した。補正した結果を公にしたいと考えたのも、本書刊行の主要な契機の一つである。

第三章「「戦時下キリスト教史」の叙述について　—『新札幌市史』のためのノート—」は、札幌市教育委員会文化資料室編『札幌の歴史』第三一号（札幌市・札幌市教育委員会、一九九六年八月）に掲載された同名の論文である。市史第四巻（『札幌キリスト教史』では第三章の一部、第四章）を執筆するにあたって、課題を整理するために執筆したものである。執筆の動機は、戦時下の問題、たとえば戦争に対する当時のキリスト者の向き合い方、またプロテスタント諸教会が日本基督教団に合同することになった宗教団体法などへの諸教会の態度などについて、筆者の視点を整理するところにあった。また札幌における通史叙述についての方法についても触れ、筆者の執筆態度を説明するものともなっている。本稿は、誤記をただしたほかは初出のまま収録した。

第四章「「戦後キリスト教史」の叙述について　—『新札幌市史』のためのノート・続—」は、第三章と同じく『札幌の歴史』第四〇号（二〇〇一年二月）に掲載された同名の論文である。これも市史第五巻上・下（『札幌キリスト教史』では第五章及び第六章）を執筆するにあたって、課題を整理するために執筆したものである。前章と同じ動機であったので「『新札幌市史』のためのノート・続」とした。ここでは戦後期を戦前期と同じように執筆できるのかどうか、これまで意図してきた通史叙述に対する態度が維持出来るかどうか、という課題を抱えていた。筆者以上にその時代を知悉する人びとの多い同時代を描くことには、筆者にとってかえって不案内な領域に踏み込む思いがしていた。結果は、市史第五巻上・下の通りになったのだが、そのために模索した過程の所産である。実作した通史で筆者が課題に応えているか、問題を解消したか、検証の対象になろう。本章も誤記をただしたほかは初出のまま収録した。

各論編補論「近代日本キリスト教史と札幌における時期区分」は、第六三回キリスト教史学会大会において発表した、「地域キリスト教史の試み　―札幌における時期区分をめぐって―」（二〇一二年九月十五日発表）の一部を改稿したものである。通史の執筆にあたって設定される編目、ことに通史の時間を分節化する時期区分をどのように設定するか検討したものである。『新札幌市史』は、自治体史であるから、その編目（時期区分）は、市政とくに市の制度の変遷によって構成されており、「キリスト教」史部分もほぼその区分に沿って叙述してきた。別途公刊を計画している『札幌キリスト教史』では、札幌におけるキリスト教史の通史として再構築する場合に、時期区分を市史から自立させ、どのように設定するか課題とした。このため近代日本キリスト教史の通史の中で、とくに時期区分を設定して叙述している主要な著作に着目し、通史の中で、時期区分がどのように考えられているかを検討した。本章は、『新札幌市史』執筆のために執筆したものではないが、近代日本キリスト教史の時期区分について問題を提起したと考えているので、本書の一角に加えることとした。

特論編第一「戦争期、キリスト教徒にみる国家体制順応の思想　―札幌組合基督教会椿真六牧師の場合を事例として―」は、五回にわたって『北海道史研究』第二二号～第二六号（北海道史研究会編・刊、一九八〇年四月～一九八一年六月）に掲載された同名の論文である。本稿は、戦時下で日本精神を高唱した一牧師の思想の変遷をたどったものである。『札幌とキリスト教』及び市史に直接結びついての執筆ではないが、筆者としては市史第四巻（通史では第四章）の一部を補強する論考なので本書に加えた。本編執筆の契機は冒頭「はじめに――問題の所在――」を参照いただきたい。誤記をただし註の体裁を整えたほかは初出のまま収録した。もっとも頭書に記したように一九七〇年に私家版を作成した後に、さらに一〇年後、ほぼそのままのかたちで『北海道史研究』に掲載し、本書に収録したものである。本稿のように戦時下のキリスト教のありようを問題とする研究は、いまや新たな研究が多数生まれていることは言うまでもない。それらの研究成果を吸収すると本稿も全面的に改稿する必要があろう。しかし、いまの時点で諸研究の成果を反映することはできなかった。別稿に期したい。ただ、いまのところ本稿に修正を加えるところはない。

また、二〇一五年六月、椿牧師離札後の任地である愛媛県今治市の日本基督教団今治教会で調査を行うことができた。

これによって本編の視点を補強することができたが、その結果は、本編の末尾に付記しておいた。

なお、『北海道史研究』第二三号〜第二六号に掲載されたものは、筆者が複製、合冊して若干部数を流布している。特論編第二「戦時下、札幌における状況への順応」は、第六七回キリスト教史学会大会シンポジュウム「札幌とキリスト教―戦時下のキリスト教―」（二〇一六年九月九日開催）において同名で発表し、その要旨が『キリスト教史学』第七一集（二〇一七年七月）に掲載されたが、そのまま本書に収載したものである。本編は、前出の札幌組合基督教会（札幌北光教会）椿真六、札幌日本基督教会（札幌北一条教会）小野村林蔵両牧師による戦時下の言動について、その異同をみたものである。

さて本書を『札幌キリスト教史の研究―通史のための試み―』と題したことから、札幌にかかるキリスト教史の研究史全般にふれる必要があったかと思うが、各編の論考で限定的に言及するにとどまった。本書の各編が通史の内容を補強するという範囲のものであったからである。諒としていただきたい。

最後に、通史と研究の両書に分けて刊行することについて付け加えておきたい。両書に分かつことになったのは、大部になることを避けたためであるが、これによって通史がより普及しやすくなったと思う。また、はからずも両書の性格の違いがより明確になったことを幸いとしたい。本書の方は、もっぱら『新札幌市史』執筆を支えるための諸論考であった。これに対して『札幌キリスト教史』は、『新札幌市史』を踏まえつつも、時期区分では市政の拘束を離れたキリスト教史として構築しようとしたものである。『新札幌市史』を構築するための諸論考と『新札幌市史』から自立しようとする通史とは、一書の中で共存できそうであったが、二つの要素をたとえば緒論などで全体を括るには、「地域キリスト教史の構築」というようなより大きな議論の枠組みを設定して考察を深める必要がありそうである。目下のところは「地域キリスト教史の構築」は、得心のいく結果に到達しなかった。本書では、第一章の小括で若干ふれるにとどめることとしたが、地域キリスト教史の可能性について、論議が深まることを期待したい。本書が、今後、自治体史のキリスト教史執筆の一助となるのであれば幸いに思う。

# 札幌キリスト教史の研究
## —通史のための試み—

# 目次

図表一覧

# 第一部　各論編

# 第一章　自治体史の中のキリスト教史

## 第一節　『新札幌市史』の中のキリスト教

### 一　市史における「キリスト教」史の位置づけ

『新札幌市史』は、一九八九年三月から二〇〇八年三月までの間、全八巻十冊をもって刊行された。このうち通史は五巻六冊、ほかに史料編二巻、統計・年表・索引二冊が刊行されている。通史五巻六冊のうちキリスト教史にかかるのは、表一に掲げたとおり、第二巻通史二に収載の第五編「札幌本府の形成」から第五巻通史五（下）の第一〇編「現代の札幌」までの各編である。各編の収載頁数は必ずしも均等ではないが、各時代、各編とも第一〇章第三節をキリスト教史にあてた編目構成となっている。当初からそのような構想であったかどうかは筆者には分からない。この間、筆者は札幌を離れていたこともあり、全編を執筆することは筆者自身も予定していたわけではなかったが、結果としてキリスト教宣教が始まる一八七五年から『新札幌市史』の下限である二〇〇四年まで―キリスト教史では実質的には二〇〇三年までが下限―、執筆をまっとうすることができた。このため本章で『新札幌市史』のキリスト教史の全体について述べることとなった次第である。

本書第一部各論編は、『新札幌市史』執筆のために予備的に行った考察である。本章は全編の執筆を終えたいま、あらためてその意図したところ及びその方法をふり返って確認しようとするものである。もとより市史（自治体史）における方法を、筆者が当初に掲げてそれをもって最後まで貫くことができたわけではなく、巻ごとに通史成立の可能性を模索してきたものであった。『新札幌市史』各巻は、三年から五年の間を置いて編集、刊行がなされているが、

おけるキリスト教史部分

| 終年) | 本文収載頁（始・終） | | 収載頁数 | 対応する『札幌キリスト教史』の章立て及び収載始年・終年 | | | |
|---|---|---|---|---|---|---|---|
| 1890 | 426 | 448 | 23 | 1 | 札幌宣教の始め | 1875 | 1889 |
| 1900 | 880 | 901 | 22 | 2 | 諸教派の進出と教会設立 | 1890 | 1900 |
| 1922 | 862 | 899 | 38 | 3 | 教勢の伸展と市民への浸透 | 1901 | 1932 |
| 1945 | 1092 | 1111 | 20 | 4 | 教勢の退潮と教会統合 | 1933 | 1945 |
| 1969 | 963 | 982 | 20 | 5 | 戦後の教勢回復 | 1945 | 1969 |
| 2004 | 995 | 1012 | 18 | 6 | 宣教の拡大と多様化 | 1970 | 2004 |
| 載総頁 | | | 141 | | | | |

キリスト教史通史の可能性についてはそのつど探ってきたところであって、全巻にわたる内容を見通して執筆にあたってきたわけではなかった。とくに満州事変以降のアジア太平洋戦争期—各論編第三章では「戦時期」と要約している—、戦後期、最終巻の時期をどのように執筆することが可能か、模索しつつ進めたところである。このため第一部各論編の第三章、第四章を執筆し、通史の方向を探ってきた。ただ筆者としては、通史としてこうありたいと願っていたところは変わらないものがあり、各巻にそれが反映することができたと思っている。本章では、筆者が『新札幌市史』に向き合うことができた過程をたどり、同書のキリスト教史部分の成立を明らかにしようと思う。本章でたどりついた諸点が、そのまま別稿『札幌キリスト教史』執筆の意図と方法となっていることは、ひとこと付け加えておきたい。

　さて本章は、以下のことを取り上げようと思う。まず本節二項で『新札幌市史』に先行する調査と研究の存在について述べる。次いで第二節では自治体史とくに市町村史でのキリスト教の扱いを見ようと思う。最後に第三節を「小括」として、地域キリスト教史の可能性についてふれ、この章を終えることとしたい。

## 二　市史に先行する調査と研究

表1『新札幌市史』

| 巻次 | | 編 | 章 | 節 | 節の名称 | 刊年・月 | 収載年次 |
|---|---|---|---|---|---|---|---|
| 2 | 通史2 | 5 | 10 | 3 | キリスト教の宣教開始 | 1991.1 | 1875 |
| | | 6 | 10 | 3 | キリスト教諸派の進出と教会設立 | | 189 |
| 3 | 通史3 | 7 | 10 | 3 | キリスト教の伸展と教会の確立 | 1994.3 | 190 |
| 4 | 通史4 | 8 | 10 | 3 | キリスト教の拡張と戦時下の危機 | 1997.3 | 192 |
| 5 | 通史5(上) | 9 | 10 | 3 | キリスト教の復興と戦後の宣教 | 2002.3 | 194 |
| 5 | 通史5(下) | 10 | 10 | 3 | 大都市のキリスト教宣教 | 2005.3 | 197 |
| | | | | | 主要参考文献を除く本 | | |

『新札幌市史』以前、北海道史、札幌市史の通史の編集に関わってキリスト教史のための史料調査が行われてこなかったわけではない。たとえば、一九一一年（明治四十四年）発行の最初の自治体制作になる市（区）史『札幌区史』では「札幌基督教会一覧表」が、一九一八年（大正七）発行の最初の『北海道史』の編集時に関連していると思われる『北海道ニ於ケル宗教』、「基督教々会堂講義所及び信徒数調（大正十四年末現在）」が、戦後の『札幌市史』社会文化篇では「札幌市史編集資料」二一宗教(一)調査資料」がある。『新札幌市史』の場合は、それらを参考としつつも、先行する以下の調査、研究に多く拠ってきたところである[(1)]。

『新札幌市史』のキリスト教史関係資料については、市史編集の段階で初めて収集に着手されたものではなく、二つの史料調査・収集、また研究があって、市史編集はその成果を取りこみつつ進められたものである。そのひとつは、一九七一年から行われた北海道キリスト教史料調査会による史料所在調査と収集であり、いまひとつは、さっぽろ文庫の一冊、『札幌とキリスト教』（一九八七年刊）の編集である。

北海道キリスト教史料調査会は、北海道のキリスト教史の研究、史料調査、収集を目的として設立された有期限の組織であった。当初は、教会史料の複製収集及び史誌の収集にあたってきたが一九七九年から教会記録の所在調査と調査した結果を目録として公刊することを目指した。その成果は、「北海道キリスト教会史史料目録」上、下として『日本宗教史研究年報』四、五（佼成出版社、一九八一〜八三年）に収録されている。ここに収録している教会記録は、刊行された教会史誌類一八三点、教会所蔵史料三、二五一点、図書館等所蔵史料五七点、合計三、四九一点である。教会所蔵史料の把握の対象は、プロテスタント教会に限られたが、二教団の教区事務所と四七教会の戦前の記録と札幌市役所宗教関係文書を明らかにすることができた(2)。

『札幌とキリスト教』は前述の通り、さっぽろ文庫の一冊であって、主として戦前の札幌におけるキリスト教の諸相を描き出そうとするものであった。筆者も全面的にこの編集計画に関わり、執筆と資料の収集にもたずさわった。同書は通史の叙述をめざしたものではないが、キリスト教活動の諸側面に光をあてることによって、キリスト教が札幌の文化的形成に抜きがたい影響力を発揮していたことを明らかにした。またキリスト者の市民が社会・文化、学術にたずさわってきた業績の大きさ、先駆性を描き出した。『新札幌市史』の戦前部分は、『札幌とキリスト教』が描きだして見せた戦前のキリスト教界を、また戦後部分は、同書では割愛した戦後から二〇〇四年―数値などは二〇〇三年時点―までを、時系列に沿って組み直し、新たに通史として提示しようとするものであった(3)。

## 第二節　自治体史の中のキリスト教史

### 一　戦前、札幌におけるキリスト教会等の全容

『札幌とキリスト教』は、一部の記述をのぞき戦前における キリスト教界の全体像を描くというのが編集の意図であった。これを同書では、キリスト教の軌跡（通史）、教会のある風景（会堂の位置、教会建築、信徒の社会層、文化（音楽、絵画、文芸など）、教育（幼稚園、日曜学校、ミッションスクール、北大との関係）、社会活動（宣教師ジョン・バチラーの活躍、禁酒会、青年運動、婦人矯風会、救世軍）、社会事業（育児園、天使院、同胞会）、社会主義活動及び三十一人

の小伝によって構成し、三十六人の執筆者によって描き出した。これによって戦前、キリスト教界が関わった札幌の社会に及ぼした諸活動の全体像がほぼ明らかになったのではないかと思う。それぞれの活動が個別に存在するだけでなく、キリスト教界が一体性をもって札幌に根を下ろしている姿を示すことになったかと思う。

戦前では、プロテスタント諸教会は共同行動を深めていたが、他方、カトリック、ハリストス正教会との間、またカトリック、正教会相互の間でも交流はほとんどまれであったといってよい。それでもキリスト教としてひとくくりで、時代を共有する姿をとらえることができる。筆者としては、こうした一体性があって始めて自治体史においても、キリスト教史を通史として描くことができ、地域キリスト教史を成立させることができると考えている。

『札幌とキリスト教』では、キリスト教界の全体像を描く前提として、戦前に存在した教会がどれほどあったかを明らかにする課題があった。現存の教会で、戦前から存在する教会―札幌独立キリスト教会（単立）、日本キリスト教会札幌北一条教会、日本基督教団札幌教会（旧メソヂスト教会）、同札幌北光教会（旧日本組合基督教会）、その他旧日本基督教会、聖公会、福音ルーテル教会、救世軍、東洋宣教会（ホーリネス）、セブンスデーアドベンチスト教団、ローマ・カトリックの諸教会、ハリストス正教会―は、それぞれ戦前からの存在を確認し得るが、それらがすべてであったかどうか。右の教派・教団に属する教会は、現存していなくとも各教団の記録によって確認することは可能であろうが、これ以外の教会がなかったかどうか、明らかにすることが必要であった。筆者としては、諸教会の全体像を明らかにすることなく、戦前のキリスト教界を描くのは、恣意的な扱いに陥るのではないかという怖れを抱いていた。そのため次章「戦前、札幌におけるキリスト教会の変遷　―その名称と会堂位置について―」（論文初出、一九八七年）[4]を作成する作業を行った。さらに同書では、戦後、一九八七年四月現在の教会など所在分布図を作成し掲載した。ちなみに『新札幌市史』第五巻通説五（下）のためには、二〇〇三年十二月現在の所在分布図を掲載した。通史を描くには、主要な教会の事象を摘出するにとどまらず、個々の事実を生じさせる教会等の全容を、外形的とはいえ確認する作業が欠かせないものと考えてきた[5]。

## 二　市町村史におけるキリスト教史

さて『札幌とキリスト教』を経て、『新札幌市史』の執筆を達成しようとすると、『札幌とキリスト教』では、第一章の「札幌とキリスト教の軌跡」とした通史部分を、戦後を含めて全面的に展開することになる。それは札幌におけるキリスト教のすべての歩みを継続した時間の推移としてとらえることになるが、はたしてキリスト教が自治体史とくに市町村史ではどのように扱われているであろうか。筆者としては、通史であるからには継続する時間の推移をたどって、いわば〈連続性〉をもったその全体像を明らかにしたいと考えていたが、他の自治体ではどうであろうか。自治体史のなかでも、都道府県段階のいわばキリスト教地方史は、その広域性のゆえに通史として成立しやすいが、日常の生活圏を対象とする地域―たとえば市町村段階―のキリスト教史の場合はどうであろうか。市町村史におけるキリスト教をどのように叙述しているか見ることとしたい。

表二「市町村史におけるキリスト教史の叙述類型（近現代史部分）」は、一九九三年十二月四日開催の日本プロテスタント史研究会第五〇三回例会で報告したときに作成したものである。当時、筆者は『新札幌市史』第三巻通史三のキリスト教史の部分を執筆、校正中であった。同市史第三巻通史三は、「札幌区制時代」すなわち一九〇〇年（明治三十三）から一九二二年（大正十一）までの時期が対象であった。それまでのキリスト教宣教開始・流入期、諸教派の札幌進出期の叙述を終え、本書第一部各論編第三章、第四章に見るように、戦前・戦中期、戦後期における叙述を考えて、その構成を模索していたときであった。このため、他の市町村史におけるキリスト教史の叙述を参照し、その類型を検討することにした。これが同表である。

この表は、一九九三年時点で、近現代においてキリスト教の活動が顕著であったと考えられる諸都市の市史を取り上げ、あわせて都道府県史及びその他の特定の地方を対象とするキリスト教史の著作を参考として掲出した。ただし『新札幌市史』はその後一九九三年を超えて最終巻において完結するまでを補記している。また『東京百年史』は都道府県史であるが、市史に準ずるものとして「参考」とはせずに検討の対象とした。対象とした各自治体史は、当時、筆者が手近に見ることができた国文学研究資料館史料館所蔵（当時）の市史及び県史の範囲であることを、あらかじめお断りしておく。その後、同表は、二〇一二年の第六三回キリスト教史学会大会での報告で再製し一部補正したが、その際、末尾に『函館市史』及び『新旭川市史』を追補した。近年発行の北海道内の両市史を掲出することによって、『新札幌市史』と比較しようとしたためである(6)。

各市史等についての記載事項（表の各項目）は、左からNDC（日本十進分類法）にもとづく国文学研究資料館史料館での分類記号、次いで書名、巻次、刊年（始年と終年）、執筆者、叙述類型、本文総頁、その他である。このうち諸市史の次の諸点が比較の対象となる。すなわち、①市史全体の叙述形式が、通史として時期区分がされているか、またはは各分野がキリスト教史だけのいわば部門史として叙述されているか、②キリスト教関係個所の叙述形式が、キリスト教の通史となっているものか、各個教会史を並列したものか、格別めざましい事案・事件をトピックスとして取り上げているものか、あるいは関係の叙述がないものか、③叙述されている時期がどこか（「明治」「大正」「昭和戦前期」「戦中」「戦後」）という比較、そして④キリスト教史に関する記述の総頁数である。

市史について述べる前にこの表のうち、「参考」とした近年の都道府県史の場合について述べておくこととしたい。取り上げるのは、『群馬県史』と『長野県史』の近現代編である。『群馬県史』は、武田清子らの執筆により、通説編第九巻近現代三の「教育文化」編の一節として「キリスト教」が九七頁にわたって一括して叙述されている。『長野県史』は、塩入隆らの執筆になるもので、通史編第七巻～第九巻近代一～三の各章にわたってキリスト教の項を設け通算二三頁分が分散して叙述されている。『群馬県史』は後で述べる部門史型で戦後までが叙述の対象となっており、『長野県史』は通史型で戦前までが叙述の対象である。また『群馬県史』の場合、叙述対象のほとんどがプロテスタントに限定されている。両県史ともほぼ日本キリスト教史の研究者の手になっており、通史としての叙述が実現している。両県史は、別に史資料編に「キリスト教」の項を設定して、関係史資料を収載している点も共通している。

史の叙述類型（近現代史部分）　　○●印は該当箇所　△印は副次的該当箇所

| 執筆2 | 時期区分 | 部門史 | 通史 | 各教会史 | トピックス | 叙述なし | 明治 | 大正 | 昭和戦前 | 戦中 | 戦後 | 本文総頁 | その他 |
|---|---|---|---|---|---|---|---|---|---|---|---|---|---|
| | 注記 | | | | | | | | | | | | |
| | ○ | | ○ | | | | ○ | ○ | ○ | ○ | ○ | 141 | |
| | ○ | | ○ | | | | ○ | ○ | ○ | ○ | ○ | 18 | |
| | | ○ | | ○ | | | ○ | ○ | ○ | ○ | ○ | 17 | |
| | | ○ | | ○ | △ | | ○ | ○ | ○ | ○ | ○ | 22 | |
| | 宗教に関しては部門史型。「キリスト教の影響」は、ほぼ明治まで。 | | | | | | | | | | | | |
| 徹也 | ○ | | ○ | | | | ○ | － | － | － | － | 23 | |
| | | | | | | ● | － | － | － | － | － | 0 | |
| | 横浜市史Ⅱでも、キリスト教の項なし。 | | | | | | | | | | | | |
| | | | | | | ● | － | － | － | － | － | 0 | |
| 実 | ○ | | ○ | | | | ○………………… | | | | ○ | 40+ ? | |
| | 第6、7巻は未見。 | | | | | | | | | | | | |
| | ○ | | | | ○ | | ○ | － | － | － | － | 2 | |
| | 遊郭反対運動に関連した叙述のみ。 | | | | | | | | | | | | |
| | | ○ | | △ | ○ | | ○ | ○ | ○ | ○ | ○ | 15 | |
| | 「岡山伝道」は明治期、「岡山にある教会」は各教会記事。 | | | | | | | | | | | | |
| | | ○ | ○ | | | | ○ | ○ | ○ | ○ | ○ | 6 | |
| | | | | | | ● | － | － | － | － | － | 0 | |
| | | ○ | △ | ○ | | | ○ | － | ○ | ○ | ○ | 11 | |
| | 近代は、各教会記事に重点。 | | | | | | | | | | | | |
| | － | － | ○ | | | | ○ | ○ | ○ | ○ | － | 505 | |
| 英一 | － | － | △ | | ○ | | ○ | ○ | ○ | ○ | △ | 318 | |
| | 編者：札幌市教育委員会文化資料室 | | | | | | | | | | | | |
| | － | － | | △ | ○ | | ○ | ○ | ○ | ○ | － | 143 | |
| | 著編者：横浜プロテスタント史研究会 | | | | | | | | | | | | |
| | － | － | | | ○ | | ○ | － | － | － | － | 249 | |
| | 一部、戦後の記事を含む。 | | | | | | | | | | | | |
| | － | － | | | ○ | | ○ | － | － | － | － | 231 | |
| | － | － | ○ | | | | ○ | － | － | － | － | 319 | |
| | 内容は個別教会史。地域キリスト教史には該当しないか。 | | | | | | | | | | | | |
| | | ○ | | ○ | | | ○ | ○ | ○ | ○ | － | 31 | |
| 義 | | ○ | ○ | | | | ○ | ○ | ○ | ○ | ○ | 97 | |
| | ほかに資料編22近代現代6に「キリスト教」。 | | | | | | | | | | | | |
| 一 | ○ | | ○ | | | | ○ | ○ | ○ | ○ | － | 23 | |
| | ほかに史料編近代10巻（1）に「キリスト教」。 | | | | | | | | | | | | |

| | | | | | | | | | | | | | |
|---|---|---|---|---|---|---|---|---|---|---|---|---|---|
| | ○ | | ○ | | | | ○ | ○ | ○ | ○ | ○ | 37 | |
| 尚 | ○ | | | ○ | | | ○ | ○ | ○ | ○ | － | 32＋ ? | 戦後編は未刊 |

1993/12/ 4（2012/ 8 / 2 再製、一部補正） 表２　市町村史におけるキリスト

| NDC | 書　名 | 巻次 | 刊　年 | | 執筆1 |
|---|---|---|---|---|---|
| | | ～巻次 | 始年 | 終年 | 執筆3 |
| 211.5 | 新札幌市史 | 第２巻通史２ | 1991 | 2005 | 鈴江英一 |
| | | ～第５巻通史５上、下 | | | |
| 212.1 | 弘前市史 | 明治・大正・昭和編 | | 1964 | 相沢文蔵 |
| | | | | | |
| 212.3 | 仙台市史 | 7　別編５ | | 1953 | 山本　晃 |
| | | | | | |
| 213.3 | 前橋市史 | 第５巻（近現代　下） | | 1984 | 萩原　進 |
| | | | | | |
| 213.6 | 東京百年史 | 第２巻 | | 1972 | 大久保利謙 |
| | | ～第３巻 | | | |
| 213.8 | 横浜市史 | 第１巻 | 1958 | 1976 | — |
| | | ～第５巻 | | | |
| 215.4 | 静岡市史 | 近代 | | 1971 | — |
| | | | | | |
| 216.3 | 新修大阪市史 | 第５巻 | 1991 | 1992 | 服部　敬 |
| | | ～第８巻 | | | |
| 216.4 | 尼崎市史 | 第３巻 | | 1970 | 山崎隆三 |
| | | | | | |
| 217.5 | 岡山市史 | 宗教・教育編 | | 1968 | 巌津政右衛 |
| | | | | | |
| 218.4 | 高知市史 | 中巻（第３編近代） | | 1971 | 平尾道雄 |
| | | | | | |
| 219.1 | 福岡市史 | 第１巻明治編 | 1959 | 1978 | — |
| | | ～第８巻昭和後編４ | | | |
| 219.3 | 長崎市制六十五年史 | 前編 | | 1959 | — |
| | | | | | |
| 参考 | 北海道キリスト教史 | | | 1982 | 福島恒雄 |
| 192.11 | | | | | |
| 参考 | 札幌とキリスト教 | | | 1987 | 永井秀夫 |
| 192.11 | | | | | ほか |
| 参考 | 図説横浜キリスト教文化史 | | | 1992 | 高谷道雄 |
| 193.13 | | | | | |
| 参考 | 群馬のキリスト教 | | | 1993 | 丸山知良 |
| 192.13 | | | | | |
| 参考 | 明治キリスト教の流域 | | | 1979 | 太田愛人 |
| 192.15 | —静岡バンドと幕臣たち— | | | | |
| 参考 | 尾張名古屋のキリスト教 | | | 1986 | 真山光弥 |
| 198.31 | —名古屋教会の草創期— | | | | |
| 参考 | 宮城県史 | 12学問・宗教 | | 1961 | 小原　伸 |
| 213.2 | | | | | |
| 参考 | 群馬県史 | 通説編９近現代３教育文化 | | 1990 | 武田清子 |
| 213.3 | | | | | 萩原俊彦 |
| 参考 | 長野県史 | 通史編第７巻近代１ | 1988 | 1990 | 伴野敬一 |
| 215.2 | | ～通史編第９巻近代３ | | | 塩入　隆 |

追加（2012年）

| | | | | | |
|---|---|---|---|---|---|
| 参考 | 函館市史 | 通説編第２巻 | 1990 | 2002 | 佐々木馨 |
| | | ～通説編第４巻 | | | |
| 参考 | 新旭川市史 | 第２巻通史２ | 2002 | 2009 | 原田一典 |
| | | ～第４巻通史４ | | | |

同じように市史におけるキリスト教史の叙述を見よう。本表から伺えるのは、都道府県史の場合とは、いくつかの点についてやや異にしていることである。まず市史の中で近現代史に割り当てられている紙幅によって、キリスト教史の量もまた決まってくるが、これらの市史ではこれまで述べた都道府県史に比較してその分量が少ないと言えよう。なかでも『横浜市史』の場合、叙述が貿易、経済、行政に集中していて、文化、宗教関係はまったく扱われていない。各宗教の項をとくに設定していない点は、当時編集中であった『横浜市史Ⅱ』（二〇〇四年完結）も同様の方針であるとのことであった。ほかにキリスト教の活動が僅かとは思われない『静岡市史』『福岡市史』においても、関係の叙述は省かれていた。表二の「叙述なし」欄に●印を付した通りである[(7)]。

市史のキリスト教史の叙述において、キリシタンの足跡があるところでは、その叙述が洩れることはないが、近現代部分では、キリスト教流入期や伝道開始期あるいは戦時期（アジア太平洋戦争期）などが共通の事項として取り上げられる以外は、その中間の時期、キリスト教が地域に一定程度定着したこと、またその後の時期が描かれることは少ない。たとえば流入・伝道開始期以降では各個教会史の集合にとどまっているもの（仙台市）、伝道開始期や「明治」期はやや通史としての叙述が見られるが、以降は各個教会史の集合となっているもの（岡山市など）、叙述が一時期に限定されているもの（東京市）がある。また特定の事象に限定してキリスト教が登場する例もある。遊郭反対運動のひとこまに位置付けられている尼崎市の場合がそれである。市史としてはキリスト教への関心はおのずと限定的になるのであろうが、キリスト教史の叙述としては断片的であることは否めない[(8)]。表二の中では、『弘前市史』が通史のなかにキリスト教の記述が織り込まれている。しかし、右に見るとおりキリスト教史の通史は、全国的な著作としては多々あり得ても、地方（都道府県段階）では容易に成立しがたい。また都道府県段階では仮になし得ても、地域（市町村段階）の自治体史では通史とすることが達成しがたいというのが現状である。市町村という地域を単位とするキリスト教史では、歴史を〈連続性〉をもってその全体像を描くことが難しいのであろうか。

## 第三節　小括　―地域キリスト教史の試み―

地域キリスト教史において、〈連続性〉をもってその全体像を通史として成立させることは、その意図があれば市町村単位の自治体史の中でも達成できると考え、『新札幌市史』ではそれを模索してきた。もとより前述のように市史に先行する調査、研究、史料の収集があって、その成果が『新札幌市史』では各編にわたって結実したけれども、それはどの地域でも可能であろうと筆者は考えている(9)。

日本のキリスト教史―仮にこれを「地方史」「地域史」に対して「全国史」と名付けておこう―で取り上げられている内容を参照すると、近現代ではおよそ次のような事項が挙がってくる。

宣教の開始（キリスト教の流入、伝道開始、キリシタンの再発見・復活）／各派教会の成立、定着／国家、教育との衝突（キリスト教にとっての反動期）／キリスト教神学の動揺と確立／キリスト教主義学校の設立、経営／二十世紀の伝道運動（プロテスタントの大挙伝道、協同伝道、神の国運動）／市民への定着、教会の経済的自立／社会問題、民権、民主運動、労働問題への関与／戦時下（アジア太平洋戦争期）の対応／宗教団体法の施行、教会合同／戦後の教派、教会再建／戦後のキリスト教ブーム／エキュメニズム運動（教会一致運動）、カトリックの第二バチカン公会議の影響／宣教の多様化（今日の社会問題との関わりを含む）

右のうち、市町村を単位とする自治体史では、前述のように「宣教の開始」及び「戦時下の対応」（アジア太平洋戦争期）、「戦後の教派、教会再建」が叙述の対象としてとらえやすいようである。他方、宣教開始から戦時下までの間を埋め、戦後のキリスト教ブーム以降の状況に目配りすることができれば、〈連続性〉をもってキリスト教の通史が成立することになる。その地域に複数の教会が存在するならば、それらの教会史、教派の地方史、市町村の統計、また『基督教（キリスト教）年鑑』等を駆使することによって、通史としての叙述が可能となろう[10]。

もっとも右に挙げた全国の趨勢に沿って、地域・地方の事例をあてはめるとその地方・地域の通史として成立するというものでもないであろう。全国史に埋没することなく[11]、地域・地方の事実を掘り起こすことは求められよう[12]。事実の掘り起こしによって地域・地方の歴史に、新たな光をあてる可能性はつねにあり、また地域の特色を発見するという機会は随所にあるはずである[13]。またキリスト教が地域社会、地域文化の形成に寄与した跡を解明するのは、自治体史における、また地域・地方キリスト教史研究の役割である[14]。そのような叙述を通して地域・地方キリスト教史が、日本全体のキリスト教史に対し、新たな歴史理解を提示することともなろう[15]。

さらに言えば、地域キリスト教史の意義は、身近な地域社会の中でキリスト教の歴史的課題を明らかにすることである。地域固有の諸相を解明することは、ときに全国史の通説に修正を迫る事実を発見することもあるが[16]、それは主目的ではなく、地域キリスト教史の一端にほかならない。地域キリスト教史は、一教派・教団、一教会を超えた地域のキリスト教界の歴史が、固有の価値がある独自性をもってとらえるところにある。これを通史として描く意義は、それを〈連続性〉を持った全体像を提示するところにあるのではないか、と考えている。

註

(1)『札幌とキリスト教』『新札幌市史』以前のキリスト教界の調査は、伊東正三編（『札幌区史』札幌区、一九一一年）、北海道庁編『北海道史』第一（同庁、一九一八年）、札幌市役所編『札幌市史』社会文化篇（同市役所、一九五八年）の北海道史、札幌区史・市史に関わるものである。このうち『北海道史』に関わる「基督教々会堂講義所及び信徒数調（大正十四年末現在）」は、後述する『札幌とキリスト教』編集時では、北海道総務部文書課所蔵マイクロフィルムから、札幌市文化資料室が複製し、「北海道の宗教に関する調査」として所蔵していた（現在は札幌市公文書館に引き継がれていると思われる）。

その他の史料は、本書第一部各論編第二章第二節㈡の三七以下を参照。

(2)北海道キリスト教史料調査会の調査は、文部省科学研究費の助成を受けた総合研究「北海道におけるキリスト教伝道史の基礎的調査　―とくに新教諸派を中心として―」の後継として発足した調査会である。とくに調査会の存続年限を定めてはいなかったが、計画した調査が完了するまで存続することにしており、一九八五年に解散した。この調査会の参加者は、代表の永井秀夫（北海道大学教授）のほか、大山綱夫、金田隆一、土屋博、中川収、福島恒雄、松沢弘陽及び筆者（事務局）であった。このメンバーが次に述べる『札幌とキリスト教』の相当部分を執筆している。

(3)札幌市の形成過程におけるキリスト教の影響について『札幌とキリスト教』では、市長の序文、永井秀夫・松沢弘陽「序章札幌とキリスト教への視角」、木原直彦「あとがき」における「キリスト教市民の結びつき」「キリスト教的な町」あるいは「札幌とキリスト教との関わりの広さ深さ」ということばに集約されて現されている。ここでは「教会の似合う街」という一九六〇年代までの札幌の地域性は、自明なこととなっている。ただ、永井・松沢の「序章札幌とキリスト教への視角」では、一九六〇年代以降その印象が希薄になっていると言う。このことについては、別稿『札幌キリスト教史』の「おわりに」でふれた。

(4)新札幌市史編集室編『札幌の歴史』第一三号、札幌市教育委員会文化資料室、一九八七年。

(5)一九八七年及び二〇〇三年の教会分布図の作成にあたっては、札幌キリスト教連合会加盟教会、札幌市内の電話帳、キリスト新聞社刊の『キリスト教年鑑』、各教会への照会、現地確認などを経て作成したものである。両図とも作成の手法は同じであるが、一九八七年では、調査漏れの教会、また教会のひとつと数えていたものを、二〇〇三年では除外した〝教会〟がある。例えば日本基督教会札幌北一条教会旭ヶ丘伝道所などである。それらを「教会・伝道所」から除外したのは、教団である日本基督教会（現、日本キリスト教会）の定義による。二〇〇三年分布図においても漏れがないとは断言できないが、可能な限り教会等の存在を確認し網羅することにつとめたという認識は、筆者にはある。

(6)表二「市町村史におけるキリスト教史の叙述類型（近現代史部分）」の初出は、日本プロテスタント史研究会第五〇三回例会（一九九三年十二月四日開催）での報告である。『日本プロテスタント研究会報告』第五一号（一九九四年）に掲載の報告名は、「自治体史の中のキリスト教史　―札幌市史の経験を中心に―」である。同誌に掲載した表は、本章掲載の表二を要約した「主要市史におけるキリスト教史の叙述類型（近現代史部分）」である。本章掲載表は、キリスト教史学会第六三回大会報告「地域キリスト教史の試み　―札幌における時期区分をめぐって―」（二〇一二年九月十五日発表）の報告資料のひとつとして作成したものである（『新札幌市史』の部分は、さらに補記した）。

なお、筆者のキリスト教史学会第六三回大会の報告要旨は、『キリスト教史学』第六七集（二〇一三年）二六六～二六八頁に掲載されている。

(7)福岡市については、近年、坂井信生著『福岡とキリスト教　―ザビエルから現代までの変遷を追って―』（海鳥社、二〇一二年）が公刊されている。現在編集中の『新修福岡市史』で、近代キリスト教が〈連続性〉をもって取り上げられることを期待したい。また長崎市についても、松本汎人著『長崎プロテスタント教界史　―東山手から始まった新教の教会―』上巻、中巻、下巻（長崎文献社、二〇一七年）が公刊されている。今後、『長崎市史』が新たに計画されるならば、市史にこれが反映されることを待ちたい。

このほか地域・地方の地名を冠したキリスト教史には、管見の限り以下のような著作がある。竹中正夫著『倉敷の文化とキリスト教』日本基督教団出版局、一九七九年。同書は、岡山県倉敷市と現、日本基督教団倉敷教会との関係を扱った著作であるが、地域文化の形成に視点が置かれている。庄司一幸著『須賀川プロテスタント伝道史』（『須賀川・郡山へのプロテスタント伝道史（一）』（郡山地方史研究会編『郡山地方史研究』第二二・二三集、一九九三年三月所収、及び「須賀川プロテスタント伝道百年史」二（一九九五年の著作）の合冊）などの一連の研究は、後註(12)のように埋もれた地域の事実の再生を意図して取り組まれたものである。新潟プロテスタント史研究会編『新潟県キリスト教史』上・下巻（新潟日報事業社出版部、一九九三年～一九九四年）は、プロテスタントが主体ながら、ローマ・カトリック、ハリストス正教会をも視野に入れた研究の成果である。

なお、『日本キリスト教歴史大事典』（同編集委員会編、教文館、一九八八年二月）では、各都道府県ごとのキリスト教史が略記されており、「文献」も表示されているが、本章は、それらの文献を精査した結果ではない。また、キリスト教史学会は、一九九五年に金沢市で「シンポジュウム『北陸におけるキリスト教の宣教と学校教育』」を開催しており、この報告の一部が翌一九九六年『キリスト教史学』第五〇集に掲載されている。

このほか、地域名を冠した著作は、真山光弥著『尾張名古屋のキリスト教　―名古屋教会の草創期―』（新教出版社、一九八六年）、本井康博著『近代新潟におけるプロテスタント』（思文閣出版、二〇〇六年）があるが、いづれも個別の教会史であるので、地域キリスト教の検討には加えなかった。また宗教社会学の視点から地域のキリスト教を分析した研究として、白井暢明著『北海道開拓精神とキリスト教』（北海道大学出版会、二〇一〇年）がある。同書は、北海道内各地の諸事例を扱っている研究なので、通史を対象としたここでの地域・地方キリスト教史には加えなかった。

(8) 通史としては記述が断片的ではないかと思われるのは、たとえば『新修大阪市史』第八巻である。同巻には、戦後史を対象とし、「キリスト教の復活」とする項があり、戦後のキリスト教会の再建と日本基督教団の分裂（諸教派の離脱のこと）などを扱っている。このなかで無教会主義の活動を取り上げているが、内容は無教会主義から転じた手島郁郎が主宰する原始福音（キリストの幕屋）の活動のみである。無教会の活動を原始福音に焦点をあてた執筆者の意図は理解が難しい。ここでの出典として挙げられているのが、『基督教年鑑』といくつかの各教会史にとどまっていたことも、叙述の幅が限定された要因であろうか。

なお自治体史のうち都道府県史ではキリスト教史の研究者による執筆が多く見られるのに対し、市町村史における執筆者は、教育、文化及び他の宗教をあわせて担当している場合が多く、キリスト教史の研究者の執筆は例外的と言い得る。これも叙述対象の選択に、全国史との隔たりを感じさせる一因であろう。

(9) 「地域キリスト教史」の定義、またその可能性について、いまだ依拠すべき定説はないが――と言い切るのもためらわれるが――、いまのところ筆者は、ある一定地域にかつてキリスト教の活動が存在し、さらにその活動が継続して展開してきたならば、それをその地域の名前を掲げたキリスト教の歴史となるのではなかろうかと考えている。

ではその地域とはどのような範囲であろうか。筆者は、住民が日常的に生活を営む行動の範囲、すなわち一定の生活圏域を想定している。キリスト教についていえば教会・団体が日常的に交流できて、必要があれば協同の活動を生みだす圏域である（そこには対立、反発、意識的な無視の場合も含まれる）。一定の生活圏という圏域を厳密に線引きすることは難しいが、想定しているのは、市町村の区域である。「札幌キリスト教史」という場合、現在の札幌市の範囲を想定している。これはいまのところ札幌市の市域が動かず、その地域性がほぼ完結していると見ているからである。これがたとえば首都圏のように市町村域を超えた交流が日常的に盛んな地域では、地域キリスト教の圏域を設定することはいっそう複雑となろう。この場合は、生活圏という語で地域を区切るのには、市町村行政区画にとどまらず、さらに厳密に圏域を規定する必要があろうとは思う。

かつて筆者は、札幌における地域キリスト教史を念頭に置きつつ、地域キリスト教史成立の前提に、次の四点を挙げた。①歴史の存在……キリスト教の宣教活動が継続して存在すること。②地域性の存在……一定の地域を認識できる枠組みが、キリスト教活動からも設定できること。③歴史意識の存在……各個教会史の限定を超えた、歴史像に関心が持たれていること。④史料の存在……各個教会・団体・個人の活動の記録が、現存することである（「地域キリスト教史の試み―札幌の事例による―」（『横浜プロテスタント史研究会報』No.一六、一九九五年、所収）四頁）。

なお、札幌市に隣接する市町村には、江別市、北広島市、恵庭市、石狩市などがあり、すでに札幌市の通勤圏となっている（通勤圏としては西隣りの小樽市も含まれる）。キリスト教活動でも隣接する都市の一部は、札幌市の活動に組み込まれている側面は、否定できない。したがって札幌市域で札幌の地域キリスト教史が成立すると考えるのも、二十一世紀極初頭の暫定的な枠組みであるとも言える。

(10) 各教会史誌は、『新札幌市史』においても戦前、戦後を通じて有力な史料として活用した。また『基督教年鑑』は、戦後においては、キリスト新聞社が一九四八年から現在（二〇一三年版）まで発行している、キリスト教界の総合的年鑑である（当初は、隔年刊行。一九六八年版から毎年刊行。一九七九年版から『キリスト教年鑑』と改題。同年鑑については、『日本キリスト教歴史大事典』（教文館、一九八八年）四三二頁参照）。これによって各教団ごとに各地の教会名、担任教職者名、教会員数などが総覧できる。『新札幌市史』でも札幌市域全体の教会数、教会員数などを把握するうえで有力な参考文献のひとつとなっている。

もっとも各教会史誌では、その関心が自己の教会向けられていることから、地域全体の歴史を関連づけて教会の活動を語ることは多くはない。各教会史をすべて集めてもそのまま地域のキリスト教史になりにくい。その要因のひとつが、各教会史の記述の性格及び内容にある。また、『基督教年鑑』の記事は、各教団・教会の申告によるものである。収録されている教会が地域の教会を網羅しているという保障とはならない。また教会員数も教会員とは何かが各教団・教会の定義によるものであるから、他教会のそれと同義ではないので、厳密な正確さ求めることはできない。同年鑑の数値は、かかる性格を踏まえて、初めて活用できることに留意する必要があろう。

(11)全体史に地方史が埋没するか、という提起は、福島恒雄著『北海道キリスト教史』（日本基督教団出版局、一九八二年）、一五〜一六頁。これはキリスト教史の研究に限ることではない。筆者の関心で一つだけ例示するならば、地方制度史における全国史と地方史の関係がある。一地方の研究の固有の意義については、拙著『北海道町村制度史の研究』（北海道大学図書刊行会、一九八五年）八頁以下を参照。

(12)地域・地方キリスト教史研究の意義は、まずもって、キリスト教の活動自体が地域・地方で忘れられ、知られていない、いわば埋もれている事実に〝光を当てる〟ところにあろう。福島県須賀川・郡山の歴史の発掘にあたった庄司一幸は、「須賀川および郡山におけるプロテスタントの伝道の歴史については、注目されることもないまま今日に至っている。今掘り起こさないと、歴史の闇の中に埋没してしまう」（前註(7)、『須賀川プロテスタント伝道史』一〇二頁）と研究の動機を述べる。

(13)発掘、再発見される諸事実は、それぞれの地域・地方キリスト教史の持つ固有の特色ある地域性を提示することになる。註(7)、『新潟県キリスト教史』は、仏教の影響力の大きいこの新潟の地でキリスト教が地の塩、世の光としてしっかり根付いてきたことを本書は示すものである」として、キリスト教が時代と地域に向き合った姿を描くことを意図した（下巻、「序文」及び「あとがき」（三九〇頁）。『群馬とキリスト教』では、「キリスト教は群馬県に近代をもたらした。新しい時代を招来した」とし、これが「青年と婦人のための新しい考え方である」として群馬県おけるキリスト教の特徴を提示している（「あとがき」（二三七頁））。また「横浜が近代日本におけるキリスト教の出発点になった」という『図説横浜キリスト教文化史』（一四頁）の理解もそのひとつであり、キリスト教史のなかで特色ある地域性の発見である。

(14)地域の特色とは、キリスト教が地域社会、地域文化の形成に寄与したことを意味する。地域、地方の社会・文化形成への関わりは、これらの地域・地方でのキリスト教史を集中して考察することになり、そのような研究はキリスト教史の一分野となっている。たとえば註(7)、『倉敷の文化とキリスト教』は、「近代の倉敷の文化形成の営みの一つにキリスト教の流れがあった事は事実である。それがどのような交わりからなり、どのような性格を持つものであったかということを検討することは、きわめて重要な課題であると思う」という提題のもとに、「倉敷の町において、キリスト教会がいかに形成されどのような発展過程をとったか」を提起し、宗教社会学による分析の素材とした（一二〜一三頁）。『福岡とキリスト教』もまた宗教社会学の研究者によるもので社会の発展に相応するキリスト教界の拡大を「九州の中核都市としての福岡市の発展拡大に対応する形で、この地におけるキリスト教もまた、九州における中核的地位を保ちつつ伸張展開してきている」

（二二一頁）ととらえる。札幌を「日本の多くの都市のなかでもキリスト教色の強い町であった」として、キリスト教の活動を多面的に捉えようとした、『札幌とキリスト教』（一〇頁）もまたその一冊である。いずれも都市の発展の中にキリスト教を位置付けた考察となっている。

(15)日本キリスト教史という全体史に地域・地方史がどのような主張を持つのであろうか。一色哲《いっしきあき》「戦後沖縄キリスト教史研究の方法と課題　―地域教会形成とキリスト教交流史の試み―」（『キリスト教史学』第五九集、二〇〇五年）は、「（地域史が）単なる日本キリスト教伝道史の一コマ」となることからの脱却を提唱する。とくに沖縄を本土と対置することによって、「沖縄のキリスト教史を日本のキリスト教地方伝道史から分離すること」（二五頁）によって、本土の歴史の一部ではなく沖縄が発する「キリスト教交流史」として構想することをめざす。さらにこれを沖縄に限らせず各地域においても考えるならば、中央の教派・教団史の「地方伝道史」としてではなく「地域キリスト教史として自らの歴史を再構築できる可能性」（三七頁）が開けると主張する。

(16)地方史・地域史の研究から全国史の修正を迫ったキリスト教史の研究として、北海道の事例から一八七三年の高札撤去布告がキリスト教の解禁・黙許を意図するものではないことを論証した、拙著『キリスト教解禁以前　―切支丹禁制高札撤去の史料論―』（岩田書院、二〇〇〇年）を挙げておく。

# 第二章　戦前、札幌におけるキリスト教会の変遷

## ―その名称と会堂位置について―

### 第一節　本稿の意図について

キリスト教が幕末に再布教されてから、一世紀余を経ているが、日本のクリスチャンの人口（実質的な教会員数）は、国民の一パーセント程度といわれている。このパーセンテージは、キリスト教が近代日本の形成、あるいはその批判者として果した役割を思うと意外な少なさともいえるが、それもまた、日本におけるキリスト教受容の歴史的性格を示す一面でもあろう。そのようなわが国のキリスト教の状況のなかで、札幌は他の都市と比較してキリスト教の影響が濃い都市といわれてきた。そのためか、札幌市教育委員会編集の「さっぽろ文庫」は、全一〇〇巻の計画の内、第四一巻を『札幌とキリスト教』にあて一九八七年六月に刊行した。

『札幌とキリスト教』は、〝札幌のキリスト教〟を紹介するというよりも、キリスト教が札幌の形成に果した役割、また札幌市民へ与えた影響、市民と教会との相互の関連をみようとするところに焦点があてられた。それも時代としては、ほぼ戦前までに限定している。筆者は、その編集企画に参加させていただいた一人であるが、出来上ってみると、いささか歴史に偏りすぎていて、戦後―現在のキリスト教界の存在や活動が見えにくくなったのではあるまいか、との反省を持たないわけではない。だがこれも紙面と時間と労力が限定されている「さっぽろ文庫」で扱うことの限界かもしれない、と思い直している。

さて、札幌とキリスト教との関わりというテーマを設定すると、必ずや、クラーク、札幌農学校、札幌バンドが三

題咄のごとくに登場する。しかし、既に同書のなかで紹介されているように、この三つの側面だけで、札幌のキリスト教の説明を尽すことはできない。もとよりクラーク、農学校、札幌バンドは、札幌のキリスト教に多大な影響を与え、その性格を形成する最も有力な要素であったことは間違いない。けれども札幌におけるキリスト教の歴史をそれらに収斂させてしまうのは、妥当ではなかろう。それをあらためて論ずるのは本稿の目的ではないので、これ以上の論及は避けるが、例えば、北星・藤両女学校などのミッションスクールの存在、日本基督教会の牧師などの神学形成の営為、J・バチラーなどのアイヌ民族救済、カトリックの社会事業活動等々は、〝札幌とキリスト教〟の特質として、その歴史に厚みを加えている。

同書の編集にあたってこのようなキリスト教活動の全容を視野に収めるため、また論述が著名な話題のピックアップにのみ終らないためには、戦前のキリスト教と市民との関わりについて概説を付す必要があった。このため、同書の第一章は「札幌とキリスト教の軌跡」として、戦前を三期にわけて記述がされた。従来、個々の教派史、教会史はあっても、札幌のキリスト教史を概括したものがなかったから、この「札幌とキリスト教の軌跡」は、小文ながらはじめて札幌のキリスト教史の概説をなしたものといえよう。ちなみに筆者は、「2札幌の成熟とキリスト教の定着（一九〇〇年―一九三〇年）」を執筆した。

この概説の叙述のために、また他の章節の正確を期するうえからも、戦前におけるキリスト教の全容を把握するための基礎的な作業が必要であった。その基礎的作業とは具体的には、戦前のキリスト教活動を具現してきた、札幌のすべての教会について、その存在を確認することであった。この作業の成果が、ここに掲げる「札幌におけるキリスト教会の変遷」の表である。本表は、『札幌とキリスト教』では紙面の都合上、収録できなかったが、幸いにして「新札幌市史」機関誌『札幌の歴史』第一三号によって公表の機会を与えられた。本稿は、この表の典拠を明らかにし、あわせて若干の解説を加えようとするものである。

本稿でいう「キリスト教会」とはなにかについて、述べておく必要があろう。もともと教会（エクレシア、チャーチ）

と訳される語は各地に存在する個別の集会とキリスト教全体を包括的に指す言葉である（『岩波キリスト教辞典』）。さらに全国的また国際的規模の教団組織、あるいは教区・中会などと呼ばれる地方組織を指す場合がある。もとよりここでは、最初の意味である個別の集会であって、札幌では、「教会」「講義所」「伝道所」という名称で存在する個別の組織のことである。ただし、カトリック教会、正教会（オーソドックス・チャーチ）、プロテスタント諸教派それぞれに教会の定義、また教会として確立するまでに至らない講義所、伝道所の位置付けを定めていて、それらを諸教派横断的に規定した統一的な定義が存在するわけではない。キリスト教を標榜する信徒の集団であれば「教会」なのであって、特定の名称、牧師もしくは司祭など教職者、また教会堂が存在しなくとも「教会」であり得るし、それが本来のあり方であると主張する集団もある。なにをもって教会とするか、あるいは講義所、伝道所も「教会」であるかは、それぞれの教団の規則、また当の「教会」の自己規定によるのであって、それらを本稿のごとき一表にまとめるのは、全体的に整合性を持たせることの困難さから免れることはできない。しかし各時代の教会、講義所、伝道所を「教会」として総覧するために、あえて試みようというのが本稿の意図である。

本稿では、キリスト教徒――なかには、教理上の正統性について論議のある教派、教会がないわけではないが、本稿では、教理上の問題に立入って「教会」を選別していない――が、「教会」「講義所」「伝道所」として設立した公開・恒常の集団あるいは組織であって、なんらかの所在地が確認できるものを「教会」とした。もとより、なにをもって「教会」とすべきかは、前述の通り各教団の自己規定、教会自身の認識によっている。また、その創立年次についても基本的にその教会の主張、例えば教会史の記述に拠った。ただし、次のような点で、筆者の見解によって補正したところがあるので、あらかじめ記しておきたい。

その一つは、「講義所」「伝道所」「説教所」である。それらの名称の組織が札幌の他の「教会」から自立した一教会として挙げるべきかどうかである。たとえば、日本基督教会軽川伝道所は日本基督教会の「教会、伝道所」の一つとして数えられているが、札幌日本基督教会の伝道地である同教会山鼻講義所は札幌日本基督教会の一部であって、軽川伝道所と同列ではない。しかしながら山鼻講義所は講義所設立許可を北海道庁から得て設立された講義所であるので、「教会」の一つとした。本表は、山鼻講義所も含めて札幌における教会の全容を把握することを目的としているからである（本表に依拠した、通史編の教会分布図も同様である）。ただ講義所、伝道所などは各教団内でも十分把握されていない組織もあって、その教団内での歴史的位置づけが不分明な事例もある。

二つめとしては、右に関連するが、内務省令四一号（一八九九年（明治三十二））による設立許可、宗教団体法（一九三九年（昭和十四））によって認可を受けまたは届出をなした組織は、集団としての実態のいかんを問わず本表の対象としたことである。組織、所在地、信徒数が毎年報告されていて、その存在が明示されているからである。いっぽう法令による手続きを踏まなかった組織、集団で名称、所在地の確認が困難な集会は本表の対象とすることはできなかった。たとえば無教会主義の集会などがそれで、名称、設立年次幅、所在地を記載の要件とした本表への収録は難しかった。このため本表では無教会主義と思われる集会は、結社としての届出が確認し得たものにとどまった。

三つめは、教会の創立、廃止及び名称の変更の年次についてである。それらは前述の通り各教会の主張に拠ったが、筆者の解釈が異なるところもあった。これは教会史などが明確な根拠を提示しておらず、前後の沿革について整合性が図れなかったためである。また一九四一年（昭和十六）、プロテスタント諸教派は合同して日本基督教団が成立する。日本基督教団に加入した旧教派のいくつかの〝札幌〟教会は、名称を変えることになる。この名称の変更がどの時点か、各教会それぞれの決定はあるのだが、カトリック（日本天主公教）も含めて、本表では宗教団体法による教会規則認可の年、すなわち一九四二年（昭和十七）に統一した。その教会の存立、名称の変更は、北海道庁長官の教会規則認可で確定するからである。具体的には、各教会の項で詳述する。

四つめは、会堂の建設ないしは取得年次である。新しい会堂の完成のあと、多く献堂式が行われる。完成と献堂式の年次が同一でない場合、本表では、判明する限り完成年次に拠った。会堂の実質的な存在と機能を重視したからである。このため各教会史の記述と差異を生じたところもある。

なお本稿は、前述の通り当初、『札幌とキリスト教』の基礎作業として執筆し、「新札幌市史」機関誌『札幌の歴史』第一三号（一九八七年八月刊）に掲載され、その後、『新札幌市史』の執筆においても参照してきた。しかし本稿は初出以来、四半世紀を経ている。その後、新たに刊行された教会史や研究論文も少なくない。本書への再録にあたっては、本稿は、新たな研究成果を反映することにしたので、各教会についての記述、典拠とも、初出とは、大きく変わっている部分がある。また本表には、在日本朝鮮基督教会札幌教会を新たに加えた。同教会の存在は、『新札幌市史』本編の編集後、新たに知ったもので、本編で触れることができず、かろうじてその伝道開始を第八巻II年表に記載することができた。

## 第二節　資料について

戦前の教会の全容を把握するため、本表では各教会についてその名称や会堂位置の変遷を逐一たどることとする。本表作成にあたって使用した史料は、主として、㈠各教団・教区（中会）・教会史（一部研究書、論文を含む）、㈡官庁史料、㈢その他（教会などの機関紙誌、一般新聞）などである。

### ㈠各教団・教区（中会）・教会史（一部研究書、論文を含む）

各教会史（教団史などを含む）は、第一に挙げるべき本表作成の典拠である。まず、ここでは直接典拠とした主要教会史などを掲げる（順序は、本表の掲載順とした。発行者は適宜省略したものもある。頭初の番号は、次節以下の引用註に代えて用いることとする）。

1『札幌独立キリスト教会百年の歩み』上・下巻、同教会史編纂委員会編、一九八二年〜八三年。
2『日本基督教会北海道中会記録　一九〇三年―一九六一年』同中会歴史編纂委員会編、新教出版社、一九八三年。

3『北のひとむれの歩み　―日本基督教会北海道中会の諸教会の歴史と年表―』同前委員会、一九八三年。

4『日本基督教会札幌北一条教会創立六十年史』同六十年史編纂委員会編、一九五六年。

5『日本キリスト教会札幌北一条教会一〇〇年史略年表』同教会歴史編纂委員会編、一九九五年。

6『日本キリスト教会札幌北一条教会一〇〇年史　一八九〇―一九九五』同前委員会編、市販版：一麦出版社、二〇〇〇年。

7『日本キリスト教会札幌豊平教会略年表　一九四九―二〇〇〇』中川収編纂責任、二〇〇〇年。

8『日本キリスト教会札幌豊平教会建設四〇周年記念誌』二〇〇一年。

9『札幌桑園教会三〇周年記念誌』日本基督教会札幌桑園教会三〇周年記念誌編集委員会編、一九八九年。

10『札幌教会年表』日本基督教団札幌教会 教会史編纂委員会編、一九六三年。

11『川畔の尖塔　―札幌教会七五年史―』同前編、一九六四年。

12『札幌教会百年の歩み』同歩み編集委員会編、一九九二年。

13『教区九十年史』日本聖公会北海道教区歴史編纂委員会編、一九六六年。

14『日本聖公会札幌キリスト教会百年の歩み』同教会歴史編集委員会編、一九九三年。

15『札幌北光教会七十年の歩み』同教会七十周年記念誌編集委員会編、一九六六年。

16大島良雄「小樽拠点の宣教活動　一九〇二年―一九一四年」(『関東学院大学文学部二〇〇〇年度紀要』、二〇〇〇年、所収)。

17『札幌新生教会八十年史』同教会史編纂委員会編、一九九〇年。

18『宣教七十五周年の歩み』札幌教会宣教七十五周年記念誌委員会編、日本福音ルーテル札幌教会、一九九二年。

19「救世軍［札幌］小隊歴史」救世軍北海道聯隊札幌小隊編、一九二八年六月使用開始(同小隊の「日記」。同小隊所蔵)。

20梶山積著『使命に燃えて　―日本セブンスデー・アドベンチスト教会史―』福音社、一九八二年。

21新名忠臣著『教会組織五十周年記念誌　―セブンスデー・アドベンチスト教団札幌教会史、主をほめたたえよ―』同教会、一九七七年。

22呉根睦編『在日本朝鮮基督教会第一回大会々録』編者、一九三四年。

23李清一「北海道・樺太伝道と韓泰裕牧師（歴史コラム㉒）」（在日大韓基督教会編『福音新聞』第六一五号、二〇〇三年八月一日付、所収）。

24土屋博・寺岡宏共著『北海道大学キリスト教青年会の歩み　―羊たちの群像―』同青年会、二〇〇九年。

25北海道ＹＭＣＡ百年史編纂委員会編『すべてのわざには時がある　―北海道ＹＭＣＡ百年史―』北海道ＹＭＣＡ、一九九七年。

26中川宏監修、仁多見巌編著『北海道とカトリック』戦前篇、「北海道とカトリック」出版委員会刊、一九八三年。

27ゲルハルト・フーベル「フランシスコ会北海道布教小史」一～十七（『光明』一一七三～一一九〇号、一九五七年、所収）。

28『神の愛われらに満ちて　―カトリック北一条教会宣教一〇〇周年記念―』カトリック北一条教会記念誌編集委員会編、一九八二年。

29『「喜び、祈り、感謝」　―カトリック北一条教会宣教一二〇周年記念―』カトリック北一条教会信友会「宣教一二〇周年記念事業委員会記念誌小委員会」編、二〇〇二年。

30林恒衛著（「札幌市に於ける天主公教会」稿本）。29に「天主公教会誌暦」として収録（カトリック北一条教会所蔵）。

31小野忠亮著『宣教師・植物学者フォリー神父（キリシタン文化研究会シリーズ、一五）』キリシタン文化研究会、一九七七年。

32『フルダから札幌へ　―カトリック北一一条（聖フランシスコ）教会創建七五周年記念』カトリック北十一条教会記念誌委員会、一九八四年。

33武田俊信・細谷良彦共編『山鼻カトリック教会三十年のあゆみ』同教会三十周年記念祝典委員会、一九六〇年。

34『五十年のあゆみ　―カトリック円山教会創立50周年記念―』同教会編、一九八七年。

35『札幌正教会百年史』同教会百年史委員会編、一九八七年。

36高木信二、ウィリアム・マッキンタイヤ共著、高木信二編『日本末日聖徒史　一八五〇―一九八〇年』ビーハイブ出版、一九九六年。

## ㈡官庁史料

各教会史とは別に、札幌市内の教会を総覧し得るものは、各教会の設立・廃止届、教師（牧師、司祭、宣教師など）の宣教届を記録した官庁の史料である。これらは一八九九年（明治三十二）七月二十七日付内務省令第四十一号によるもの及び一九三九年（昭和十四）四月八日法律第七十七号の「宗教団体法」の規定に係るものであるが、ほかに札幌市史編集に係る調査史料などがある。


37「札幌基督教会一覧表」、伊東正三編『札幌区史史料　第一（宗教）』、所収（市立函館図書館所蔵）。

38「北海道ニ於ケル宗教」北海道史編纂掛編（北海道大学附属図書館管理）。

39「社寺関係書類」ほか（全二二冊）、札幌市役所、一九二七年～四三年（北海道立図書館所蔵）。

40「札幌市史編集資料」二一宗教㈠調査資料、一九五〇年（札幌市公文書館所蔵）。

## ㈢その他

各教会史の背後には、おびただしい各教会所蔵の原史料がある。とくに、各教団、教会の会議録、集会記録、機関誌紙、週報があるが、それらは、必要のつど各教会の項で挙げる。ここでは、超教派の新聞のみを挙げておく。

41『北海教報』第一一～六八号、日本基督教会青年会、札幌基督教青年会など刊、一八九八年～一九〇二年（札幌独立キリスト教会原蔵）。

このほか、『福音新報』『北海道毎日新聞』『北海タイムス』などを参考とした。なお、各教会史料の目録としては、次のものがある。

42「北海道キリスト教史史料目録」上・下（北海道キリスト教史料調査会編『日本宗教史研究年報』四〜五、一九八一年〜八三年、所収）。

## 第三節　各教会の変遷

以下、教会ごとに表の作成にあたって使用した典拠を挙げ、新たに明らかとなったこと、今後、検討を加えるべき点などを記すことにする。

### ①札幌基督教会／札幌独立基督教会（現、札幌独立キリスト教会）

当初名は、札幌基督教会、現在名は札幌独立キリスト教会である。教派、教団に属さない、単立の教会である。同教会の場合は、専ら資料1の下巻所収の巻末年表に拠った。著名な教会であり、設立年次、会堂所在地ともあいまいな点はない。ただ、同教会の創立は、会堂入手資金をメソヂスト教会に完済し得た一八八二年（明治十五）十二月二十八日に置かれているが、実質的には創立時の教会員宮部金吾が指摘しているように、独自の集会を組織した前年十月二日が教会としての誕生であろう。宗教団体法の下で、日本基督教団には加入せず、単立教会として認可された。認可に際し名称は、札幌大通基督教会となったが（資料39）、戦後、旧称に復した。

### ②日本基督一致教会札幌講義所／札幌日本基督教会（現、日本キリスト教会札幌北一条教会）

一八九〇年（明治二十三）の発足の時点では、日本基督一致教会札幌講義所である。同年、日本一致基督教会が日本基督教会と改称するに及んで同札幌講義所となる（資料4、5、6）。教会としての建設（設立）は、一八九五年（明治二十八）で、これを創立記念の起点としている。最初の会堂の位置は「南一条西一丁目中通東向」（一八九一年（明治二十四）一月三十日付、『北海道毎日新聞』の「基督教説教広告」によると一〇番地）といわれているが、これは南一条通の南側高桑商店の裏側にあった禁酒倶楽部（北海禁酒会のこと）を集会所としていたようである（資料38）。その他は資料4～6による（前稿に二度目の会堂位置を付加した）。宗教団体法の下で、日本基督教団成立とともに、同教団に加入し札幌北一条教会と称する。この名称は、一九四一年（昭和十六）八月の同教団北海教区創立教区会で決定をみるが（資料2）、多くの教会史は必ずしもこの時点で改称したとしてはいない。資料5、6では同年十一月の日本基督教団認可とともに「日本基督教団第一部札幌北一条教会と改称」して、同月の同教会週報に改名を教会員に知らせたとする。「部」というのは、教団成立後、旧教派の伝統、信仰的特色を活かすために「当分の内」として制定された処置であって、第一部は旧日本基督教会を指す。教団創立の一年後に部制は廃止となった。部は日本基督教団内の暫定的な制度であるので、部を称する教会名があり得たのであろうか、また教団の認可を期して小会（教会の役員会）が教会名を変更したのであろうか、資料5、6からは読み取れなかった。本表では、宗教団体法の下での教会の存在は、教会規則の認可によって確定するという理解から、名称の変更も一九四二年の北海道庁による認可をもって確定とした。この申請のなかで札幌北一条教会も日本基督教団の認可によって「旧称札幌日本基督教会ヲ日本基督教団札幌北一条教会ト改称ス」との「教会名改称」を提出した。日本基督教団に加入する他の教会も、規則認可申請にあたって同様に「教会名改称」を提出している（資料39）。この改称届は、改称の事由を記しているが改称の年月日を記していない。他教会も同様である。

### ③日本基督教会札幌福音館

日本基督教会の伝道所である。開設年次は資料2及び『北海タイムス』に拠った（一九一三年（大正二）九月十一日付)。同館は後に一九一九年(大正八)発足の⑱救世軍札幌小隊に会堂を譲る。しかし、資料38では一九二一年四月廃止とある。尤も後には豊平に日本基督教会の伝道所として現れる(資料3)。事実『札幌明細案内図』(晴皐社、一九二八年七月。札幌市中央図書館所蔵)には、「豊平講義所」とある。一九四一年に閉鎖のようであるが(資料2)、この間の経過は、札幌豊平教会の年表、記念誌(資料7、8)では明らかにされていない。

なお、現在の札幌豊平教会は戦後の伝道によって設立された。戦前の福音館—豊平伝道所が教会の組織として継承されたものではない。

**④札幌日本基督教会桑園伝道所(現、日本キリスト教会札幌桑園教会)**

後に日本基督教会札幌桑園教会となる。②の現、札幌北一条教会の日曜学校として始められ、同教会の伝道所となった(資料3)。一九四〇年に宗教団体法による「宗教結社届」を提出しているが(資料24)、一九四四年から一九四八年までの間、すなわち終戦前後は休会となっている(資料9)。

なお、同伝道所とともに戦後に教会が建設(設立)された札幌琴似教会は、戦前に伝道を開始しているが、伝道所にはなっていなかった(資料3及び『教会三〇年史』札幌琴似教会編、一九七九年七月)。

**⑤日本基督教会軽川伝道所**

資料2によると、一九三二年(昭和七)から活動を開始し、翌一九三三年、北海道中会で伝道所の新設届が受理されている。資料2の表では、解散の時期が一九四〇年ないし四五年の間と読みとれる。

なお、小樽市内であるが、銭函伝道所というのがあった。資料2によるも、創立、廃止を明確になし得なかった。

**⑥札幌日本基督教会山鼻伝道所**

②の現、札幌北一条教会の伝道所である。同教会としては、同教会旭ヶ丘伝道所（会）の前身としている。一九二六年（大正十五）、南講義所設置構想が議せられ、同年、開所式を挙行している。一九三二年（昭和七）に伝道所として献堂式を挙行した。資料2、4～6に拠ったほか、資料39（一九三四年（昭和九））で位置を確認した。宗教団体法の下で宗教結社届をもって存続を図ったかどうかは未詳である。資料5では、第二次世界大戦で一時休会としている。

### ⑦日本基督教会円山伝道所／同円山伝道教会（新生基督教会円山教会）

日本基督教会の円山伝道所から始まったが、日本基督教団、新・日本基督教会を経て現在は単立の新生基督教会円山教会となっている。典拠は資料2と39である。ただし、戦前、会堂が三度変わったはずだが、円山町の地番改正のこともあり、位置を特定できない。資料2に伝道所開設当時の所在地を札幌市円山三丁目とあるが、札幌郡藻岩村大字円山村であった（資料39）。設立、会堂移転年次とともに、さらに検証を必要としよう。

### ⑧札幌美以教会／日本メソヂスト教会札幌教会（現、日本基督教団札幌教会）

当初の名称は札幌美以《みい》教会で、メソヂスト派の合同によって日本メソヂスト札幌教会となる。資料は主として10～12に拠った。同教会は通史編に見るとおり、一九九一年七月七日に「教会の歴史的起源」を公告し、「伝道開始一八七八年十一月二十五日、教会設立一八八九年九月七日と確認する」とし、資料10、11などの記述のうち、「上記決議にそぐわない部分は、今後本教会において援用しない」とした。伝道開始日は、メソヂスト教会の「巡回区」の設定、教会設立の方は、一九三九年の創立五十周年はじめ戦前来、伝承されてきた年次を再確認している。資料12ではこの説明を記している。ただ、この伝道開始は、後に①札幌（独立）基督教会の設立で中絶し、現在の札幌教会の設立に結びつくことではないので、本表では割愛した。また教会設立年次は、教会の主張を尊重すべきであるが、一八九〇年（明治二十三）の最初の組会開催、その後の同派の年会（総会）での報告中、「函館連回報告」に札幌での教会設立を再々要望している記事があり、一八八九年（明治二十二）説はこれらとの整合性が取りにくい。名称、所在地を確認できないこともあり、本表では、？を付し、あわせて組会による伝道開始、初代牧師の就任と会堂建築のあった一八九二年（明治二十五）設立の記載を残した。解明すべき課題がなお残っているという意味である。ちなみに創立四十周年を記念して発行した同教会の『札幌教壇』第二四号（一九三二年十月刊）では、最初の組会に同席した伊藤松實によると、組会発足の時点では、教会設立と認識してはいなかったようである。

なお、最初の会堂は、南一条西二丁目十六番地の岩井信六（①の教会員）の土地（丸井今井札幌本店一条館の裏通）とされている。ここは岩井靴店の真後ろにあたる北向きの土地で、後に⑬組合教会の会堂として、同教会に譲渡される（資料10～12、15のほか、『北海タイムス』一九二八年（昭和三）九月十一日付）所収、「教会巡り」五の二）。現会堂は、一九〇四年（明治三七）年末に完成するが、翌年、献堂式を挙行する。資料12の年表では、日本基督教団加入後、現名称への改称を一九四一年としている。同書本文の創立教区会で各教会の名称改正を決定したことをここに反映させているのであろう。

**⑨日本メソヂスト教会札幌教会山鼻講義所**

⑧の札幌教会所属の講義所である。資料10、12の年表では、一八九九年（明治三十二）、山鼻講義所設立とあるが、位置は特定できなかった。本表では、それを伝道開始として扱った。資料11、12には、一九一一年（明治四十四）、開所式とあるので、これを同講義所の設立とした。一九四二年になお存続していることは資料39でも確かめられるが、同年閉鎖した（資料11、12）。

**⑩日本メソヂスト教会札幌教会琴似講義所**

⑨と同じく、⑧の札幌教会の講義所であるが、もともと小樽メソヂスト教会員土屋捨松の特志による集会所であっ

た。資料10～12によれば、一九一九年（大正八）に琴似聖書学校として開設されているが、創立年次を特定できなかった。琴似集会所または琴似講義所の名称が使用されていたようである。

### ⑪札幌聖公会（現、日本聖公会札幌キリスト教会）

資料13、14によると札幌講義所が一八八一年（明治十三）に設立されていたとしている（前稿の一八八二年を訂正する）。資料1には、これを北四条東一丁目中村盛《守》重方とある。これが、東創成町八番地の私宅であることは、『地価創定請書』（北海道立文書館所蔵簿書三一四八号）により明らかである。ただし、W・デニング宣教師の集会場所であって、公開・恒常の集会所ではなかったのではあるまいか。ただ①札幌（独立）基督教会に先立つ「教会」なので、本表に収録した。この講義所は①札幌基督教会の設立とともに解消された。

再開後の教会設立年次と会堂位置は、前稿の記述を改めもっぱら資料14拠った。一八九八年（明治三十一）の移転は、『北海之光』第六六号が典拠になっている。なお、本稿で宗教団体法下の同教会の帰趨について資料13、14の記事をいくぶん補足することができた。同教会は、一九四二年、教団に属さない単立の札幌聖公教会として規則認可を受けるが（資料39）、翌一九四三年、日本基督教団に加入し、札幌北八条教会となる（『統計報告綴　昭和十八年度』、日本基督教団北海教区所蔵）。戦後、同教団を離脱して日本聖公会に復帰する。

### ⑫札幌聖公会附属説教所

いまのところ資料37、38にのみ記述されている講義所である。ほかに資料14に一八九七年（明治三十）の記事として、新琴似講義所などとともに札幌講義所の記事があるが、この附属説教所と同じであろうか、実態は不詳である。他教会にも同様の講義所などがあると思われるが、教会外でも記録されていることなので、本表に収録した。所在地の北四条西四丁目（本書では訂正してあるが、『札幌とキリスト教』九〇頁の地図では、北三条に同説教所の所在地があることになっているのは誤記である。また、北星女学校の位置も北四条西一丁目でなくてはならない）は、全部が一番地であったようで、うち西半分が道庁用地であるから、同番地迎田市松の家の敷地は東半分の一部であろう。

### ⑬日本組合基督教会札幌講義所／札幌組合基督教会（現、日本基督教団札幌北光教会）

ながく札幌組合基督教会の名称であったが、②の札幌北一条教会同様、日本基督教団に加入後、札幌北光教会とした。この名称が一般にも定着している。札幌北光教会への名称変更は、創立教区会開催の直前に役員会で決定するが、正式に名乗るのは、翌一九四二年である（資料15）。同教会の伝道開始後の名称の変遷などは明確であるが（資料15）、従来、初期の会堂位置を特定し得なかった。しかし、前掲「教会巡り」によると、最初の南一条西三丁目八番地裏通は、後の北陸銀行札幌支店の裏手、現、三越デパート北裏であり、二度目の南一条西二丁目一六番地（旧美以教会堂）は、前述のとおりで、かつて米風亭のあったところという。三度目の会堂、北一条西三丁目一番地は元札幌県令調所《ずしょ》広丈《ひろたけ》の所有地である（資料10）。調所は浜益通八番邸の払下げを一八七六年（明治九）に受けている（『庁下官宅一件』北海道立文書館所蔵簿書一六一四号）。ここは、後にホーリネス教会の会堂となる。本稿では、一九四三年の陸軍による会堂接収、移転を会堂の変遷の中に加えた。終戦後の一九四五年に返還され、その間、わずか二年余であるが、会堂建築に伴う臨時的な移転とは異なるので、移転、復帰ともそれぞれ一回の移転に数えた。

### ⑭札幌組合基督教会北部講義所／札幌北部基督教会

資料15によると、札幌組合基督教会は一九一六年（大正五）に北部講義所を、翌一九一七年に苗穂講義所を開設したとある。苗穂講義所の方は、集会場所だけで信徒集団の存在が認められず、官庁への届出も確認できなかったので、本表では割愛した。一方、北部講義所は、資料15によると北十三条西二丁目となっているが、翌年の札幌組合教会報告によると、西三丁目となっている。当初よりこの位置であったらしい。やがて札幌組合教会から独立し、道庁の許可では札幌北部基督教会となるが、後に廃止し、札幌組合教会の伝道所となり（資料39）、それも廃止される。日本組合北部講義所という名称は、資料15及び札幌組合教会役員会の『決議録』に拠った。組織・名称がたびたび変更されるので、教会の決定と道庁の許可との間に並行関係があり、名称の変更はときに相互に矛盾して錯綜しているようにみえる。しかし、ともに誤りではない。

### ⑮札幌浸礼教会講義所

札幌浸礼教会講義所は、北部バプテストのミッションであるアメリカ・バプテスト宣教師同盟（ABMU。宣教連合とも訳される）による伝道によって開設された。これまで資料37、38が一九〇四年（明治三十七）に道庁許可としていたので、伝道開始は、それ以前からであろうと考えていたが、新たに資料16の研究によって、一九〇四年宣教開始であったことが明らかとなった。ただし資料16に引用されている石川保五郎牧師の回想によると、最初の所在地が南二条東一丁目となっている。後の火災類焼の記事からすると西一丁目ではないかと思われる。これも一説としてとどめておこう。一九〇七年、札幌大火で会堂を焼失してからは転々と所在地を変えている。一九一三年（大正二）、ミッションの引き揚げによって閉鎖が報じられているが（『北海タイムス』同年四月十四日付）、実際の閉鎖は、翌年である（資料38、『北光』第六号）。

### ⑯東洋宣教会札幌福音伝道館／札幌ホーリネス教会（現、ウエスレアン・ホーリネス教団札幌新生教会）

当初、札幌福音伝道館の名称で出発するが、所属教団の事情からたびたび名称が変わる。資料17のほか、戦後、各教会からの報告を集めた資料40を典拠とした。ただし、最初の会堂は苗穂東五丁目（現在の北三条東五丁目であろうか。苗穂東云々というのは通称と思われる。『札幌とキリスト教』で東四丁目としているのは筆者の誤り）である。後に、『北海タイムス』の「本日の会合（説教）」欄では、北三条東五丁目が福音伝道館の所在地として記載されている。この間、地番改正がなされたのであろうか。前稿の種々の異説がある所在地（Ⅱ）は、本表では最初の会堂（Ⅰ）の一説に位置付けた。もっとも一九一一～一二年にかけて、所在地がたびたび変更されているかに記載されているのは、同紙の誤植かもしれない。一九一三年、前掲北一条西三丁目の札幌組合教会の旧会堂を購入する（『北海タイムス』一九一三年十二月の記事を参照。資料17の一九一四年説は、誤りと思われる）。その後の教会名称の変更は、資料39に拠った。現会堂の位置に移転した頃、ホーリネス教会のすべてが「祈ノ家」と改称することとになり、札幌ホーリネス教会もそのようにしたが、本表では教会名の改称として位置づけなかった。日本基督教団への加入による現名称への改称は、資料17の年表では一九四一年十二月としている。この後、道庁へ認可申請をすることになる（資料39）。戦時中、治安維持法容疑で牧師が逮捕され、教会も認可取消、解散命令を受けた。戦後、牧師の釈放とともに、ただちに教会が再建された。

## ⑰札幌福音ルーテル教会（現、日本福音ルーテル札幌教会）

資料39、40に加えて、資料18が刊行されておりこれらを典拠とした。一九一六年（大正五）、伝道開始（資料39では一九一七年開始）、一九一七年、教会開設と進んだが、後、数年中絶した。一九三一年（昭和六）に伝道を再開し、一九三四年、教会は再度設立される。最初の会堂以降、何度か会堂の変遷があるようだが、いくつかは年次、所在地を特定できない。また、資料18には同教会南講義所の写真が掲載されているが、同書本文に記事はない。資料18の年表には、一九四〇年の条に「日本基督教団山鼻教会に改称」としているが、同教団成立はその翌年ゆえこれは誤記である。同教会の教団史である『日本福音ルーテル教会史』（福山猛編、同教会刊、一九五四年四月）には、札幌の教会の記述は少ない。

## ⑱救世軍札幌小隊（現、同名）

前述③札幌福音館の会堂を継承して設立される。「開戦式」(設立式)は時計台を会場に挙行された(資料19、40)。ただし、札幌福音館の移転時期との関係では、なお未整合の部分がある。一九四〇年、救世団札幌支部と改称するが(資料40)、資料39では救世軍札幌小隊からただちに日本基督教団札幌豊水教会へと改称されている。戦後教団から離脱して、旧称に復し現在に至る。

### ⑲第七日安息日基督再臨教会札幌教会(現、セブンスデー・アドベンチスト教団札幌教会)

現在のセブンスデー・アドベンチスト教団札幌教会である。一九一六年(大正五)の伝道開始後、集会所を設けたとあるが(資料20、21)、これを教会堂とするのは躊躇された。その後、牧師館の建築があり、教会組織の整備、会堂の移転などを重ねる。宗教団体法の下でも日本基督教団には属せず、単立の札幌第七日基督再臨教会となった(資料39)。戦時中、牧師の検挙から教会も認可取消、解散命令を受け閉鎖したが、戦後再組織された(資料20、21)。

### ⑳在日本朝鮮イエス教会札幌教会/在日本朝鮮基督教会札幌教会

在日朝鮮人の教会は、資料39の「信徒数届」の対象になっていなかったので、前稿では把握ができなかった。本表に新たに掲げることができたのは、在日韓国基督教会館李清一《イチョンイル》館長提供の22、23による。『新札幌市史』第八巻II年表では、「在日本朝鮮イエス会札幌教会」の伝道開始として記載した。李清一著『在日大韓基督教会宣教一〇〇年史一九〇八―二〇〇八』(かんよう出版、二〇一五年)、九二頁には一九三〇年設立となっている。同書には典拠の明示が無いので、表には同年の設立を留保する意味で?を付しておいた。後日の立証を待ちたい(当初の教団名も表記が揺らぐのであるが、同書八九頁に拠った)。

一九二九年(昭和四)、朝鮮基督教会韓泰裕《ハンテユ》牧師が札幌伝道を開始した。韓牧師は、来札当時、日本基督教会北海道中会の員外議員に推薦されている(資料2)。しかし同教会は、札幌基督教聯盟には加入していなかったようで、札幌市内の教会の協同活動にも、これまでその名を見ることができなかった。また当初の会堂位置は確認できていない。一九三四年（昭和九）に在日本朝鮮基督教会が設立された際、同札幌教会となったが、このときに会堂位置が確認できる。もっとも住所の表記がさまざまであるが、北一条東四丁目であろう。一九三八年（昭和一三）に札幌伝道は中止となった。この時点で教会が廃止になった。

### ㉑基督新教講義所

この名称の講義所が、資料39及び札幌市の統計書にあり、毎年届け出ることになっている「信徒数届」を提出している。③でふれた一九二八年刊行の『札幌明細案内図』にある北海道帝国大学キリスト教青年会寄宿舎、現在の北海道大学キリスト教青年会汝羊寮のことである。この寄宿舎は、資料24によると、一九〇九年（明治四十二）に農科大学基督教青年会寄宿舎として完成しているが、その当初から「基督新教講義所」として会堂設立許可を得ていたかどうかは不明である。資料24に関係記事はないが、一九一五年の『札幌区統計一班』には、創立を「明治四十五年（一九一二年）五月」としているので、これに拠った。一九三六年（一九三五年分）まで教会員数を札幌市に届出ているが、以降「照会ニ応ゼザルモノ」となり未提出のようである（資料39、『札幌市統計一班』）。その後も汝羊寮は存在するが、講義所を引き続き標榜していたかどうか、「基督新教講義所」の存続は確認ができない。上記の史料の範囲からは、講義所の名称が「基督教新教講義所」ではなく、「基督新教講義所」であるとわかった。

### ㉒札幌市基督教青年会会堂

この会堂は日本基督教青年会同盟（ＹＭＣＡ）の設立になるもので、札幌基督教青年会の会館（ローリー館）であるが、「教会」として設立の許可を受けた（資料39。一九二八（昭和三年））。青年会堂も㉑と同様、一九三六年まで、教会員数を札幌市に届出ている（『札幌市統計一班』）。この年に②札幌日本基督教会に会堂敷地の売却を決定する。その後の「教会」としての存続は確認できない。

**㉓イエス・キリストの御名に集められたる札幌集会**

一九四〇年に宗教結社届が提出されている。会堂は特にないが、実態が届出のとおりだとすれば、信徒集団が存在しており、「教会」の一つに数えられよう（資料39）。この種の結社は他にも存在したと思われる。資料39には、他に宣教届のみ提出している例もある。しかし、信徒集団が確認できなかったので、本表には掲載しなかった。もっとも資料39には関係文書がすべて残存しているわけではない。今後、プロテスタントの集団がほかにも確認されるかもしれないが、概して戦前の無教会主義の集会は、「教会」としての実態が記録として残りにくい。

**㉔札幌天主公教会（現、カトリック北一条教会）**

札幌で最初のローマ・カトリック教会である。初期の会堂位置には異説が少なくない。全般的に資料26から28までを典拠としたが、諸説があるうち、本表では、初期の会堂移転について、資料30と38に拠った。但し、両者にも整合しないところがある。例えば、資料30で南二条西八丁目白官舎とあるのは、西六丁目である（資料38）。資料28による説明では、南一西三（大国元助宅）→南三東三（元の遠友夜学校横）→南一東三（かつての松の湯）→北二東三へと推移する、としている。一八九一年（明治二十四）には北二条東三丁目十一番地に移転するが（翌年献堂式）、これはのち、条丁目の変更で現在地、北一条東六丁目となる。最近の資料29では、前稿の本表に拠っている。本稿でもそれを再掲した。宗教団体法の下では、カトリックは「日本天主公教」を教団名とした。本稿では、プロテスタントの日本基督教団と同様、各教会の名称の変更を一九四二年（昭和十七）とした。

**㉕札幌村天主公教会／札幌北十一条天主公教会（現、カトリック北十一条教会）**

カトリック北十一条教会には、資料32の教会史がある。ただ初期の動向については、多くを資料27に拠った。本表からは割愛したが、同教会は一九〇七年（明治四十）のフランシスコ会聖フランシスコ修道院（北一東三）の活動から始まっている。本表では、同修道院が翌一九〇八年、北十五条東一丁目に移転、献堂が行われた時点をもって教会の設立とした。この頃の名称は札幌村天主公教会とされており（資料38など）、一九二二年、北十一条東二丁目に移転後は、札幌天主公教会又は北十一条天主公教会と呼称されていたともいう（資料39及び『札幌市統計一班』など）。ただし、宗教団体法による教会規則認可の際に記されている旧名称は、資料38によると、「天主公教会」とだけである。

なお、これも本表からは割愛したが、マリアの宣教者フランシスコ会修道院（通称・天使院、現在の同会札幌第一修道院）は、一九〇八年（明治四十一）に設けられている。これも札幌村新川添二十三番地（北十二条東三丁目）に移るまで、北三東四→北十五東一と移転するが（資料27）、前記の位置が、北三東二、同東三、同東五等々、関係者の記憶も分かれているようである（『天使病院七十五周年記念誌』（同病院、一九八七年六月）など）。

**㉖山鼻天主公教会（現、カトリック山鼻教会）**

同教会は、当初から現位置である。専ら資料33を典拠としたが、資料39によって補足した。宗教団体法の下での教会名は、「日本天主公教南十条教会」であった（資料39）。

**㉗円山天主公教会（現、カトリック円山教会）**

同教会については、資料26、27、39、40及び前稿後に刊行された34を典拠とした。設立当初から位置は変わらないが、資料39に拠ると、当時は札幌郡藻岩村字円山村で、円山町を経て一九四一年に札幌市に編入されている。

**㉘札幌正教会／札幌ハリストス正教会（現、日本ハリストス正教会教団札幌ハリストス正教会）**

同教会については、前稿後に資料35の百年史が刊行された。同書の年表は、確認できる札幌「伝教」の開始を一八八四（明治十七）としているが、同書の本文では一八八一年に既に札幌「伝教」の事実を伝える記録を記載している（『大日本正教会公会議事録』）。本表では、この一八八八年（明治二十一）の教会創立前史にふれておいた。一八八八年以来の会堂位置も、一八八九年までに、南一西三→南一西二となる。その後は、一八九一年までに数度移転するが、資料35の記事を『正教新報』、公会議事録、日刊紙『北海』などで補正すると、南三（一説に南四）西一→南六西六→大通西二→南二西五→南二西七（札幌顕栄《げんえい》会堂）となっている。頻繁な移転は一八九四年（明治二十七）の顕栄会堂の成聖（献堂）でしばらく止み、札幌ハリストス正教会は一九三六年までこの地に落ち着いた。この間、一回改築されている。資料35ではこれを増築とするにとどめているが、二倍の敷地に建築したこと、また玄関上部に「顕栄会堂」と浮彫にした様相からは、新築に近い建築物と見えたので、同位置での新たな会堂とした。資料39などでは、官庁へ届出または許可を受けた名称が、札幌顕栄会堂建築以後、「ハリストス顕栄会堂」などであった。宗教団体法にもとづく教会規則認可申請では、「札幌正教会」に改称したとする。所属教団はなく、単立教会として認可されている。土地、会堂等は、所有者「日本ハリストス正教会維持財団」の使用承諾を得たものとしている。

### ㉙末日聖徒耶蘇基督教会札幌支教部

日本では、末日聖徒イエス・キリスト教会という名称で、モルモン教とも呼ばれている。他教派からは、教典、教理がキリスト教とは異質であるとの指摘があり、キリスト教の範疇かどうか議論がわかれる。戦前、一九〇五年（明治三十八）から二十年ほど札幌で伝道していたことは知られているが、教会は中絶している。『新札幌市史』でこの時期に該当する第三巻では、資料38、39及び『札幌区統計一班』などによって記述したが、同巻の執筆後、資料36が刊行された。同書によると、やはり一九〇五年（明治三十八）、伝道開始であった。ただ、教会設立年次は、同書では明確でなく、『札幌区統計一班』には、一九〇七年（明治四十）とある記述があり、その後一九〇五年と修正している。

創立年次は各教会の申告にもとづくものである。本表ではこれを尊重するが、最初の受洗者は一九〇六年というのであれば（資料38）、教会がこの時点で設立されたのかどうか、再考の余地がある。このため「?」を付した。資料36によると日本には「日本伝道部」が置かれ、日本全体の教会組織を「日本支部」、各教会は「支教部」と呼ばれていたと読み取れるので、札幌での教会名を「札幌支教部」とした。一九二四年（大正一三）、日本伝道部が閉鎖となり、これにともない札幌の支教部も閉鎖となり、撤退した。その後、一九二六年に信徒の地域組織が「相互発達協会」として札幌でも組織された。資料37からは、これを「教会」の継続としているようには読み取れなかったので本表に加えなかった。

なお、本表の所産とも言うべき知見のひとつに触れて関連の図を本章の本文の後に添えておきたい。これは通史の第三章第五節で若干触れたところであるが、札幌のキリスト教史の当初から活動していた七教会（本表の①②⑧⑪⑬㉔㉘の各教会のこと。便宜的に主要教会としておく）の会堂位置のことである。これらの教会は、市内中心部を転々として移動してきたが、二十世紀初頭には多人数を収容する恒久的な会堂を相次いで建築し、その後比較的長期にわたって定着することになる。ここに至る経過は、かつて『札幌とキリスト教』第二章一節で詳述した。目まぐるしく転々とした理由、恒久的な会堂の立地が意味するところについては、同書の記事を参照いただければと思う。ここでは本表を補正したことを契機に、会堂移転にかかる図も新しい知見にもとづいて補正し再掲することにした。

## 第四節　むすび

戦前の札幌に設立された、プロテスタント、ローマ・カトリック、オーソドックス（正教会）、その他の全二九教会について、その名称と会堂位置の変遷にかかる諸資料に註釈を加えてきたが、このうち、カトリック教会については、他に見落した教会はないはずである。正教会は一時期市内にいくつかの講義所を持ったといわれるが、教会として扱ってはいないようであり、また官庁への届出もなかったように推定される。一方、プロテスタント諸教会（無教会主義の集会・集団を含む）では、23の「札幌集会」のように結社届を提出している集団、又は同種の集団が市内には他になかったとは断定できない。官庁への届出、認可申請が必要とされる場合には、官庁史料によって把握されるが、官庁史料自体、各年次洩れなく揃っているわけではない。主として一九一六年（大正五）頃の時点で捉えている資料38以降、資料39が存在する一九二七年以前の状況は、かろうじて札幌市（区）の統計書によって隙間見るほかはない。本表に収録した教会でも、偶然に記録が残っていたため、かろうじて後世に名をとどめたという例も少なくないのである（たとえば⑫札幌聖公会附属説教所など）。

さらに、戦前の有力教派の場合、各教団・教区史などにより、また各教会史によって教会の存在が明らかとなるのであるが、それらの手がかりのない教会は、全くわれわれの視野に入ってこない。また、資料2『日本基督教会北海道中会記録』のように、詳細な記録を残した場合であっても、「伝道所」の場合、「教会」と異なり、完全な把握が困難であると言われている（同書「解説」四八一頁）。ましてその創立、改廃、全堂建築、移転の変遷となると、判然としていないところが少なくない。今後、各教派、教会所蔵の記録が精査されて、小規模の講義所、伝道所に至るまで、実態の解明が及ぶならば、本表もさらに充実したものとなろう。

右のような事情もあって、この表も今後、さらに検討、考証が重ねられることになろう。札幌のキリスト教史の全容が、より鮮明に明らかとなるためにも、本表がその礎石の一つとなり得れば幸いである。御批判、御教示にあずかりたいと思う。

末筆ながら、本表作成のため沢山の史料を提供していただいた諸教会、また一九八七年当時の札幌市文化資料室（現、札幌市公文書館）の各位、札幌元町教会高橋詠子伝道師（当時。現、敬和学園高等学校）の協力なくしては、本表が完成しなかったことを附記して、お礼を申し上げたい。

図１　主要７教会の会堂移転（1881年～1927年）

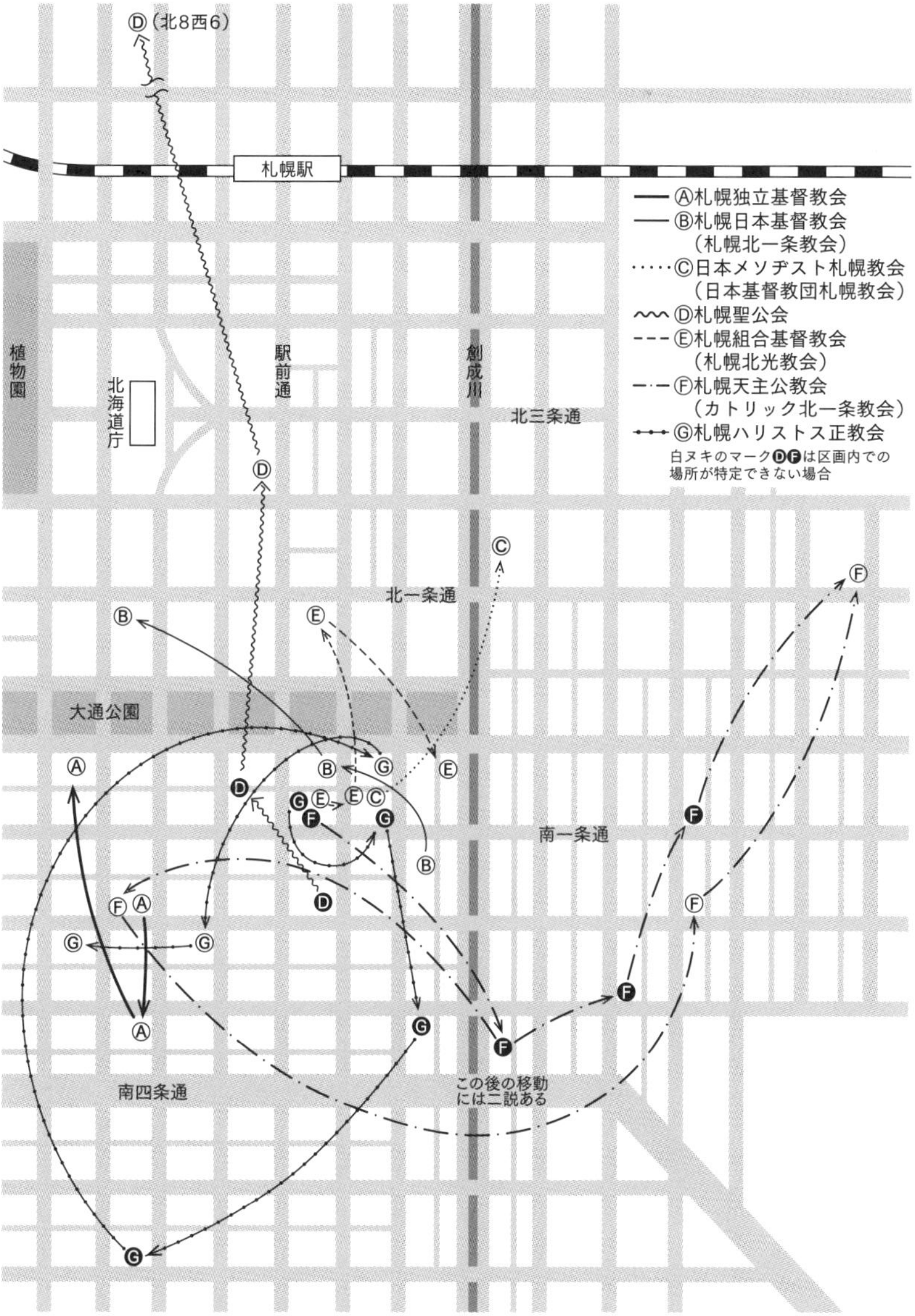

# 表1　札幌におけるキリスト教会の変遷（1945年まで）

「札幌におけるキリスト教会の変遷（1945年まで）」の凡例

●——● 教会（講義所、伝道所を含む）の設立・改称。
△ 上記以前の伝道開始、集会所などの開設（設立状況不明分を含む）。
× 教会の廃止、閉鎖　←……→ 不明、中絶など　①⑪…… 会堂の変遷の順位　？ 未確認

| | 当初教団名 | 当初教会名（）内は現名称 | 1880 明治13 | 81 14 | 82 15 | 83 16 | 84 17 | 1885 18 | 86 19 | 87 20 | 88 21 | 89 22 | 1890 23 | 91 24 | 92 25 | 93 26 |
|---|---|---|---|---|---|---|---|---|---|---|---|---|---|---|---|---|
| ① | | 札幌基督教会（札幌独立キリスト教会） | | △ ①南2西6・12 | ● | | | ⑪南3西6・1 | | | | | | | | |
| ② | 日本基督一致教会 | 札幌講義所（札幌北一条教会） | | | | | | | | | | | ● ①南1西1・10（中通東向） | 日本基督教会札幌講義所 | | |
| ③ | 日本基督教会 | 札幌福音館 | | | | | | | | | | | | | | |
| ④ | 日本基督教会 | 札幌日本基督教会桑園伝道所（札幌桑園教会） | | | | | | | | | | | | | | |
| ⑤ | 日本基督教会 | 軽川伝道所 | | | | | | | | | | | | | | |
| ⑥ | 日本基督教会 | 札幌日本基督教会山鼻伝道所 | | | | | | | | | | | | | | |
| ⑦ | 日本基督教会 | 円山伝道所（新生基督教会円山教会） | | | | | | | | | | | | | | |
| ⑧ | 日本美以教会 | 札幌美以教会（日本基督教団札幌教会） | | | | | | | | | | ● ？ | △ | | ● ①南1西2・16裏通 | |
| ⑨ | 日本メソヂスト教会 | 札幌教会山鼻講義所 | | | | | | | | | | | | | | |
| ⑩ | 日本メソヂスト教会 | 札幌教会琴似講義所 | | | | | | | | | | | | | | |
| ⑪ | 日本聖公会 | 札幌聖公会（日本聖公会札幌キリスト教会） | （札幌講義所）● 北4東1（東創成町8）中村盛重方 | × | | | | | | | | | 北4東1吉田藤八方 | （集会所）△ | ● ①南2西2 | |
| ⑫ | 日本聖公会 | 札幌聖公会附属説教所 | | | | | | | | | | | | | | |
| ⑬ | 日本組合基督教会 | 札幌講義所（札幌北光教会） | | | | | | | | | | | | | | |

| | 当初教団名 | 当初教会名 | 1880 | 81 | 82 | 83 | 84 | 1885 | 86 | 87 | 88 | 89 | 1890 | 91 | 92 | 93 |
|---|---|---|---|---|---|---|---|---|---|---|---|---|---|---|---|---|
| ⑮ | （[illegible]） | [illegible] | | | | | | | | | | | | | | |
| ⑯ | 東洋宣教会 | 札幌福音伝道館（札幌新生教会） | | | | | | | | | | | | | | |
| ⑰ | 日本福音ルーテル教会 | 札幌福音ルーテル教会（日本福音ルーテル札幌教会） | | | | | | | | | | | | | | |
| ⑱ | 救世軍 | 札幌小隊 | | | | | | | | | | | | | | |
| ⑲ | 第七日安息日基督再臨教会 | 札幌教会（セブンスデー・アドベンチスト教団札幌教会） | | | | | | | | | | | | | | |
| ⑳ | 在日本朝鮮イエス教会 | 札幌教会（救世軍札幌小隊） | | | | | | | | | | | | | | |
| ㉑ | | 基督新教講義所 | | | | | | | | | | | | | | |
| ㉒ | | 札幌市基督教青年会堂 | | | | | | | | | | | | | | |
| ㉓ | | イエス・キリストの御名に集められたる札幌集会 | | | | | | | | | | | | | | |
| ㉔ | 天主公教会 | 札幌天主公教会（カトリック北一条教会） | | △ ①南1西3 | ● ②南4東1（一説東2・1） | | | ③南2西6 ④南2東4・1（一説③南3東3（東4）④南1東3（東4）） | | | | | | ⑤北2東3・11（現北1東6） | | |
| ㉕ | 天主公教会 | 札幌村天主公教会（カトリック北十一条教会） | | 大国元助宅 | | | | 白官邸 | | | | | | | | |
| ㉖ | 天主公教会 | 山鼻天主公教会（カトリック山鼻教会） | | | | | | | | | | | | | | |
| ㉗ | 天主公教会 | 円山天主公教会（カトリック円山教会） | | | | | | | | | | 南3西1 | 大通西2・3 | | | |
| ㉘ | 日本ハリストス正教会 | 札幌正教会か（札幌ハリストス正教会） | | △（講義所） | | | | | | | ● Ⓘ | Ⓘ Ⓘ（一説←南4） | Ⓘ Ⓥ ← | Ⓥ | | |
| ㉙ | 末日聖徒耶蘇基督教会 | 札幌支教部（日本札幌伝道本部） | | | | | | | | | 南1西3 → | 南1西2中通 | 南6西6 → | 南2西5本通 | | |

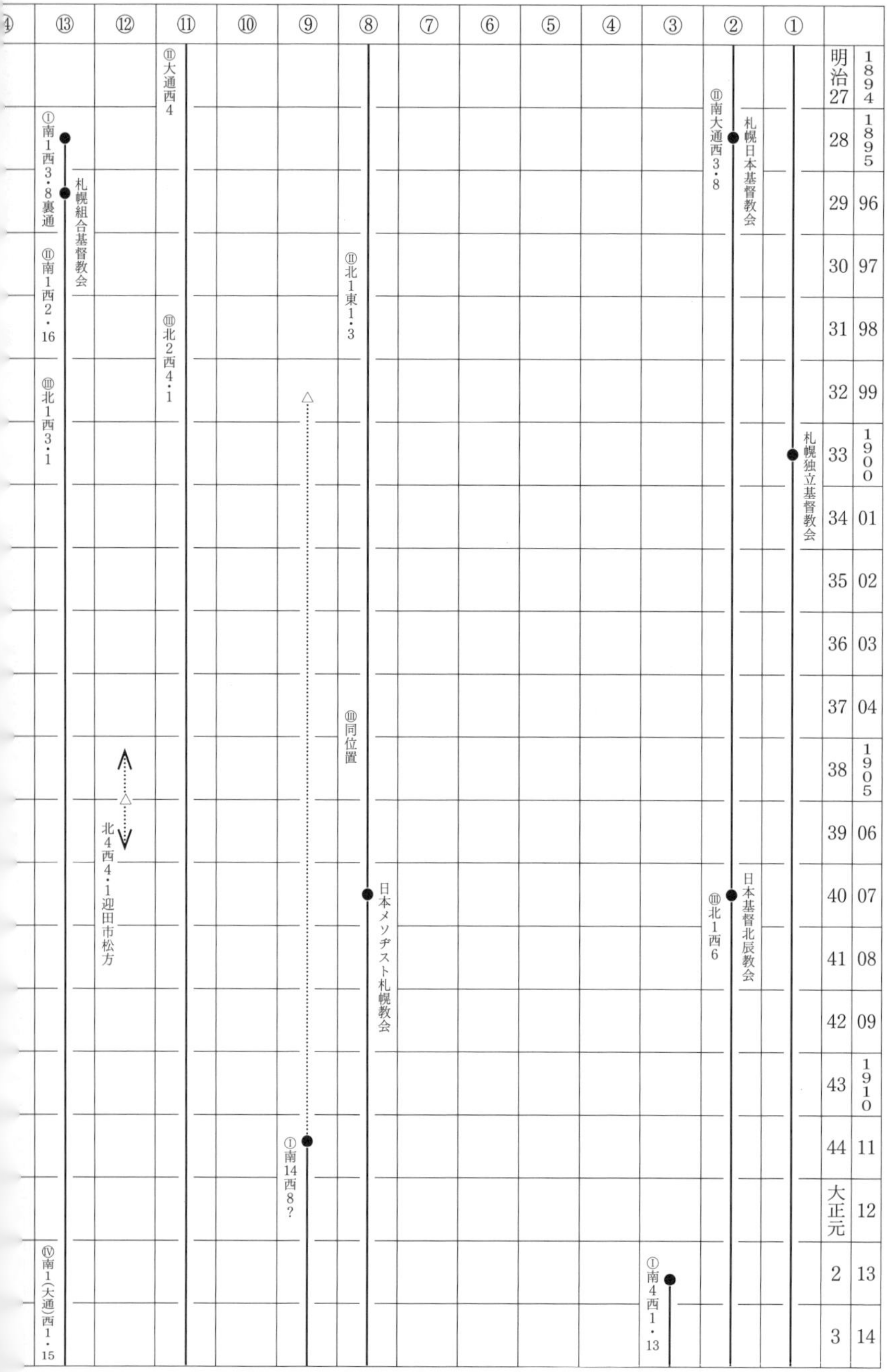
④ ⑬ ⑫ ⑪ ⑩ ⑨ ⑧ ⑦ ⑥ ⑤ ④ ③ ② ①
明治27 1894
28 1895
29 96
30 97
31 98
32 99
33 1900
34 01
35 02
36 03
37 04
38 1905
39 06
40 07
41 08
42 09
43 1910
44 11
大正元 12
2 13
3 14
札幌独立基督教会
札幌日本基督教会
Ⅱ南大通西3・8
日本基督北辰教会
Ⅲ北1西6
Ⅰ南4西1・13
日本メソヂスト札幌教会
Ⅱ北1東1・3
Ⅲ同位置
Ⅰ南14西8？
Ⅱ大通西4
Ⅲ北2西4・1
北4西4・1迎田市松方
札幌組合基督教会
Ⅰ南1西3・8裏通
Ⅱ南1西2・16
Ⅲ北1西3・1
Ⅳ南1（大通）西1・15

| | ㉙ | ㉘ | ㉗ | ㉖ | ㉕ | ㉔ | ㉓ | ㉒ | ㉑ | ⑳ | ⑲ | ⑱ | ⑰ | ⑯ |
|---|---|---|---|---|---|---|---|---|---|---|---|---|---|---|
| 1894 | | Ⅶ南2西7・5 ● 札幌顕栄会（「札幌ハリストス顕栄会堂」「札幌ハリストス正教会」の名称も使用） | | | | │ | | | | | | | | |
| 1895 | | │ | | | | │ | | | | | | | | |
| 96 | | │ | | | | │ | | | | | | | | |
| 97 | | │ | | | | │ | | | | | | | | |
| 98 | | │ | | | | Ⅵ同位置 │ | | | | | | | | |
| 99 | | │ | | | | │ | | | | | | | | |
| 1900 | | │ | | | | │ | | | | | | | | |
| 01 | | │ | | | | │ | | | | | | | | |
| 02 | | │ | | | | │ | | | | | | | | |
| 03 | | │ | | | | │ | | | | | | | | |
| 04 | | │ | | | | │ | | | | | | | | |
| 1905 | Ⅰ南6西7・11 ● ? | │ | | | | │ | | | | | | | | |
| 06 | │ | │ | | | | │ | | | | | | | | |
| 07 | │ | │ | | | Ⅰ北1東3 △ | │ | | | | | | | | |
| 08 | │ | │ | | | Ⅱ北15東1 ● （この頃の名称「札幌村天主公教会」） | │ | | | | | | | | |
| 09 | │ | │ | | | │ | │ | | | | | | | | |
| 1910 | │ | │ | | | │ | │ | | | | | | | | Ⅰ苗穂東5 ● （一説 北2（3）東5 北1（3）東4） |
| 11 | │ | │ | | | │ | │ | | | ↑ | | | | | │ |
| 12 | │ | │ | | | │ | │ | | | Ⅰ北12西2・2 ● | | | | | │ |
| 13 | │ | │ | | | │ | │ | | | │ | | | | | Ⅱ北1西3・1 │ |
| 14 | │ | │ | | | │ | │ | | | │ | | | | | │ |

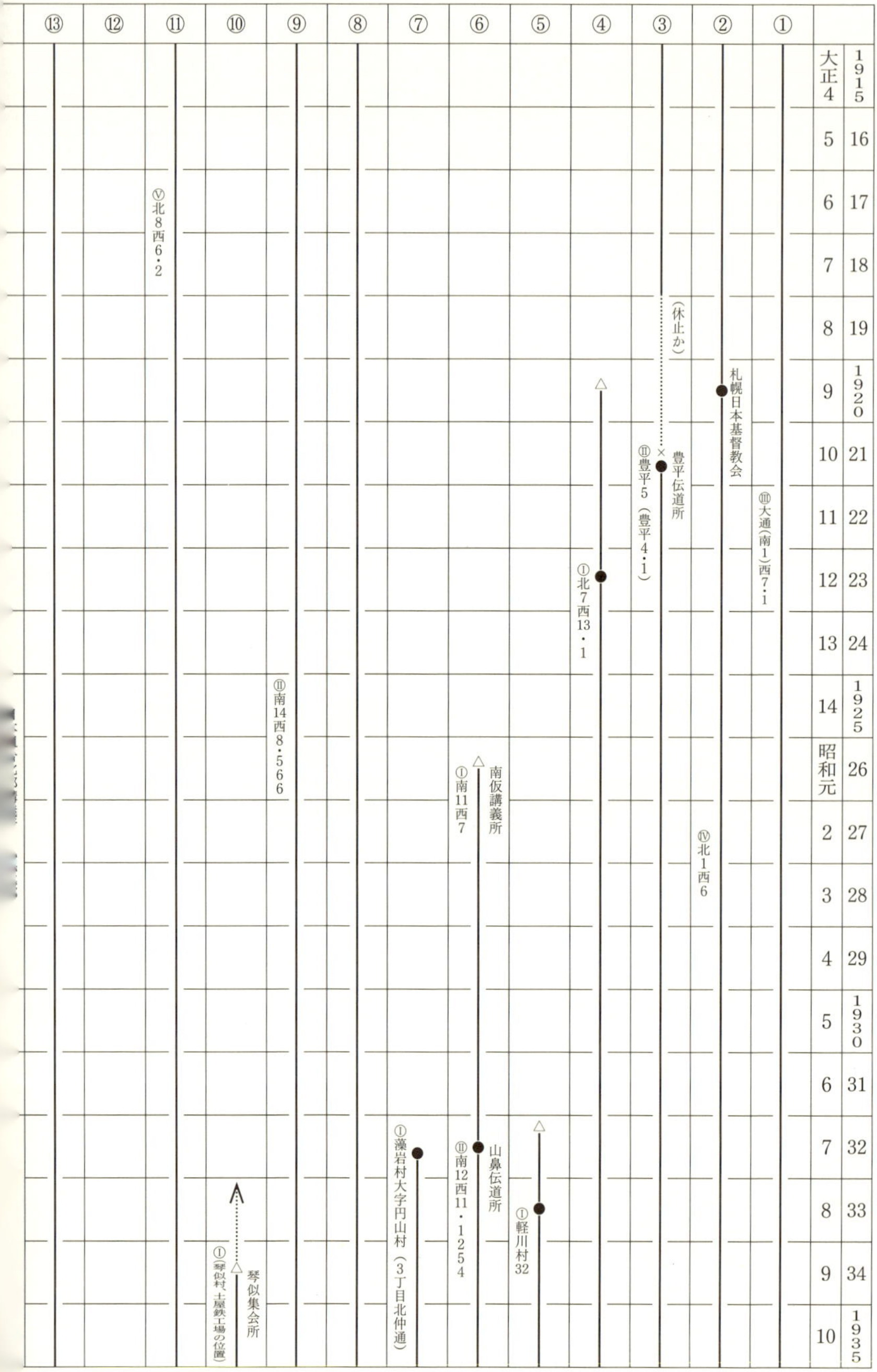
⑬ ⑫ ⑪ ⑩ ⑨ ⑧ ⑦ ⑥ ⑤ ④ ③ ② ①
大正4 1915
5 16
6 17
7 18
8 19
9 1920
10 21
11 22
12 23
13 24
14 1925
昭和元 26
2 27
3 28
4 29
5 1930
6 31
7 32
8 33
9 34
10 1935
(Ⅴ)北8西6・2
(休止か)
札幌日本基督教会
豊平伝道所
(Ⅱ)豊平5（豊平4・1）
(Ⅲ)大通（南1）西7・1
(Ⅰ)北7西13・1
(Ⅱ)南14西8・566
南仮講義所
(Ⅰ)南11西7
(Ⅳ)北1西6
(Ⅰ)藻岩村大字円山村（3丁目北仲通）
山鼻伝道所
(Ⅱ)南12西11・1254
(Ⅰ)軽川村32
琴似集会所
(Ⅰ)（琴似村、土屋鉄工場の位置）

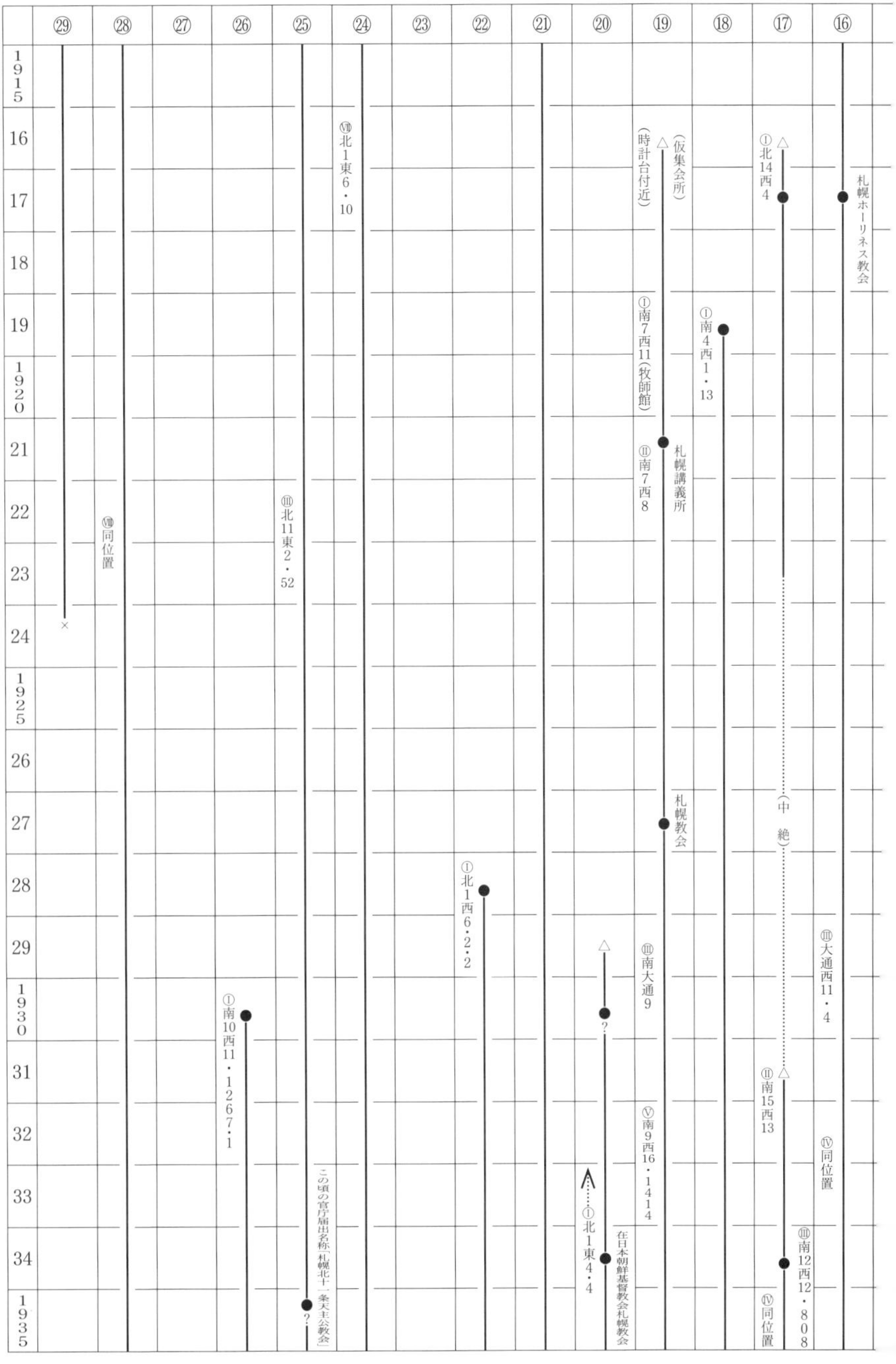

㉙ ㉘ ㉗ ㉖ ㉕ ㉔ ㉓ ㉒ ㉑ ⑳ ⑲ ⑱ ⑰ ⑯
1915 16 17 18 19 1920 21 22 23 24 1925 26 27 28 29 1930 31 32 33 34 1935
Ⅶ北1東6・10
札幌ホーリネス教会
①北14西4
(仮集会所)
(時計台付近)
①南7西11(牧師館)
①南4西1・13
札幌講義所
Ⅱ南7西8
Ⅷ同位置
Ⅲ北11東2・52
(中 絶)
札幌教会
①北1西6・2・2
Ⅲ南大通9
Ⅲ大通西11・4
①南10西11・1267・1
?
Ⅱ南15西13
Ⅴ南9西16・1414
Ⅳ同位置
この頃の官庁届出名称「札幌北十一条天主公教会」
①北1東4・4
在日本朝鮮基督教会札幌教会
Ⅲ南12西12・808
Ⅳ同位置

| 年 | 西暦 | ① | ② | ③ | ④ | ⑤ | ⑥ | ⑦ | ⑧ | ⑨ | ⑩ | ⑪ | ⑫ | ⑬ |
|---|---|---|---|---|---|---|---|---|---|---|---|---|---|---|
| 昭和11 | 1936 | | | | | | | Ⅱ北大通4・46 | | | | | | |
| 12 | 37 | | | | | | | | | | | | | |
| 13 | 38 | | | | | | | 円山伝道教会（円山日本基督教会） | | | | | | |
| 14 | 39 | | | | | | | | | | × | | | |
| 15 | 1940 | | | | ●（結社届） | ×解散？ | | ？● Ⅲ北大通5・33（北1西24・33） | | | | | | |
| 16 | 41 | | | 閉鎖× | | | ×？（休会） | | | | 教団（認可） | | | |
| 17 | 42 | ● 札幌大通基督教会（認可） | ● 札幌北一条教会（認可） | | | | | ● 円山教会（認可） | ● 札幌教会（認可） | × | | ● 札幌聖公教会（認可） | | ● 札幌北光教会（認可） |
| 18 | 43 | | | | | | | | | | | ● 日本基督教団札幌北八条教会（認可） | | Ⅴ大通東6・12（接収移転）Ⅵ（返還復帰） |
| 19 | 44 | | | | ×（休会） | | | | | | | | | |
| 20 | 1945 | | | | | | | | | | | | | |
| （21） | （46） | ●（旧称復帰） | | | | | | | | | | ● 日本聖公会（復帰） | | |
| 現在の教団／教会名 | | 札幌独立キリスト教会 | 日本キリスト教会／札幌北一条教会（1951年日本基督教団離脱） | （参考）日本キリスト教会／札幌豊平教会 | 日本キリスト教会／札幌桑園教会 | （現存せず） | （参考）日本キリスト教会／札幌北一条教会旭ヶ丘伝道所 | 新生基督教会円山教会（1951年日本基督教団離脱、現在単立） | 日本基督教団／札幌教会 | （現存せず） | （現存せず） | 日本聖公会／札幌キリスト教会 | （現存せず） | 日本基督教団／札幌北光教会 |
| 所在地 | | 中央区大通西22・1・6 | 中央区北1西13・2 | 豊平区豊平6・3 | 中央区北7西13・1 | | 中央区南11西23・17・2 | 中央区北1西24・33 | 中央区北1東1・3 | | | 北区北8西6・2・18 | | 中央区南1西1・14 |

| | ㉙ | ㉘ | ㉗ | ㉖ | ㉕ | ㉔ | ㉓ | ㉒ | ㉑ | ⑳ | ⑲ | ⑱ | ⑰ | ⑯ |
|---|---|---|---|---|---|---|---|---|---|---|---|---|---|---|
| 36 | | Ⅸ南7東1・3 | | | | | | ↓ | ↓ | | | | | ● 日本聖教会札幌教会 |
| 37 | | | ● ①藻岩村大字円山村395（現在地） | | | | | | | | | | | |
| 38 | | | | | | | | | | × | | | | |
| 39 | | | | | | | | | | | | | | |
| 1940 | | | | | | | ● ①南16西7北向 | | | | | ● 救世団札幌支部 | | |
| 41 | | | 日本天主公教（認可） | | | | | | | | 札幌第七日基督再臨教会 | | | 日本 |
| 42 | | ● 札幌正教会（認可） | ● 円山教会（認可） | ● 札幌南十条教会（認可） | ● 札幌北十一条教会（認可） | ● 札幌北一条教会（認可） | | | | | ●（認可） | ● 札幌豊水教会（認可） | ● 札幌山鼻教会（認可） | ● 札幌新生教会（認可） |
| 43 | | | | | | | | | | | ×（認可取消） | | | ×（認可取消） |
| 44 | | | | | | | | | | | | | | |
| 1945 | | | | | | | | | | | | （当初名称へ復帰） | | ●（再建） |
| (46) | | | | | | | | | | | | ● | | |
| 現在の教団／教会名 | （参考）末日聖徒イエス・キリスト教会／日本札幌伝道本部 | 日本ハリストス正教会教団／札幌ハリストス正教会 | カトリック札幌司教区／カトリック円山教会 | カトリック札幌司教区／カトリック山鼻教会 | カトリック札幌司教区／カトリック北十一条教会 | カトリック札幌司教区／カトリック北一条教会 | （現存せず） | （現存せず） | （参考）北海道大学キリスト教青年会汝羊寮 | （現存せず） | セブンスデー・アドベンチスト教団／札幌キリスト教会（1948年再組織） | 救世軍／札幌小隊 | 日本福音ルーテル教会／札幌教会（1948年日本基督教団離脱） | ウエスレアン・ホーリネス教団札幌新生教会（1985年日本基督教団離脱） |
| 所在地 | 中央区北2西24・1・25 | 豊平区福住2・2・3・1 | 中央区北4西23・2・10 | 中央区南10・西11・1・5 | 東区北11東2・2・25 | 中央区北1東6・10 | ／ | ／ | 北区北12西2・26 | ／ | 北区北37西2・1・24 | 中央区南4・西1・13 | 中央区南12西12・2・27 | 中央区大通西11・4 |

# 第三章　「戦時下キリスト教史」の叙述について

――『新札幌市史』のためのノート――

## 第一節　戦時期の叙述の課題

『新札幌市史』においても第四巻では市制施行（一九二二年）以降、太平洋戦争終結（一九四五年）までを扱うことになる。この時期の過半を占めるのが、一九三一年の満州事変に始まり敗戦に至る、いわゆる十五年戦争の期間である。破局にいたる戦争の諸相の叙述にあたっては、市政はもとより市民（その所属する団体を含めて）が、戦争遂行体制のなかでどのように関わり考え行動し、また生き抜いてきたかが描かれよう。

この戦争は、わが国にとっては当然のこと、近隣諸国、民族に与えた深刻さから二十世紀の東アジアにとって最大の事件であった。それゆえ、戦争による他国への加害、自国の被災、戦争犠牲者の発生、市民生活への圧迫・抑圧、あるいは戦争遂行への協力、さらには戦争以前の植民地支配等々の諸相は、半世紀後のわれわれがそれを歴史のなかで正確に叙述することを求めている。

戦時期の歴史叙述にはまた、わが国が起こした戦争に対する視点の置き方、いわば歴史認識の所在が大きく規定していると言ってよい。『新札幌市史』第四巻において筆者が担当する、「キリスト教史」の部分についても例外ではない。もっとも、第四巻でキリスト教について予定されている紙数は、これまでの第二巻・第三巻に比較してごく限定されたものになっている。このため、やむなくとりあげる諸事実を精選し、要点を簡潔に記すのみの叙述になるであろうことが、すでに予測される。簡潔な叙述はしかし、いっそう視点の整理を筆者に要求することになるはずである。

本稿は、この視点の整理のためにまとめたものである。

本稿の基礎となったのは、この視点の整理のために行った新札幌市史編集会議（一九九五年十一月二十九日開催）における報告「戦時下キリスト教史研究の課題」である。この会議でも、筆者はキリスト教界の第二次世界大戦の戦争責任論を中心に述べたが、これに対するさまざまな意見をいただき、筆者にはおおいに示唆的であった。そのなかで次の二点を紹介して、それが本稿執筆の動機の一つでもあることを記しておきたい。それは、「あの時代、戦争に協力したのは、クリスチャンだけではない。キリスト教の教理の変更の問題と、たとえば戦時国債を購入させられたなど、だれしもが強いられたこととは区別して論ぜられるべきではないか」「市史としての立場は、(戦争への市民の加担、責任を問うことではなく）市民が戦時体制に巻き込まれていったということになるだろう」というものであった。おそらく、これが市史の叙述の基調になるのであろうことが予測される。

右の視点は、国民だれしもが強いられた一般的な戦争協力を、個別の市民（この場合は、キリスト教会）の責任とは考えない、個々の市民の責任を問わない、という自治体史としてはごく一般的な執筆態度と思われる。ただ、今日のキリスト教史研究は、戦争責任を問いかけかつその罪責を現在のものとして主体的に担うという方向性をもって発展してきたのであるが、それは必ずしも自治体史の枠の中に納まらない場合がすくなくないというのも事実である。

一つだけ札幌での例を挙げてみる。一九四四年四月、プロテスタントの札幌北一条教会牧師で当時、日本基督教団北海教区長でもあった小野村林蔵が、伊勢神宮への不敬があったとして逮捕される事件があった。小野村は、一審では反戦言辞などを理由に有罪判決、控訴審で無罪となった。戦時下のキリスト教受難の一つである。この事件の取調中、小野村が、伊勢神宮の大麻奉戴が迷信と考えるか否かを問われた際、かつて神棚を大麻奉安所とよびかえてその設置を許容した一文「大麻奉斎の心得」（一九四三年）を示して検事の追及をかわしたことが、自伝『豊平物語』（表一⑬）に記載されている。小野村にとって最悪の事態と考えられた伊勢神宮への冒瀆という改正治安維持法第七条違反を免れたわけである。この「大麻奉斎の心得」を、キリスト教思想史家金田隆一は、次のように批判する。

小野村が最も心配した「日本の全キリスト教会に及ぶべき迷惑から教会を救う」法的勝利になりえても、キリスト教信仰の真理的本質よりするならば、妥協と屈服の道を指し示すものにほかならなかった。しかも、その本質を小野村自身が意識せずに実行した点に、日本プロテスタント教会全体が、当時の歴史的状況のなかで占めた偏向と敗北の要因が存在したものと考えられる[1]。

右の所論は、受難した小野村牧師に対しても戦時体制下の国家と妥協したとして、これを戦争責任として追及しようとするものである。これに対して、札幌北一条教会建設一〇〇周年記念講演会で、日本キリスト教思想史研究の草分けともいうべき武田清子は、「歴史をつらぬく神の真実[2]」と題する講演を行って大要次のように言っている。

武田は小野村の神社問題に対する基本的姿勢として、「小野村林蔵のたたかいは、国体明徴思想が強調され、それを国民の意識と生活の中に浸透させていく方法として〈神社参拝〉を強要しようとする天皇制ファシズムを向こうにして、それと対決するキリスト者のたたかいの一つのアプローチだったと見てよい[3]」とし、逮捕事件について、「日本の国であの暗い谷間の時期に、日本のキリスト者が〈落し穴〉へ落とし込まれないで生きて行くということは本当に困難な課題で、〈蛇の如くさとく〉ということが必要だったろうということを考えさせられます。[4]」と小野村及び札幌北一条教会員の「戦争中の不当な国家主義との戦い」を高く評価している。

金田隆一と武田清子は、逮捕容疑に対する小野村の姿勢について異なる評価を下したのであるが、それぞれにキリスト教思想史の研究（後者は講演の記録であるが）として意義を持っている。両者の違いは、キリスト教史の学説の多様性とともに、キリスト教界における歴史認識の幅をも示すものである。すなわち、信仰のあるべき立場を維持しえなかった戦時期の諸相について、一方では「当時の状況ではやむを得なかった」「キリスト教だけが抵抗できる状況になかった」という弁明があり、また「弾圧されないため表面では従順にし、それで教会を守り得た」という評価がある。他方、これを信仰の歪曲、過誤、罪責と把える立場がある。金田・武田の見解は、これら多様な歴史認識の一部を代表したものである。それらの多様な立場と研究の成果をどう理解し自治体史の叙述のなかに取り込み得るか、叙述を支える基本的な視点をどこに置くか、筆者としては、市史執筆を始めるにあたってその整理が必要であると考えている。本稿はそのための作業の一端である。

## 第二節　戦時期キリスト教の概観

本題に入る前に、これまで明らかにされている戦時期のキリスト教の状況を、ごく簡略に概観しておくこととしたい。なお、いずれも著名な出来事なので、個々の典拠は特別な場合のほかは割愛した(5)。

満州事変の前後、キリスト教会の教勢(6)は戦前における頂点を形成した。一九三一年のプロテスタントの受洗者（洗礼受領者。多くの場合その教会への入会を意味する）は、戦前の最高一八、〇〇〇人を記録する。その後は教会の会員在籍者教は上昇するが受洗者教は急減し、一九四〇年は八、〇〇〇人台となり、一九四五年にはその数が三分の一あるいは四分の一になったと推定されている(7)。戦時期では、日中戦争、対米英開戦と年を追うごとに、プロテスタント教会の礼拝出席者は急減する。カトリックのミサへの出席者も同様であったと思われる。

満州事変前後、プロテスタントの教勢が上昇するのは、この間、一九三〇—三四年に戦前最大規模の組織的伝道活動である「神の国運動」が全国的に展開したことも要因の一つである。この運動は、その対象をこれまでの教会の支持層であった都市中間層のみならず、労働者・農民への浸透をめざしたものであった。個人の魂の救済を主眼とし「未信者」を教会に結び付けることから、さらに進めて社会的解放による救済をキリスト教の課題とした、というのが通説である。しかしこの運動も、満州事変以降、国家主義の風潮のなかで十分な展開をなしえず、キリスト教界の社会問題への関わりは戦時体制のなかで急速に後退していった(8)。

キリスト教が、外国、なかでも日本とは国際的な対立を深めた欧米からの宗教と見做されていたから、戦争の激化とともにキリスト教への圧迫は強まった。キリスト教主義学校に対する神社参拝要求や教団首脳、学校長、地方組織の長などの邦人化が行われ、外国ミッション（伝道団体）との絶縁が進められ、教勢の低下のなかで各教派も学校も自立を余儀なくされた。外国人宣教師たちも戦争の激化とともに、国外への退去となった。

一九三九年に成立した宗教団体法は、外国からの自立と国家からの統制をいっそう加速させた。宗教団体法は宗教関連の統一的法規として、その前身宗教法案から数えて三度にわたり国会に提出され廃案となったものである。今回はキリスト教界からの反対運動もみられず、日米関係が悪化するさなかに成立をみた。同法は、過去の法案よりも国家の規制を緩和しているが、基本的な性格が宗教団体への国家統制であることには変わりがなかった。ローマ・カトリック教会の場合、全組織がそのまま天主公教教団となったが、プロテスタント諸教派はほとんどが合同して一教団（日本基督教団）を結成した。文部省が、認可する教団の規模を教会数五十以上、信徒数五、〇〇〇名以上であると基準を示し、かつ全教派の「合同を慫慂《しょうよう》」したからである。結局、キリスト教で認可されたのはこの二教団だけであった。ハリストス正教会、セブンスデー・アドベンチスト教会（第七日安息日基督再臨教会）は、各教会が単立の教会として存続した。聖公会は組織を解体し、一部の教会が単立教会となった。

宗教団体法の審議過程のなかで政府は、神社参拝拒否を国民の義務に反するものとして取り締まる、と表明している（たとえば、一九二九年二月の勝田主計文部大臣答弁、一九三九年一月荒木貞夫文部大臣答弁）。この方針は、神社は国家の宗祀であって宗教ではないとの見解に基づいている。それゆえ宗教のいかんを問わず伊勢神宮をはじめ各地の神社に参拝することが、国家への忠誠、愛国心の表明としてすべての国民に要求された。キリスト教界も政府の見解に積極的に対応し、カトリックは一九三二年に文部省に質問をして、神社参拝が愛国心の表明であるとの回答を求めて、カトリックの神社参拝を根拠づけた。一九三八年、プロテスタント最大の教派であった日本基督教会大会議長富田満は、朝鮮の耶蘇教長老会の一部に神社参拝の決議を求め、これが契機となって同長老会をして神社参拝の「率先励行」

決議を成させしめた。宗教団体法によってキリスト教会の二教団が成立してからは、天主公教教団、日本基督教団の各統理者が、伊勢神宮に毎年交互に参拝することを求められた。

くわえて、前述のごとく一九四一年の治安維持法改正では、神宮・皇室の尊厳に対する冒瀆処罰が規定され取り締りが強化された。このため一連の神社参拝拒否問題、さらには治安維持法違反と目された事件がキリスト教界を中心に頻発する。札幌で一九四三年に起きた無教会の浅見仙作事件や一九四四年の小野村林蔵事件はその一端であり、また全国的な取り締りが札幌にも及んだ事件としては、一九四二年の旧ホーリネス教会系教職者の一斉逮捕（日本基督教団第六部、第九部など。札幌では日本基督教団札幌新生教会の伊藤馨牧師）、翌四三年のセブンスデー・アドベンチスト教会教職者の一斉逮捕（当時、第七日基督再臨教会。札幌では金子末逸牧師、国谷弘牧師）があった。新生教会とセブンスデーの両教会とも、教会の認可が取り消され解散させられている。

戦争に対して、ほとんどのキリスト教会は政府へ全面的に協力する姿勢をとった。一九三五年、ローマ・カトリック教会は全国の司教・教区長協議会を開催、忠君愛国、飛行機献納を内容とする共同教書を発した。一九三七年、日本が盧溝橋事件を起こし日中戦争となるが、その直後に、プロテスタント各派の連合組織である日本基督教聯盟は、事態を追認する「支那事変ニ関スル声明」を出している。一九四四年、日本基督教団は決戦態勢宣言を決議、前年来献金運動を進めてきた陸海軍への飛行機献納を行い、各教会でも戦時必勝を祈願する祈禱会などを行った。

一九四五年の敗戦直前には、文部省はキリストの復活など教理の根幹とされてきたものへも変更を求めてきたといわれるが、これは実施されなかった。敗戦後、政府の拘束が解かれ、同年中宗教団体法が廃止となり、天主公教教団は解散して教区聯盟として新発足した。プロテスタントでは、日本聖公会は再建総会を開催し、救世軍など日本基督教団から離脱する教派も見られた。

以上、戦時期のキリスト教界の動向を略述した。この時期の様相は、国家によるキリスト教への圧迫、とくに宗教団体法による統制、外国ミッションとの絶縁要求、神社参拝問題などの教理変更要求、それらに対するキリスト教側の組織防衛という構図が基調となる。全国的にはこのように概括し得るが、札幌のなかではどのようであったか。次に札幌での様相を見ることとしよう。

## 第三節　札幌市内教会史に見る戦時期の様相

札幌市内の戦時期の状況がキリスト教にとってどのようなものであったか、具体的な叙述は市史本文でなされることであるが、ここでは各教会史が戦時期をどのように叙述したかを見ることとしたい。本稿で検討しようとする教会史は、戦時期について一定の叙述がある表一に掲げた諸書である。もっとも各教会史は、その編集目的や期間・体制・ボリューム（頁数）が異なり、編集自体がさまざまな制約の下に行われるものであるから、戦時期の様相をどこまで叙述したか一様に比較するのは難しいけれども、各教会史がどのような視点で叙述されたかを検討することは可能である。ただし、この表に掲載した以外にも戦時期に叙述が及ぶ教会史が無いわけではない。たとえばカトリック北一条教会の九十年記念誌（『北一条教会　一九七二』一九七二年刊）、日本基督教会札幌琴似教会『教会三〇年史』（一九七九年刊）などであるが、前者は記述の豊富な表一⑥の百年誌によることとした。後者は戦中の記述が僅少なので割愛した。また小史・年表・論集なども検討の対象に含めなかった。このほか、『円山カトリック教会三十周年記念誌』が刊行されていることを知ったが、本章には反映できなかった。

一方、日本基督教団札幌教会は、③七五年史と⑩百年の歩みを掲げた。戦時期の叙述では、⑩は③を継承しているが、この四半世紀の歴史認識の変化を反映した内容となっているので、共に検討の対象にすることとした。このほか、参考として各教会史ではないが、教団史などの一部あるいは単著として公刊された関係者の自伝・回想録を掲げた。教会史では尽くしえない戦時期の叙述があったからである。また⑯に掲げた『北星学園百年史』は、各教会史と照応する部分が多いので掲げたものである。

教会史（本稿対象分、刊行年順）

| 年 | 所収頁 | 関係章節名 | 備考 |
|---|---|---|---|
| 6 | p 49- 72 | 小野村林蔵牧師時代（中） | 金田隆一執筆 |
| 0 | p 4- 7 | ウバルト・シェッケ時代 | |
| 4 | p 87-140 | 発展期、苦難期 | 栄英彦・福島恒雄執筆 |
| 6 | p 55- 80 | 暗き谷間にての歩み | 鈴江英一執筆 |
| 7 | p 69- 74 | 札幌教会の移転と牧師交代～金子未逸牧師の検挙と釈放 | 新名忠臣著 |
| | p135-149 | 弾圧当時を追憶して | 金子未逸執筆 |
| 2 | p 22- 30 | 昭和元年より第二次世界大戦終了まで　ほか | |
| 2 | p 80- 82 | 牧野牧師、逢坂牧師の思い出 | 時田郇執筆 |
| | p116-125 | 戦時中教会合同拒否と独立の堅持 | 深瀬忠一執筆 |
| 4 | p 45- 48 | 通史／昭和 2 ～ 10年 | 同書編集部執筆 |
| | p 64- 70 | 通史／昭和11 ～ 20年 | 鈴木高明執筆 |
| 7 | p113-133<br>p140-145 | 聖堂建立へ～猪狩司祭在任期の前半（戦時下の教会　など） | |
| 2 | p181-252 | 暗雲下の苦難の歩み | 東海林英執筆 |
| 3 | p 36- 41 | 教会の各種行事活発、戦時下の教会　ほか | |

| 年 | 所収頁 | 関係章節名 | 備考 |
|---|---|---|---|
| | p9- 66 | 私の非戦思想～奇しき摂理 | 浅見ユキ編集 |
| | p204-283 | 豊平受難 | |
| | p381-387 | 弾圧当時の思い出断片 | 金子未逸執筆 |
| | p173-229 | 恩寵あふるる記 ―獄中記 | 伊藤馨執筆 |
| | p209-333 | 戦時体制の時代［建学の精神の危機］ | 中川收執筆 |

表１　戦時期の記述がある札幌市

| | 教会名 | 書名 |
|---|---|---|
| ① | 日本基督教会札幌北一条教会 | 創立六十年史 |
| ② | カトリック山鼻教会 | 山鼻カトリック教会三十年のあゆみ |
| ③ | 日本基督教団札幌教会 | 川畔の尖塔 ―札幌教会七五年史― |
| ④ | 日本基督教団札幌北光教会 | 札幌北光教会七十年の歩み |
| ⑤ | セブンスデー・アドベンチスト教団札幌教会 | 教会組織五十周年記念誌 ―セブンスデー・アドベンチスト<br>団札幌教会史、主をほめたたえよ― |
| ⑥ | カトリック北一条教会 | 神の愛われらに満ちて ―カトリック北一条教会宣教100周<br>記念― |
| ⑦ | 札幌独立キリスト教会 | 札幌独立キリスト教会百年の歩み　上巻 |
| ⑧ | カトリック北十一条教会 | フルダから札幌へ |
| ⑨ | 札幌ハリストス正教会 | 札幌正教会百年史 |
| ⑩ | 日本基督教団札幌教会 | 札幌教会百年の歩み |
| ⑪ | 日本聖公会札幌キリスト教会 | 日本聖公会札幌キリスト教会百年の歩み |

［参考］

| | 関係氏名等 | 編著者 | 書名 |
|---|---|---|---|
| ⑫ | 浅見仙作 | 浅見仙作 | 小十字架 |
| ⑬ | 小野村林蔵 | 小野村林蔵 | 豊平物語 ―伝道と自伝の書― |
| ⑭ | 金子末逸 | 梶山積 | 使命に燃えて ―日本セブンスデー・アドベンチスト教会5 |
| ⑮ | 伊藤馨 | ホーリネス・バンド昭和キリスト教弾圧史刊行会 | ホーリネス・バンドの軌跡 ―リバイバルとキリスト教弾圧 |
| ⑯ | 北星学園 | 北星学園百年史刊行委員会 | 北星学園百年史　通史篇 |

表一の「関係章節名」ですでにその一端があらわれているように、戦時期は各教会にとっても「暗き谷間」であり、「苦難の歩み」あるいは「危機」として歴史の中に位置づけられ、編目の重要な部分を構成している(9)。それがどのような事実であったかは、一部全国的な趨勢と同じであるが、項目として掲げると、第一に治安維持法などによる逮捕、裁判、教会解散、会堂の接収、定期的な出版物の発行停止など直接的な活動の停止、第二に宗教団体法の影響による教会の合同、認可を得られずに起きた教団解散、各教会の名称変更、単立教会の認可問題など、教会組織の変更にかかることがある。第三には外国の本部、ミッションとの援助その他の関係を絶ち、また組織の責任者を邦人に交替すること、さらには宣教師の帰国が余儀なくされるなど外国の関係機関との絶縁、第四に礼拝・ミサなど集会への出席人数の減少、各種の集会規模の縮小、さらには教会・教職者の物資の欠乏などに見られる教会活動の低下、第五にこれまでの教義を変更し神社参拝を奨励するなど信仰にかかわる変容、国民儀礼の実施、教会の集会または教職者・信徒への特高警察・憲兵など官憲の監視にみる教理への制約、第六に報国会を結成し、軍隊への慰問を行い、必勝祈願の集会を開催し、飛行機献納のためなどの献金あるいは金属供出に応じ、教職者の勤労動員に従うなどという具体的な戦争への協力である。このほか第七として、かかる戦争あるいは神社問題への批判が行われていることにふれた教会史などを掲げた。

戦時期のこれらの事象について、その叙述を表一に掲げた各教会史などによって見ると表二のとおりとなる。この表は各教会史などに、その教会が直接関わった部分の叙述について、該当の箇所に○印を付したものである。もとよりこの表は戦時期の特徴的事象について記したもので、戦時下を意識しない諸活動に触れるものではない。また、社会一般、キリスト教一般、他教会で行われた事象についての叙述は除外している。かつまた出版物の廃刊、国民儀礼、集会などへの監視、戦時献金などこの表に該当が無いからといって、その教会でここに掲げるような事象が起こっていなかったというわけではない（なかには当該箇所以外の、個人の回想録の部分でふれている場合もある）。各教会史がすべての事象に同じように着目し、叙述の対象としてはいないからである。このほか教会史の編集が行われていないた

表２　札幌市内教会史の戦時期の記述

| 事項 | | 該当教会史など | ① | ② | ③ | ④ | ⑤ | ⑥ | ⑦ | ⑧ | ⑨ | ⑩ | ⑪ | ⑫ | ⑬ | ⑭ | ⑮ | ⑯ |
|---|---|---|---|---|---|---|---|---|---|---|---|---|---|---|---|---|---|---|
| 1 | 直接的な活動停止 | 教職逮捕・裁判 | ○ | | | ○ | ○ | | | ○ | | | | ○ | ○ | ○ | ○ | ○ |
| | | 教会解散 | | | | | | | | | | | | | | | ○ | |
| | | 会堂など接収借上 | | | | ○ | | ○ | ○ | | | | ○ | | | | | ○ |
| | | 出版物廃刊 | ○ | | | ○ | | | ○ | | | | | ○ | | | ○ | |
| 2 | 教会組織の変更 | 宗教団体法影響，教会合同 | ○ | | ○ | ○ | | | ○ | ○ | ○ | ○ | ○ | | | | | |
| | | 教団解散問題 | | | | | | | | | | | ○ | | | | | |
| | | 名称変更 | ○ | | ○ | ○ | | | ○ | | | ○ | ○ | | | | | |
| | | 認可問題 | | | | | | | ○ | | | | ○ | | | | | |
| 3 | 外国本部、ミッションとの絶縁 | 関係絶縁 | ○ | | ○ | | | | | | | ○ | | | | | | ○ |
| | | 邦人交替 | | | | | | | | ○ | | | ○ | | | | | ○ |
| | | 宣教師帰国 | ○ | | | | | | | | | | ○ | | | | | ○ |
| 4 | 教会活動の低下 | 集会出席減少 | ○ | ○ | ○ | ○ | | ○ | ○ | ○ | ○ | ○ | ○ | | | | | |
| | | 活動縮小 | ○ | | ○ | ○ | | ○ | | ○ | | ○ | | | | | | ○ |
| | | 物資欠乏 | | ○ | | ○ | | | | ○ | ○ | | ○ | | | | | |
| 5 | 教理への制約 | 教義の変更 | | | ○ | ○ | | | | ○ | | ○ | | | | | | ○ |
| | | 神社参拝・神棚設置是認 | | | | ○ | | ○ | | | | | | | ○ | | | ○ |
| | | 国民儀礼の実施 | | | ○ | ○ | | | ○ | ○ | | ○ | | | | | | |
| | | 集会など監視 | | | ○ | ○ | | ○ | ○ | ○ | ○ | ○ | ○ | | | | ○ | |
| 6 | 戦争への協力 | 報国会結成，慰問 | | | ○ | ○ | | | | | | ○ | | | | | | ○ |
| | | 必勝祈願 | | | ○ | | | | | | | ○ | | | | | | ○ |
| | | 献金，献納，供出 | | | ○ | ○ | | | | ○ | | ○ | | | | | | ○ |
| | | 勤労動員 | | | | ○ | | | | ○ | | | | | | | | ○ |
| 7 | 戦争・神社問題批判（当時における） | | ○ | | | | | | | | | | | ○ | ○ | | ○ | |

め、この表から漏れた教会もある。ただこの表によって戦時期への教会史編集者の関心の度合いと、共通して問題にされている事象（宗教団体法の影響、教会合同、集会出席者の減少、集会規模の縮小など）があることを理解できると思う。表一、表二とも右のような留保を要するが、それでも札幌において各教会が直面した諸問題が多岐にわたり、全国的趨勢のなかで起こっていることが確認できよう。

表二のうち、1（直接的な活動停止）、2（教会組織の変更）、3（外国との絶縁）、5（教理への制約）はキリスト教会に起きた固有の問題である。4（教会活動の低下）と6（戦争協力）は、市民一般にも通底する事象である。もっとも、集会出席減少、活動縮小はキリスト教徒が欧米

渡来の宗教を信ずる「非国民」とされたことと関連はある。戦前、キリスト教の影響が大きかったといわれる札幌でも、戦時下では厳しい圧迫をキリスト教会とキリスト教徒が免れることはできなかった様相をこの表があらわしている。まず1のうち、教職の逮捕・裁判事件では、前述のごとく①⑬小野村林蔵、⑫浅見仙作、⑤⑭セブンスデー（金子未逸）、⑮ホーリネス（伊藤馨）のほか、⑧戸田帯刀など、裁判に発展した検挙事件が起こった（小野村、浅見、戸田は無罪判決）。また会堂接収では、教会の全施設を陸軍に接収され移転を余儀なくされた④札幌北光教会をはじめ、礼拝堂を倉庫として接収された⑦札幌独立基督（キリスト）教会、⑪聖公会（当時は日本基督教団札幌北八条教会）、また⑥カトリック北一条教会の伝道館がある。⑯北星女学校は、軍ではないが、新設の北海道庁立女子医学専門学校に借り上げられ、生徒募集の停止に追込まれた。このようなことは教会・キリスト教主義学校の受難として記憶されている。したがって戦時期に起こった事件、教会への圧迫の事実は、札幌においても受難として大きな叙述対象となっている。受難事件は戦時下での抵抗として評価され、伊藤・小野村・浅見の事件などは研究の対象となっている。また2における⑦札幌独立基督教会が単立教会として認可を求めて奔走したことも抵抗の一つと考えてよいと思う。しかしながら、受難や抵抗のみによって戦時期のキリスト教を語り尽くすことは、もとよりできない。

戦時期の教会のもう一つの状況は、5、6にみる戦時体制に同調していく側面である。皆と同じように教会やキリスト教徒も大勢に流されたという認識は、現在、筆者らが行っている関係者（いずれも八十歳代前後から九十歳代）からの聞き取りでも共通している[10]。同時代の教会員の一般的な意識は、そのようなものであったであろう。札幌の各教会史のなかでも、②カトリック山鼻、⑥同北一条、⑧同北十一条は戦時下の渦中で、戦時体制に添いつつも、教会を存続し得たことを大きく評価する立場である。受難の中にも教会が存続し戦後に歴史を繋ぎ得たことが、戦時下をめぐる主要な叙述となっている。したがって②山鼻教会のごとく「陰惨な長い年月も、昭和二十年八月十五日を以て終り、カラリと晴れ渡る日が再びやってきた。……教会は誰にはばかることなく、自由な活動を再び始めたのである」（六頁）というように、叙述の重点を戦時下よりも敗戦による戦時体制からの解放に置いている。

各教会史のなかで教会存続の意義を、たとえば「教会をこの最大の苦難の時代に守り続けた」（④五七頁）としつつも、戦時体制に同調していく教会の諸相を詳述しているのは、①札幌北一条教会、③⑩札幌教会、④札幌北光教会である。いずれも体制同調に批判的な視点を導入している[11]。このうち、⑩は③の叙述を基本的に継承しつつも、戦時下キリスト教の概説を加筆して、教会の歩みを時代の状況の中に位置づけている。④は筆者の手になるものであるが、戦時期に在任した椿真六牧師の特異な主張（「日本精神と基督教」論）と国家への忠誠、戦争体制への順応を略述している[12]。

これらのプロテスタント諸教会も敗戦による決着は、いずれも解放として受け止められ、牧師の裁判事件をくぐりぬけた①札幌北一条教会では、「(戦時下の教会が)愛と平和の福音のメッセージを以て毅然として戦っていたのである」（七一頁）と総括している。しかし、③⑩札幌教会では、ポツダム宣言受諾を宣言する天皇の放送を「泣き伏し」て聞き、「正義の戦ひを戦ふ日本帝国の勝利を信じ……苦難に耐へて来た」が敗戦の事実を知って茫然たる中に、「御神を仰ぐ信仰」によって、立とうと決意する女子共励会の記事を引用している（⑩二五〇～二五一頁）。同書では小野村林蔵が逮捕事件で辞任後の日本基督教団北海教区長を勤めた真野萬穣が敗戦の年の年末、教区長を辞任し、ついで翌年札幌教会牧師を辞任し、郷里の八雲教会に転ずる記事をもって、「暗雲下の苦難の歩み」の章を終えている。

以上述べたように、札幌の教会史の叙述は、各教会の歩んだ歴史に規定されて、受難、抵抗、教会存続、あるいは体制同調批判に視点を置いてなされている。いずれも戦時期の重要な諸相を明らかにするものであり、市史においてもその呈示された諸事実から離れることはできない。しかしてこれらの叙述の視点は、個々の教会の信仰を表明しようとするのが目的である。これを本章冒頭に述べた、日本キリスト教史研究の動向に照応させることによって、自治体史との接点への考察をさらに進めていきたい。

## 第四節　戦時期キリスト教史研究の動向

日本の戦時期キリスト教史の研究は、ここ二十数年ほどの間、史料の発掘が盛んに行われ、諸事実の解明がなされてきた。戦後五十年を契機とした論議が盛んになる以前から、戦時期のキリスト教界への自己批判を込めた研究として、一九六〇年代・七〇年代以降、蓄積されてきた。冒頭に掲げた金田・武田の見解も、それらの研究を牽引してきたキリスト教史家の代表的な発言の一端である。戦前の動向に対する批判的研究は、当初は宗教団体法によってプロテスタント諸教派が合同した日本基督教団の成立の問題に向けられていた。それが一九八〇年前後から同教団を戦後離脱した諸教派の中からも、自らの教会に対する自己批判としての研究がなされ、広く一般にも触れる形で公刊されるようになる。そのほか、一九四二年の旧ホーリネス系の弾圧記録が集大成されている。さらには、戦時下キリスト教の問題を日本の植民地支配などとの関係で把えた研究、史料発掘がなされるようになってきた[13]。戦時下の体験を歴史的に認識すること自体に戦後半世紀の研究の発展をみることができよう。その軌跡を、近代日本キリスト教の通史として叙述がされたいくつかの著作に見ることとしたい。

戦争直後に戦時期の歴史を叙述した著作はないが、日本基督教団執行部の立場から、戦時下を振返っての弁明というべき次の一文（「戦時中に於ける教団立法行政の実相——戦争責任は何人《なんぴと》か」）があり、これに近時の歴史に対する認識をみることができる。ここでは、

　基督教関係者は其の教団たると否とに拘はらず、能動的に戦争を指導した覚えは毛頭ないのである。基督教を奉ずる限りそんな行動、言論に出でられる道理はない。軍部、政治家が発企し、実施しつゝ戦争が果して正義に準んずるものであるか否かさへ教団を始め基督者一同危んだ。……教団は政府、軍部の強調する戦争目的を其のまゝ、

部内に伝ふることを命ぜられ、其の与へられた資料に由って判断して、それが正義であると認めた処を要求せらるがまゝに部内に宣伝したのである。

としている。そのことで教団統理者、理事者は専制的でなかったとして、

合法的な衆議に訴へて来た。……未だ曾つて専断や、理事者の意志に由って全教団に其の願はざる処を強要した覚はない。……以上のやうだとすれば戦争責任を負ふべくば各個教会の責任者が平等にそれに当らねばならなくなる。(14)

と言う。この発言には、教団執行部の戦争指導責任追及が起こることを意識し、それを回避しようとする意図があると同時に、同教団が戦争遂行政策をはじめ政府の施策を忠実に伝達する国家機関の一翼を担っていた側面を浮彫りにしている。またその執行にあたっては、宗教団体法第四条により教団を統理・代表する統理者はじめ執行部の独断専行ではなく会議制が尊重されていた、すなわち決定は広範な同意の上に基づいていた、と説明されている。会議制が尊重されていたかどうかについては今後検証されなければならないが、その決定には同教団の全体的合意があったと指摘しており、この点は執行部の指導の正当性、有効性を考えるうえで重要である。

一般にキリスト教界の戦時下の言動に対する責任追及は、アメリカ占領下(一九四五年~五二年)では広い論議となっていない。敗戦による解放感と民主化運動とキリスト教ブームなどのなかで、戦時期への歴史的評価がすぐには生まれなかった。占領期の末期から憲法改正問題が起こる戦後の反動期(一九五二年~六〇年)になって、戦時期がキリスト教史の叙述の一部に組込まれてくる。座談会形式であるが、通史的展望を意図した久山康《くやまやすし》編『近代日本とキリスト教』大正・昭和篇のうち、「戦時下のキリスト教」における小塩力《おしおつとむ》の発言を、次に掲げる。

あのころは、よい意味でも、悪い意味でも、ときの国策にそわなければ、教会は存続し得ないと感じていたようですから、ほとんど根強い抵抗などはなしに、激流におし流されるようにして、一般国民生活といっしょに、流されていったと思われます。一方からいえば、よくまあ、教会や神学校が、全く根絶し尽くされなかったことだ、と今にして思えます。しかし、他方からいえば、旧約予言者のような、深い信仰の眼と、政治的見透しとが、ああまでなかったのか、と悔いられます。……日本の教会及び個々のクリスチャンの、責任を問わるべきことでしょう。

（三五四頁）

右の小塩の発言は、幕末・近代初頭に渡来以来、八、九十年にしかならないキリスト教の日本における脆弱性を指摘し、戦時期、また戦後期のキリスト教会の弱さを歴史のなかで理解しようとするものである。この小塩の発言は、翌年発行の片子沢千代松著『日本新教《プロテスタント》百年の歩み』に要約されているが、片子沢は、同時に日本基督教団の成立を「一つの教団となった事は、世界の基督教史上からみても正しいとみてよいと思われる。日本においてのみなし得た画期的の事業であった」（一四四頁）と、小塩より高い評価を与えている。これに対し、同教団を離脱した日本基督教会が一九五九年に刊行した資料集『戦時中の教会の偏向』は、刊行自体が日本基督教団成立と戦争協力への批判的立場を明確にしたものであった。一方、かつて日本基督教団東亜局長であった海老沢亮《あきら》による『日本キリスト教百年史』では、

教会は、戦争に際して決して非協力どころか、物心両面にわたり協力し、外には外国諸教会に対して日本の立場・主張を鮮明にし、内には軍人ホームや慰問袋献納運動を行ったり、信徒の間における尽忠報国の念の伸張をはかるなど、あらゆる方策をもって努力したのであった。しかし、キリスト教信仰の本質をまげることはなかったし、教

会の持つ世界性と人類愛精神を失うことはなかった。（二四四頁）

としている。海老沢にとって戦時期の歴史は、「非常時体制下に、太平洋戦争下に、鉄火の試練に堪え抜いて来たわが国キリスト者の信仰体験であった」（二五二頁）とし、試練のなかで諸教会が存続したことが、いっそう肯定的に把えられている。

しかし、前述の戦時下の弾圧、抵抗（及びその限界を含めて）の発掘が成され、キリスト教界の平和運動が一定の成長を示す一九六〇年以降、戦時下の叙述は、キリスト教界が試練に耐え抜いたという評価にとどまりえなくなってくる。山谷省吾《やまやせいご》の執筆になる『日本基督教団史』では、軍部の圧迫に対して隠忍したことの説明と、国策への追従に対する反省と戦後の出発の問題性を同時に指摘している。

（無理解な軍部や憲兵らの圧迫に対し）隠忍、時の来るのを待っていた。いったい日本のキリスト教徒は前にも述べたように、明治以来、忠良な国民であって、多少の不利益は忍んでも、君命に従い、国法を守り、国家に奉仕することをもって、神意と考えていた。……当時はびこっていた「暗きの力」に対して腕を上げることの無益さを知っていたから、あえて積極的抵抗に出なかったのである。（九一～九二頁）

（日米開戦後）上からの圧迫はますます激しくなった。……教団当局の行動は、非常にむずかしかった。そのためややともすれば国策に追従し過ぎ、自信を欠いていたように見える行動に出たこともあった。（一二七～一二八頁）

（日米開戦後の「今時宣戦の意義を諒解し……」という本部通牒について）これは当時のキリスト者一般の考えを、そのままの形で表出したものだとは言えないだろう。私たちは、戦争目的については常に疑いを持っていた。しかし宣戦布告下においては、「我国の自衛並びに東洋永遠の平和確立」を、結局戦争目的として認めざるを得なかった。（一二九頁）

（終戦直後に）教団はこの急変に直面して、まず強い自己反省をなし、悔い改むべき所を十分に悔い改めて、再出発をすべきであった。……新しい課題が次々に現われてきて、一面、時を失った形であった。教団は戦時中、あれだけ国策に協力してきたのだから、敗戦と同時に静かに自己検討をなした上で、終戦後与えられた新しい使命に対して強い自覚と決意とを持ち、そこから再出発すべきであった。……要するに、私たちは信仰において、はなはだ欠けていたことを告白せざるを得ない。（一七七頁）

なお一九六七年には、同書のなかでもふれているが、日本基督教団は総会議長鈴木正久名で「第二次大戦下における日本基督教団の責任についての告白」を公にした。

次に一九七〇年代の初頭の著作として、海老沢有道・大内三郎共著『日本キリスト教史』における日本基督教団史の負の部分を強調した叙述（大内三郎執筆）に触れる。

日本基督教団は朝鮮のキリスト教会への苛酷な弾圧について日本政府当局なり、朝鮮総督府に抗議すべきではなかったか。少なくとも朝鮮の教会と苦難をともにすべきであって、その覚悟があればそれはなされたはずである。それがなされなかったことと、今回の戦争期における国家（軍部）への従属的協力はその論理において一致している。（五六一頁）

……キリスト教徒のナショナリズムが旺盛であったことは周知のごとくである。だが旺盛なそのナショナリズムが、戦争をそのまま肯定是認して、平和に関心をいだくにいたらなかった原因になっているのであった。ナショナリズムは両刃の剣のような役割を果たした。……この戦争はけっして自衛的でなく、侵略的で、それだけにキリスト教徒は神の愛と人間の愛からして戦争にたいする認識と態度を再考反省すべき機会であったからである。それも大方なされず、日本のキリスト教会は大きい責任と悔いをのこしてしまった。（六〇〇〜六〇一頁）

一九七〇年代をはさんで六〇年代末から八〇年代前半あたり、二つのことがキリスト教界に起こった。一つは一九六九年〜七四年に国会に提案、審議された靖国神社法案への反対運動である。いま一つは一九七〇年の大阪万国博覧会のキリスト教館出展をめぐる問題である。前者は「靖国問題」とよばれ、法案の廃案後も、靖国神社公式参拝問題、元号法制化問題、天皇代替わり問題（大嘗祭、即位式問題など）にかかわる運動に発展し、活動が長期にわたって継続した。これらの反対運動はキリスト教諸教派の中に、戦中のキリスト教弾圧を再認識させ、戦争協力・神社参拝問題が自覚され、自己の歴史への批判的契機を蓄積した。後者は「万博問題」とよばれ、とくに日本基督教団の東京・大阪などいくつかの教区及び同教団立の東京神学大学の長期にわたる紛争となってあらわれた。ここでも、同教団の成立や戦争協力が批判を込めて問題にされた。そして日本基督教団常議委員会は一九七八年、前述の『日本基督教団史』の戦時下の歩みにかかる叙述に疑問を呈し、同書の絶版、書き直しを決定した(15)。

敗戦後、同教団より離脱した他教派の教会史家による著作の叙述にも、日本基督教団成立の問題性を自己の問題として把えるようになってくる。聖公会の塚田理《おさむ》著『天皇制下のキリスト教──日本聖公会の戦いと苦難──』でも、戦時期の日本聖公会の一部は最終的に「非合同」の態度を貫いたことになるが、かえってそのことが「戦争協力の責任を自覚することよりも、〈受難者〉としての意識を深め」る結果となり、「日本聖公会は確かに〈受難者〉となったことも事実ではあるが、これによって〈皇国キリスト教〉の樹立に邁進して、国家の国民精神総動員の一翼を担ったことなど、様々なレベルにおける戦争協力の責任を免れ得るとは考えられないであろう」（二一八頁）と指摘している。

また、戦前は日本基督教会に属し、戦後いち早く日本基督教団を離脱した日本基督改革派教会の小野静雄著『日本プロテスタント史』昭和篇では、朝鮮の教会との関係で、日本基督教会議長富田満が神社参拝を迫ったことについて、

日基教会をはじめとする日本のキリスト教会は、日本政府の朝鮮支配を逐次全面的に受け入れるに至り、皇民化

政策の積極的な担い手として、朝鮮の教会を権威主義的な統制のもとにおいた。これは動機はどうであれ、信仰の同一性を、他民族支配の手段として利用したものとみなければならない。……外に向かって「教会」としての信仰と倫理を喪失していった教会が、対内的にも教会の実質を失い、権力への迎合と相互のかけひきによる教会合同になだれこんだのは、当然の帰結だったのである。（一六七頁）

とした。これは日本基督教団成立への根底的批判となっているが、対内的にも教会の実質を失った結果としているのは、日本基督教団成立史への視点として示唆的である。

以上は、いずれもプロテスタントの著者による通史的叙述であるが、一九八〇年代の半ば、カトリックの歴史家である高木一雄は『大正・昭和カトリック教会史』で次のように記している。これはいままでふれた各書とは、教会の戦争協力の問題性の把握を共有しつつも、カトリック教会の行為に対して、対蹠的な評価を行っている。

日本カトリック教会は天皇絶対神格化の国体の中で天皇の宗教的権威を認め、国家の干渉に屈伏して礼拝の前に宮城遥拝や、「君ケ代」の斉唱を行い、果ては神社に参拝したり大麻を奉戴したりして思想善導を通じ侵略戦争に協力してきた。また、教徒も進んで飛行機を献納したり、傷病兵を見舞ったり、慰問袋の作製、戦時国債の講買《ママ》、金属・白金の供出などを通じ侵略戦争に協力してきた。

そのことは日本カトリック教会にとって賢明の策と言うより外はなかった。若し、それらのことに従わなかったら気違いのような憲兵や特高警察が過去共産主義者弾圧に立法化した法規を容赦なく流用して宗教弾圧を行い、教団の認可を取り消されるからであった。……一般国民からもキリスト教が敵対視されないため、また、キリスト教徒が非国民としての烙印を押されないため戦争も肯定してきた。そして多くのキリスト教徒は大東亜共栄圏建設という美名のもと、人を殺す戦場や人を殺す兵器の生産に狩り出されてゆくのであった。（3　四三七〜四三八頁）

高木のこの指摘は、戦時下に国家と妥協し、かつ教理の一部を修正しつつも、教会を存続させた意義を高く評価する立場である。これは海老沢や片子沢の視点とも異なり、教会の存続、信仰の継承の結果に最も多くの意義を見出そうとする視点である。札幌の各カトリック教会史の叙述にも通底する歴史理解であろう。

ここに挙げた著作以外にも、とりあげるべき歴史叙述はあるが、本稿の目的である戦後の歴史叙述の変遷の大要を摘記できたのではないかと思う。歴史叙述の視点が戦後五十年の間に、戦時期の行為に対する弁明から、受難とともに妥協によって存続し得たこととを同時に評価する視点へ、さらに戦時下の行動の全面的な批判へと発展しつつ今日に至っていることを述べたつもりである。この批判的契機は、今日多くの歴史研究を生み出してきたのは前述の通りである。ただこれらの研究は、その視点や叙述の内容に見る通り、キリスト教思想史、キリスト教神学の立場に立脚した研究である。研究の視点は、受難の想起・再確認、抵抗への肯定的評価とともに、その重点を体制順応への否定的評価（ときには告発）に置いている。さらに否定的評価を自己の罪過として負おうとする信仰的契機を持っている。研究が信仰の告白、信仰の営為の一環であるという性格を持っていると言ってよい。それゆえ戦時期の過去を罪責と把えることは、今日のキリスト教界のありかたを問うという現代的関心に強く裏打ちされている。たとえば、金田隆一著『戦時下キリスト教の抵抗と挫折』は同書の「結びに代えて」最終章「教会の戦争責任の克服の道」を措定している。この視点から同書は、旧日本基督教会を中心とする日本基督教団の成立について、「一言にして申せば、たとえ国家権力の重圧があったとしても、歴史的には挫折と敗北の一エポック」（三二七頁）と述べている。そのうえで、日本の教会の持つ問題点の解決と克服の道を信仰の正統性と社会科学的認識に置いて「戦争責任（天皇を含めて）をいっそう明確にし、戦後責任の重荷を背負」（三三三頁）うことであると、実践的で具体的な課題を列挙して、同書全体の結論としている。

また、前述の『日本プロテスタント教会史』の著者小野静雄は、「昭和期」の日本のキリスト教会が「第一にキリスト教理解の不安定、第二に国家に対する姿勢、の二点」に「脆弱な体質を露呈した」としている。この時期の「教会がぶつかり、敗北を喫した種々の課題は、今日にいたるまでなお未解決の壁でありつづけている。その壁にいかにして窓を開けるか。事柄にふさわしい真の神学的な深みから、この課題を問いつづける」とし、叙述の「動機と方法において可能な限り神学的」(「はじめに」)であることを全編の冒頭に表明している。日本基督教団の歴史家である土肥昭夫も主著『日本プロテスタント・キリスト教史』で、「ファシズムと戦争の嵐の中」において「一定の組織として自己を維持してきた教会や学校はそれをつぶされまいとして、状況に応じた再編を行うことによって必死に生きのびようとした。しかしそのことは自分が標榜してきた信仰的、思想的基盤の喪失となり、みじめな敗北となっていった」(三三一頁)として、同教団の性格を、「ひとことでいえば、教団は国家の統制と動員のため設立され、民間にあって国策に協力する補完的存在であった」(三五七頁)と総括している。キリスト教の日本宣教開始から戦後一九六〇年代までの歴史に対する土肥の関心、研究の動機は、同書の各編が執筆された一九七〇年代に日本基督教団の抱えた問題と密接な関連のあることが、同書「あとがき」からもうかがえる。

これらの諸研究は、いずれも過去への鋭い神学的・思想的な問いが、現代のキリスト教界の課題に結びついて発せられるという思索の構造を持っている。しかして、この思索の構造は、戦後、キリスト教をめぐる状況が一変し、国家及び社会一般の圧迫・拘束から解放された状況が到来したことを基盤として成立している。これら戦前への批判の立脚点は、キリスト教の本来の教理(と、それぞれの執筆者が考えている)、あるいは今日の「社会科学」的成果に置かれている。現在の神学的視点、国家観(それ自体が多様であるが)、戦争観によって、戦時期が相対化されているのは言うまでもない。日本基督教団の成立、それを促した宗教団体法、神社参拝、戦争協力への評価を相対化し、当時のキリスト教の大勢と対蹠的な視点に立つことをなし得るのは、戦時期全体を相対化することに成功したからにほかならない。

しかし、もし今日、全く相対化する思索の自由がなければどうであろうか。第二次大戦後においてアジア(に限らないが）の中にはさまざまな政治的・宗教的制約の下にあるキリスト教会が存在する。それらの教会にとっての自由な立場は、必ずしも自明ではない。今日の日本の教会が獲得している立場は、普遍的に存在するものではなく、これもまた歴史の一形態として相対化されるものではあるまいか[16]。過去の歴史が相対化されるばかりではなく、今日の研究の視点もまた相対化されるものであろう。次章では、現代に課題を持つ視点から行われた神学史、思想史の成果をどのように自治体史に取り込むことが可能であるか、本章の主題に帰って論じつつ結びとしたい。

## 第五節　キリスト教史と自治体史の接点

これまで、戦時下ゆえに起きたキリスト教の諸相について概観し、それらが札幌の教会史等にどのように叙述されてきたかその傾向を見た。そして、戦時期の諸事実・事件を戦後、歴史叙述の上でどのような展開をたどってきたか、研究の発展がなにを契機としてきたかを見ることができた。最後に本稿の目的である、思想史、神学史の一部でありかつ信仰告白的契機を持った研究と自治体史の叙述がどのような接点を持ち得るか考えて見ることとしよう。前章では視点の相対化についてふれたが、自治体史の叙述の態度にも種々あろうかと思う。筆者としてはこれまで、「キリスト教史」の部分を執筆するにあたって、次の態度を維持することに努めてきた。それは、自治体史が個人の著作、論文と異なっているものであるから、執筆者の宗教的立場は無論のこと、学問的主張、論争的意見、価値観の表明があらわれるのは避けた方がよく、歴史の評価は努めて抑制されるべきであろうということである。これまでの第二巻、第三巻の執筆にあたっては、キリスト教と他宗教との関係、また各キリスト教会それぞれの立場、とくに教派的主張に対しニュートラル（中立的）な視点を維持してきたつもりである。例を挙げるならば、第二巻の札幌基督教会（後の札幌独立基督教会）の誕生とその離脱を認めたメソヂスト教会の立場（四四四頁以下）、第三巻の札幌独立基督教会の二大礼典の廃止理由と他教会の反応（八六八〜八六九頁）、セブンスデー・アドベンチスト教会と札幌基督教同盟との対立（八九一頁）など、それぞれの主張に中立的立場を取ってきた。また、日本基督教会の牧師高倉徳太郎が札幌時代に文化的キリスト教批判をなしたという説、ホーリネスの中田重治監督に札幌の諸教会がいわば「教会裁判」を行ったという説は、立証するに足る史料を得なかったのでふれなかった[17]。自治体史における執筆者の主張は、なにを叙述の対象としているかにすでにあらわれているのであって、学問的主張や是非に対する評価は読者に委ねてよいのではないか。執筆者が今日の視点に引付けて自己の意見を開陳することは、かえって歴史叙述としての生命を短くし、読者への説得力を欠くことになると考えている[18]。

自治体史の場合、重視されるのは多岐に分かれる事象への評価を記すよりは、事実の発掘・確認ではないかと思う。諸事象を評価する態度は、執筆者の叙述の契機全体を支える歴史認識であって、この歴史認識が叙述の対象を選択するのであるが、歴史認識自体は自治体史の叙述の対象とはなりにくいのではなかろうかと思う。たとえば、戦時下のキリスト教抑圧の象徴的存在とみなされている宗教団体法は、戦時下の宗教統制に「抑圧」的に機能した。ただ、以前の宗教法案、宗教団体法案と比較すると、条文は簡素となり、政府の権限は緩和され、宗教団体の自由が拡大されている。憲法第二十八条、第二十九条の限定内で団体保護を計る趣旨は貫徹されている。教派神道・仏教側でもキリスト教側でも、それを評価して一九二九年の宗教法案のときのような反対運動は起こらず、むしろ最終的には歓迎している。キリスト教会の意見も一定程度は受入れられている[19]。すでにこれまでの諸研究が明らかにしている通り、教会合同に際しても宗教団体法そのものの問題性が論議になることは少なかったようである。大勢が同法の受容にあったことは、事実であって、自治体史はかかる受容をなさしめたキリスト教界側の姿勢の是非よりも、受容の客観的状況が叙述の主対象になろう。

日本基督教団の成立に関しても同様であって、当時のキリスト教界の大勢がこれを希求した状況、構造こそが明らかにされる必要があろう。教団成立には、プロテスタント諸教派の長年にわたって追求されてきた教会一致の理想と、宗教団体法の圧力がともに作用したのは事実であるが、それのみをもって教団成立の当否は論ぜられない。教団成立を促した各教派の内部的要因もまた、叙述の重要な対象と考えるべきであろう。その例として、これまでの諸研究から示唆された一端を述べて置こう。それをまず日本基督教団を構成した最有力の三教派のうち日本メソヂスト教会にみると、同教会の組織上の特質に監督制がある。ここでは、監督のもとに全組織が統括され、年会（総会）の会議において監督が牧師の任地派遣を宣告し、それに全員が服するというものであった。しかし、教会合同の直前数年は、統合の基盤というべき監督の権限である牧師の任免が派閥抗争の具となった。合同は日本メソヂスト教会の矛盾を他律的に解消することになり、監督制からの解放となった[20]。

戦前、プロテスタントの最大教派であった日本基督教会は、教職の平等、長老の合議制、各個教会から中会（地域組織）・大会（全国総会）に至る教会制度の階層性を特質としており、なかでも中会の自治を重視するものであった。これが戦時期の進行するなかで「有名無実化」し、実質的には有力牧師による支配体制あるいは中会無視が起き、教会理念の実質的な崩壊が生じていたと指摘されている[21]。いま一つの有力教派である日本組合基督教会は、「自治を主義とし、協同を精神とする」と約言されるように、監督制、長老制のいずれをもとらず、各個教会の自由・自治を尊重し、各個教会内も教職、信徒が平等の会議によって運営されることを組織の基本原理としてきた。この教会でも、一九三六年の教会規約を全面的に改正し、中央集権的な会長制度を導入し、教職銓衡規程では各個教会の自治を侵し兼ねない管理統制に踏み込んでいる、と指摘される[22]。これらの指摘は、有力な三教派のいずれも自らの組織原理に依拠できない事象が起こっていたことを示している。もしそうであれば、当時のキリスト教界に及ぼした影響は少なくないものと思われる。自らの組織原理に背馳する組織改正、あるいは事態の生起は、戦時体制がキリスト教に及ぼした政治的・社会的圧迫とともに、教会合同の促進と無関係ではあるまい。

さらには、これらの論者からは、日本伝道開始七十年程のキリスト教会の制度的未成熟、教会法理解の不徹底も指摘されている。国家に対峙するキリスト教会、キリスト教徒の問題は、戦時期という限られた時間のなかで理解されるべきものではなく、近代初頭のキリスト教流入以来の歴史のなかで理解されるべきこととされている。天皇制、戦争協力にかかるキリスト教会の態度についても、戦時期を超えた時間の幅で見る必要があるということになる。『新札幌市史』第二巻、第三巻でも筆者が叙述したように、国家への忠誠、戦争への協力は、札幌市内のキリスト教会にとっても十五年戦争下に突如として起きたものではないのである。「戦時下のキリスト教」の問題は、すくなくともわが国の近代を通じてキリスト教の問題であった[23]。

教会合同の前提となる各教派の内部事情について、やや試論的なことを述べた。要は、教会合同の是非よりも、合同に至る事実の経過と合同を促した要因を構造的に説明することに自治体史では叙述の主眼が置かれる必要があると指摘したかったからである（もっとも、はたして筆者が扱う『新札幌市史』において、よくそれをなし得るかというと、紙数からしても自信があるわけではないが）。そして戦時期キリスト教の事実の解明にあたっても、歴史叙述で当然行われるべき、次の史料情報の区別を、とくに意識してなす必要があるのではなかろうかと考える。それは（一）戦時下に生起した事実、（二）その事実に対する戦時下時点での認識・解釈、（三）それらの認識に対して戦後になす評価、（四）上記（一）〜（三）の事実認識に対する現時点での評価、（五）現時点すなわち今日の評価を生み出した叙述の視点とをそれぞれ区別することである。

本章で取り上げたことのうち、宗教的団体法の成立、日本基督教団への教会合同、諸教会の戦争協力、神社参拝は、まぎれもない（一）の「事実」である。敗戦を知った札幌教会の女子共励会の記録は、ほぼ（二）の同時代の「事実認識・解釈」の記録と言ってよい。これに対し、戦時下の日本基督教団執行部についての弁明、海老沢亮著『日本キリスト教百年史』や『日本基督教団史』の叙述は、（三）の戦後になされた過去の事実に対する「評価」であり、戦時下の教会は国家に対して敗北を喫したという諸研究の指摘は、（四）の「現時点の評価」に他ならない。さらに、そのような指摘を生み出した、現代の神学史・思想史の立場が（五）の「視点」である。

右の区別は、自治体史の叙述では、どの分野においても歴史叙述の客観性を保障するために欠かせない史料批判や叙述構築の手続きである。ことはキリスト教史に限らないのであるが、戦時期のキリスト教史研究の成果を自治体史に取込む場合には、これをとくに強調する意義があるように思う。戦時下における問題は、その時点で考えていたことと、戦後になって思い至ることと、また、今日それを振り返ってみたときとの間には、認識や評価には相当な開きがあると考えるからである(24)。なおつけ加えると、戦時下のキリスト教事情について聞き取りを行ってみると、この三つの時点の認識や評価は混在しやすく、それを区別した証言を得るのは、相当困難になりつつあることがわかる。本章で引用した、当事者による戦後の弁明、発言、歴史叙述も、当時の「事実」にどの程度即しているか、今後、充分な吟味が必要ではなかろうか。本章では、戦争直後の日本基督教団執行部の弁明を紹介したが、戦争責任を回避する弁明でありつつも、一面、執行部の指導性に対して教団の大勢がこれに合意し、服してきたという執行部の正当性の存在を伝えている。自治体史との接点は、「弁明」に対する現代的評価の側面ではなく、その「事実」が担っている歴史的な構造に行き着くという側面であると考えるのだが、いかがであろうか。

註

(1)金田隆一著（当時、苫小牧高等工業専門学校教授）『戦時下キリスト教の抵抗と挫折』新教出版社、一九八五年、五九頁。

(2)武田清子（当時、国際基督教大学名誉教授）『歴史をつらぬく神の真実――二十一世紀への心のいしずえ――』札幌北一条教会、一九九五年。

(3)同前、一九頁。

(4)同前、二〇頁。

(5)戦時下のキリスト教については、主として次の文献を参考とした。久山康編『近代日本とキリスト教』大正・昭和篇、基督教学徒兄弟団、一九五六年。片子沢千代松著『日本新教《プロテスタント》百年の歩み』日本ＹＭＣＡ同盟、一九五七年。上良康・加藤邦雄執筆、日本基督教団宣教研究所編『プロテスタント百年史研究』日本基督教団出版部、一九六一年。海老沢亮著『日本キリスト教百年史』日本基督教団出版部、一九六五年（三版。初版一九五九年）。日本基督教団史編纂委員会編『日本基督教団史』

日本基督教団出版部、一九六七年。都田恒太郎著『日本キリスト教合同史稿』教文館、一九六七年。海老沢有道・大内三郎共著『日本キリスト教史』日本基督教団出版局、一九七〇年。土肥昭夫著『日本プロテスタント・キリスト教史』新教出版社、一九八〇年。塚田理著『天皇制下のキリスト教—日本聖公会の戦いと苦難—』新教出版社、一九八一年。ホーリネス・バンド昭和キリスト教弾圧史刊行会編『ホーリネス・バンドの軌跡—リバイバルとキリスト教弾圧—』編者、一九八三年。高木一雄著『大正・昭和カトリック教会史(日本と教会、二〜五)』一〜四、聖母の騎士社、一九八五年。小野静雄著『日本プロテスタント史』下、昭和篇、聖恵授産所出版部、一九八六年。久山康編『日本キリスト教教育史』思潮篇、キリスト教学校教育同盟、一九九三年。

(6)「教勢」は、厳格な概念をともなう用語ではなく、教会・信徒・受洗者・集会参加者などの数値を包括的に把えたものである。このうち信徒数は「教勢」の基本的数値であるが、受洗者数のように各時期の隆替を即時的に示すものではない。

(7)註(5)、上良康ほか執筆『プロテスタント百年史研究』一五一〜一五二頁。

(8)註(5)、海老沢亮・大内三郎共著『日本キリスト教史』、四八四頁以下。ただし小林丈広は、神の国運動の機関紙というべき『神の国新聞』の分析から、同紙の関心が社会活動よりも、もっぱら伝道にあったと指摘している(「『神の国新聞』」土肥昭夫・田中真人共編著『近代天皇制とキリスト教』人文書院、一九九六年、所収、一九八〜一九九頁)。

(9)各教会史の時期区分の表示は、多くの場合、「教会創立時代」「自立教会の形成と会堂の再建」などと教会の発展を表現しているのに対し、戦時期では、たとえば「暗雲下」「暗き谷間」などと外部からの影響をあらわす表示となっている。戦時期の歴史が教会外の要因によって大きく動かされた時期であることを、章の表示で表現しようとしたものであるが、この時期のみ、教会史叙述の軸を外部的要因に代えていることになろう。教会史を一貫した視点で通史が叙述されるべきであるとすると、叙述方法の課題が残るのではないかと—筆者自身の反省を含めて—思う。

(10)『新札幌市史』の関係で筆者らが聞き取りを行うことができたのは、現在、元日本基督教団北海教区議長岸本貞治牧師(一九九五年)ほか四件である。この証言はいずれも貴重なものであることは言うまでもない。今後とも市史の史料として活用できるようになっている。関係者のご厚意に感謝したい。

(11)戦時下の教会への批判として、①札幌北一条教会では、教会における報国会の結成、戦時貯金の負担に関連して、「神とカイザルに兼ね仕えることを余儀なくされた教会は、その無節操、憧《(撞)》着、苦慮の中にある心ある者を呻吟させたのである」(六四頁）と記している。これが同教会自身に向けられているのかどうか、行文からは読み取れない。

⑿椿真六牧師については、拙稿「戦争期、キリスト教徒にみる国家体制順応の思想—札幌組合基督教会椿真六牧師の場合を事例として—」一～五（『北海道史研究』二二～二六号、一九八〇年～一九八一年、所収）がある（本書第二部特論編第一として再掲）。

⒀戦時期に関係する史料の発掘としては、同志社大学人文科学研究所・キリスト教社会問題研究会共編『戦時下のキリスト教運動—特高資料による』一～三（新教出版社、一九七二年～一九七三年）、戸村政博編『神社問題とキリスト教（日本近代キリスト教史資料、一）』（新教出版社、一九七六年）がある。

⒁『日本基督教団新報』第二五三六号、一九四六年一月二十日付（同前『神社問題とキリスト教』、三五七～三五八頁、所収）。

⒂土肥昭夫「『日本基督教団史資料集』の意図と構想」『教団新報』第四一六七号、一九八八年十一月十五日付、所収）。

⒃第二次世界大戦後のアジアのキリスト教を概観したものに日本基督教団出版局編『アジア・キリスト教の歴史』（編者、一九九一年）がある。アジア諸国のうち、共産主義国を除く地域、たとえばシンガポール、インドネシア、スリランカ、パキスタンなどでは、信教の自由は政府の許容の限度内あるいは国教の存在を前提としていること、また「社会団体法」（インドネシア）、「寺院法案」（スリランカ）などの規制の下にあることが紹介されている。それらの諸国でキリスト教が国家の政策と共存を図ろうとする状況を見ると、戦時期のわが国のキリスト教会の立場が連想される。これらの諸国の当事者の姿勢に対し、それぞれの国内でも議論があろう。しかし、当事者ではない日本からはどのような発言が可能であろうか。日本の地点からそれらの諸国を批評することの妥当性は、きわめて乏しいのではないかと思う。日本における今日の視点もまた相対化されることは免れない。

⒄史料の裏付けがなかったり、全体像への位置づけが難しく、『新札幌市史』本文の叙述ではふれなかった事項がほかにもある。第三巻のなかでは、理由が判然としない北辰日本基督教会高倉徳太郎牧師の札幌組合基督教会「某」牧師批判、否定的評価が極めて強調されているローマ・カトリックの対プロテスタント観などである。

⒅拙稿「自治体史のなかのキリスト教—札幌市史の経験を中心に—」『日本プロテスタント史研究会報告』第五一号、一九九四年、所収、九～一〇頁。なお、自治体史における執筆態度として、筆者は中立的立場をとろうとしているが、これも一つの選択である。筆者としてはとらない別な立場もあって、たとえば『東京百年史』第三巻（東京都、一九七二年）では、「（三

教会同で）東京の諸教会は、都市をおおう幻影にふりまわされ、明日に対する思い、信仰によって生きるべき途を明確にしえないまま、〈時代に媚び〉を売りつづけたのであった」（一四七五頁）と教会のありかたへの批判を記している。
(19)宗教団体法を容認していくプロセスを詳細に記した研究には、たとえば、金田隆一著『昭和日本基督教会史』（新教出版社、一九九六年）二八五頁以下、註(5)、高木一雄著『大正・昭和カトリック教会史（日本と教会、二）』一、二一五頁以下がある。
(20)日本メソヂスト教会末期の派閥抗争については、大村勇の見解など（大宮溥「メソヂスト教会と日本基督教団」（日本基督教団教職者懇談会編『合同教会としての日本基督教団―その教派的伝統と特質をめぐって―』新教出版社、一九八九年、所収）、七九〜八〇頁）、「石黒良吉叔父聞書き」（一九九四年、筆者聞取）があるほか、同様の証言を聞くことがある。
(21)前掲、註(1)、金田隆一著『戦時下キリスト教の抵抗と挫折』三三二頁。五十嵐喜和著『日本基督教会史の諸問題』改革社、一九八三年、一六五頁以下。五十嵐は、教会合同への過程で日本基督教会が拠って立つ原理を喪失し、日本基督教団の成立を必然化したとして、「中会が告白的一致を持ち得ないという長老制の実質的な崩壊が、日本基督教会の教団参加を阻止し得なくした」（二六九頁）としている。
(22)塩野和夫『日本組合基督教会史研究序説』新教出版社、一九九五年、二七〇、二七六頁。
(23)註(8)、土肥昭夫・田中真人共編著『近代天皇制とキリスト教』では、天皇制に対するキリスト教界ジャーナリズム及び個人の対応を取り上げているが、ここでは問題を戦時下に止めず、近代全般を通じて検討する視点が措定されている。同書の各編では、天皇制に対する言動を客観的に把握し、事実の構造を分析する方法がとられている論考が少なくない。それらは自治体史との接点を多く共有し得るのではなかろうか。
(24)キリスト教においても戦時下に起こった問題にかかる史料の利用にあたっては、それが作成された時点を十分考慮にいれておく必要があるのではなかろうか。たとえば小野村林蔵の事件は、自伝『豊平物語』によって多くの事実と小野村の思想のありようを豊富に伝えている。しかし同書は、戦後約十年を経て発表された文章を一冊にまとめたものである。同書から戦争や神社参拝問題について、事件当時の小野村の考え方を摘出するのには、当然のことながら一定の史料批判が伴わなければならない。

# 第四章　「戦後キリスト教史」の叙述について

## ――『新札幌市史』のためのノート・続――

### 第一節　自治体史におけるキリスト教史

自治体史の近現代編では、多くの場合、宗教編があり、もしその地域にキリスト教会の活動が存在していた場合には、キリスト教史の章節を設けることがある。『新札幌市史』では、第二巻通説二以降の各巻において「キリスト教」の項を立てており、筆者がその執筆にあたってきた。しかしながらその地域の中で、キリスト教の歴史が顕著であったとしても、キリスト教史が自治体史――この場合、市町村史に限定しておく――のなかで必ず叙述されるというものではない。キリスト教史をどのように位置づけるか、自治体史の編集方針と執筆者の意向如何であることは、言うまでもない。例えば、札幌とともに日本プロテスタントの源流の一つと言われる『横浜市史』全五巻（一九五八～七六年刊）では、キリスト教の項を設けておらず、編集中の『横浜市史』Ⅱも同様に宗教・キリスト教の項を掲げる予定は無いとのことであった。キリスト教の活動が歴史的に注目される地域であっても記述が見られない点は、『静岡市史』近代（一九六九年刊）、『福岡市史』第一～八巻（一九五九―七八年刊）についても同様である(1)。

一方、自治体史のなかにキリスト教史を含めると意図した場合、どのような歴史叙述となろうか。都道府県史は別として市町村史の場合には、近代初頭の伝道開始ないしは「明治」期のみ、あるいはこれに戦時期の受難事件などの記事に、トピックスまたは特定事件を付加するか、個別の教会史の列挙となる例が少なくない[(2)]。一方、『新札幌市史』で筆者が意図したのは、市史全体の編集方針からしても、通史としてキリスト教史を展開させることであった。通史としてのキリスト教史の叙述を意図したときに、――これは、キリスト教史の場合に限らないのであるが――次のような課題が横たわっており、これに一定の解答を得ておく必要があると考えて追究してきた。

課題というのは、第一に全国史との関係である。キリスト教史の場合、全国的――ときには国際的――な動向と地方の動向とは密接に連動するところがある。一教会の活動が全国的趨勢の反映、またその影響にほかならないことがすくなくない。したがって自治体史における叙述も、全国的な動向を踏まえたものであるべきなのは、当然であって、その視点を外さないことを心がけてきた。同時に、地域の歴史は全国史を説明する一事例ではなく、そのバリエーションであるにとどめてしまわない視点が必要である。自治体史では、地域の歴史をどのように描くかが目的なのであるから、地域におけるキリスト教の歴史的個性が全国史に埋没してしまうことは避けるべきであろう[(3)]。

第二に、通史としての歴史叙述を成立させるには、地域におけるキリスト教の全体像を把握する視点を欠いてはならないと考える。地域の歴史を構成するのは、個々の教会、個々の人物による活動の総和であるが、それらが個別に把握されるものではないのは言うまでもない。しかし往々にして複数の教会が存在している地域であっても、自治体史での叙述が各個教会の個別の歴史に終始する場合が少なくない。それらは各個教会を超える地域キリスト教史としての歴史叙述の視点が得られなかったからである。筆者が『新札幌市史』で追究してきたのは、地域のキリスト教史の展開を全体的に明らかにすることであった[(4)]。

第三は、地域的個性、全体像の把握を支える史料の発掘を行うことである。地域の歴史が全国史に埋没し全体像の把握に到達しえなかった多くの要因には、地域のキリスト教史を個性的に捉えるための史料が得られていない点にあることが指摘できる。各教会史誌は、通史的叙述の有力な素材であるが、歴史総体の把握には各個教会の活動を超えた全体的様相を発見する必要があり、それを実現するには、地域の全体像を明らかにする史料の発掘は欠かせない[(5)]。

これまで筆者は、以上の課題を意識し、『新札幌市史』各巻の叙述にあたってきた。十分な解答を呈示してきたかどうかは別として、そのことをたえず念頭に置いて追究してきたつもりである。いま戦後編第五巻（上）の執筆にあたって、あらためてこの課題に立ち返って見ると、戦後史の場合、これまでの視点を維持することの困難に遭遇しているのに気づく。この問題については、すでに『札幌の歴史』第三九号において小文を呈したが、市史本文を執筆するにあたって筆者が負っている通史の課題について、叙述の可能性を少しく開いておきたいと思う。それゆえ戦時下の叙述についてふれた前章「「戦時下キリスト教史」の叙述について　―『新札幌市史』のためのノート―」に引き続き、本章を「『新札幌市史』のためのノート・続」とした(6)。

## 第二節　通史叙述の課題（1）―戦前における―

前項で述べた通史の課題について戦後の問題点を取り上げる前に、これまでの『新札幌市史』第二巻〜第四巻における叙述について、概略、ふれておくこととしたい。戦前と戦後の状況の違いをより明瞭に説明できると思われるからである。

まず第一の点であるが、総じて札幌のキリスト教史も、国際的にはキリスト教の世界宣教の一端として捉えられる。また国内的には諸教派によって起こされた全国伝道の展開及び教会形成の一部分であった。全国的趨勢の影響としてふれたのは、第二巻（第五編札幌本府の形成、第六編道都への出発。明治維新〜一八九九年）では、欧化政策から国家主義へ転換する一八九〇年代のキリスト教の不振、第三巻（第七編近代都市札幌の形成。一八九九年〜一九二二年）では、二十世紀大挙伝道、一九一五年の協同伝道による教勢回復、社会的認知・定着、第四巻（第八編転換期の札幌。一九二二年〜一九四五年）では、戦時下の受難と国家政策への同調・協力などであった。わが国近代キリスト教史の動向は、基本的に札幌においても共有されている(7)。

一方、札幌のキリスト教史が、全国史に対しても個性的でありえたのは、その草創期にW・S・クラークの伝道、札幌バンドの形成など、わが国キリスト教史の重要な一角を占める歴史があったからである。またこれが札幌農学校・北海道帝国大学などを通じて、のちのちまで地域に影響を及ぼし、札幌市民への顕著な影響を保持してきたからである。また、無教派の札幌独立教会が誕生し成長してきたことは、札幌において教派を超えた活動がより強固に展開する基礎となったと考えられる。これらが次の第二の点を可能ならしめている要因の一つであった(8)。

第二の点、地域におけるキリスト教の全体像の把握であるが、その基礎的作業として戦前の教会数、名称の変遷、会堂の所在地を逐一、確認することができた(9)。教会数は、廃止となった分を含めても二十九（本章初出後に知りえた、在日本朝鮮基督教会札幌教会を加えた教会数）で、これに修道院、キリスト教主義学校を加えると常設の活動体の全容を見通すことができた。

そのうえで、札幌における活動は各個教会の範囲にとどまっておらず、これを超えた全市的な活動として展開していた。とくに教会数の多かったプロテスタントの諸教会は活発な共同行動を展開してきた。例えば、上記の二十世紀大挙伝道、協同伝道は、札幌でもプロテスタント諸教会が結集して伝道の成果を挙げた。また札幌基督教青年会、一九一四年の道内凶作救済に取り組んだ札幌基督教徒凶作救済会など、教派を超えた活動があった。とくに教会の連合組織として結成された札幌基督教会同盟・札幌基督聯盟の活動を通して、加盟各教会の活動の総和を見ることができる。こうした共同の活動は、各個教会を超えた歴史的全体像の呈示を可能とした。

この結果、第二巻では、クラークの伝道、農学校一、二期生等の教会設立の後、諸教派の進出、教勢回復など、第三巻では大挙伝道と諸教会の成長、新たな教派の進出、市民への浸透などを、第四巻では、教勢の拡大、戦時下での受難と順応を叙述することができた。

第三の点は、以上の叙述を支えた史料の発掘である。これはもとより筆者が単独でなしえたものではないが、史料の発掘、収集にも積み重ねがあったことを述べておきたい。まず、市史編集以前のこととして、二点の文献を紹介しておく必要がある。ひとつは、一九七一年から八二年に及んだ北海道キリスト教史料調査会の活動である。いま調査会の成果の詳細にふれる余裕はないが、道内の各教会史誌の収集と戦前の道内プロテスタント諸教会の文書、史料保存機関所蔵の文書を逐一明らかにした『北海道キリスト教会史史料目録』上、下を編集し公にした[10]。

いま一つは、さっぽろ文庫の一冊、『札幌とキリスト教』[11]の編集刊行である。同書は、戦前のキリスト教の多方面にわたる活動を叙述したものであるが、キリスト教と札幌市民の関わりを歴史的に捉えていて、この編集・執筆作業なくしては、筆者の市史の叙述も遂行できなかったと思っている。たとえば、同書がふれた歴史的軌跡、教会所在と信徒層の分析、教育との関わり、社会活動の展開についての諸点である。とくに前述の第二の点に挙げた、教会数、名称、会堂位置の調査は、『札幌とキリスト教』の副産物であった。

また、札幌基督教青年会などが一九〇〇年前後に発行した『北海教報』[12]は、プロテスタント諸教派・教会の範囲であるが、各個教会を超えた豊富な情報を収載している。前記の教会同盟・聯盟の記事は、各教会の機関誌にも一定のスペースが割かれており、それらの機関誌の記事は各個教会にとどまらない全体的な動向を発掘することになった。

このようにして筆者は、第四巻まで『新札幌市史』のキリスト教史部分を叙述してきた[13]。『新札幌市史』は、戦前の〝札幌のキリスト教〟の全容を明らかする端緒にはなったと思う。ただ、市史という目的に即したキリスト教の解明であったから、キリスト教史として見る場合は、そこに一定の限界を免れない。札幌キリスト教史として見るならば、神学的な考察、教理的側面の解明、また教会形成の過程、キリスト教信仰受容の分析、信徒教育、伝道方法、教会経済の実態などを把握するという諸点が踏まえられなければならないであろう[14]。また、それらを地方地域の問題として論ずる意義もあらためて考察されていなければなるまい。その地域でキリスト教が実態として存在するとしても、これを地域キリスト教史として定立するには、これを議論するにたる意味合いが確立されなければならないと考える[15]。

いま、〝札幌のキリスト教〟が市史のなかでどのように叙述されてきたか、概略、明らかにしたうえで、なお自治体史の枠を超えたキリスト教史の論議にふれた。これまでたどってきた、戦前までのキリスト教史の諸側面――すなわち草創（伝道開始）、教会の定着、キリスト教の拡大、また受難という歴史叙述上の枠組みが、はたして戦後史においても有効であるかどうかという点を考えざるをえないからである。また、キリスト教の戦後史を見るにあたって、市史においてもキリスト教界が課題としている諸論議にふれざるをえないのではないかという予感がするからでもある。このことを次節以下では、戦後キリスト教史の具体的な事象の中から述べていきたいと思う。

## 第三節　通史叙述の課題（2）―戦後における―

戦後のキリスト教史が歩み出した時期を概括すれば、まず国家的規制からの解放が挙げられる。これは神社神道を含めて戦後宗教界の一般的枠組みであるが、とくに戦時下ではキリスト教の場合は、欧米のキリスト教界との断絶を要求され、官憲と社会からは〝敵性〟宗教として圧迫されてきた。したがって、一九四五年の治安維持法・宗教団体法の廃止は、戦前の宗教政策が全面的に転換する端緒であったが、キリスト教にとっても大きな転換点となった。宗教団体法の廃止によって、プロテスタントの中で唯一の認可教団であった日本基督教団からは、旧教派のいくつかが離脱、再結成し、また新しい教団が多数結成された。ローマ・カトリック教会、正教会も体制を再編した。

一方、日本のキリスト教界は、連合国の占領下にあって、欧米とくにアメリカのキリスト教界との関係を回復し、いっそうの関係強化に向かった。かつアメリカなどから、多量の人材・資金の支援を受け、神学・思想の面でも近代初頭の宣教開始時期と同様、その影響を強く受けた。占領期のキリスト教ブームは、その最も顕著な事象であった。

急激な伸展を見た占領下のキリスト教は、同じく占領下で進められた、戦後の民主化、新憲法体制の構築の中で一定の役割を果たしていく。この過程では、皇室の〝民主〟化に関わろうとする動きも生まれている。こうしたキリスト教界の動きは、冷戦構造の中で西側勢力の一翼を担うこととなった。また、戦後の復興政策、経済成長政策のなかでは、全国的に都市化が進み、キリスト教会の都会的性格がいっそう強められ、北海道では、炭鉱都市への教会進出が見られた(16)。

以上の一般的な流れは、札幌でも同様であった。全国的に起こったことは、札幌でも確実に起きており、国家統制からの解放、戦後キリスト教ブームとその終息、周辺農村の都市化と古い教会堂の移転、新来の教派の進出などに終戦から六〇年代までの特徴を窺うことができよう。ただ頭書の三つの課題に即していえば、次のような問題がある。

まず、第一の全国史との関連であるが、前章のノートで引用・紹介した戦時期を論じた著作は、多くが戦後のキリスト教史についてもふれており、さらに最近の著作では、志茂望信《しももちのぶ》著『物語日本キリスト教史』(17)、中村敏《さとし》著『日本における福音派の歴史 ―もう一つの日本キリスト教史―』(18)などがある。ただ、戦後キリスト教史の研究は、さまざまな視点で叙述がなされているが、研究としての共通の枠組みがいまだ形成されていないように思われる。この点は、それぞれの執筆者自身が時代の渦中にあるという、同時代史の叙述の難しさであろうか。言うまでもなく現代のキリスト教について多面的な分析がそれぞれの時期になされているが、戦後史という視点で研究課題を整理する必要があろう。戦後キリスト教史研究の軌跡については、別に論ずる機会を得たい。

さて、前述の通り、全国で起きた諸事象は札幌においても同様に起こっており、その意味では、戦後史の事象はいっそう平準化しているかのように見えるのは否めない。札幌においては、全国的な平準化の進行はキリスト教の相対的な後退を意味している。札幌の都市的拡大のなかで、戦前に培われてきたキリスト教と市民との関わりが希薄となり、キリスト教会の社会的位置づけが変化――相対的な低下――を来している。例えば、一九六〇年代に教会のいくつかは都心部からやや郊外に移転し、大通公園の景観から教会堂が後退している。この景観の変容は、都市的構造の変化の反映であって、札幌とキリスト教双方の変化を象徴的に示している(19)。

また、新たな教派・教会が札幌進出を果たしたことによって、戦前来、活動の中核的な位置を占めてきた旧来の教派・教会――カトリック(北一条、北十一条)、正教会、独立、日本基督教会(現、日本キリスト教会。札幌北一条)、メソヂスト（札幌）、聖公会（札幌）、組合（札幌北光）――を見ることによって、全体の動向を捉えきることがもはや出来なくなっている。また札幌のキリスト教を全国との対比で個性的に捉えることの出来る側面は狭まっている。もっとも日本基督教団からの離脱によって一九五一年に組織された日本基督教会（新日基、新日キと略称される）は、北海道、なかでも札幌の旧日基系教会の主唱によって成立したものであった。

第二の点は、全体像把握の課題であった。いま述べたような戦前来の主要教会の動きから全体像を捉える方法によっては、戦後の動向を捉えることができなくなって、全体像の把握を困難にしている。戦後も、終戦後まもなくの賀川豊彦などによる新日本キリスト運動、神学者スタンレー・ジョーンズの伝道集会、市民クリスマスなど、プロテスタント各派による共同の集会が開催された。しかし教派・教会の拡大・拡散によって、現在の札幌キリスト教連合会[20]の活動についても、戦前の札幌基督教聯盟のような強力な教会横断的組織による教会間の共同の活動を捉えることが難しいように思われる。

ただ、戦前までのキリスト教会は、プロテスタントとローマ・カトリック教会、正教会との交流がまったくといってよいほど無かった。しかし戦後は、徐々に交流がなされるようになり、それをキリスト教界の動き総体として捉える可能性が芽生えている[21]。

第三には、史料発掘の問題がある。諸教派・教会を超えた活動を示す史料の発掘は、全体像を容易に明らかにすると思われるが、筆者は、札幌という地域性を持った教派・教会の横断的性格の戦後史料をいまだ捕捉できないでいる[22]。これも戦後の教会が多様に拡大してきたことと関連があるのではないかと思う。戦前のように限られた教会を対象として成立した教界メディアが、戦後は存在しなくなったといえるのかもしれない[23]。今回、市内の諸教会のご協力によって、戦後の歩みを叙述した教会史誌をほとんど収集することができた。この集積が全体像の構築につながることを期待している。

ただ、各教会史誌の関心は、それぞれの伝道開始期の苦労、会堂建築の苦心、教職・信徒の人間像、教会内組織の交流、教会行事での活躍など教会内部に向けられているから、他教会、地域社会全体を展望する叙述に及ぶことは少ない。したがって市史執筆にあたっては教会史誌叙述の底流にある、戦後の諸教会がめざしてきた活動——宣教活動、教会形成、信仰の受容等々——を汲み取っていく視点と作業が必要となってくるのであろう。難しい課題である。

## 第四節　今後の展望

以上、市史第五巻には、キリスト教史部分の課題が少なくないことを述べた。当面は、第三の点で挙げた各教会史誌から各個教会の活動の底流にあるものを汲み取っていく作業を行うこととなろう。各教会史誌からなにを汲み取るか、なにが全体像の構築につながるか、いまだ模索中であるが、次の諸点は市史の叙述でも考える必要があるように思う。

ひとつは、戦後のキリスト教ブームといわれる一時的盛況についての分析である。このブームは終戦後まもなく教会への参集者の規模を一挙に拡大し、戦後の教会の基礎を作ったといわれるが、その反面、既往の概説書でもブームの退潮とともにそれら参集者の教会への定着、信仰の持続という面では否定的な評価がなされている。キリスト教に対する関心の振幅の大きさを示したこの事象は、教会の側からすると信仰の受容、持続のありようの問題とされるが、教会外からするとキリスト教への期待と失望との大きな落差を意味しよう。

いまだ評価の定まらない事象であるが、札幌では、どの教会にも一様にブームが訪れたわけではなかったようである[24]。また、新聞などではブームの「落着き」（終息）が、一九五二年末の記事として現れている[25]。このブームが実際に各教会にどのような影響をもったのであろうか。いまだ教会史誌などから受けた印象にとどまるが、ブームが教会活動の拡大、運営基盤の安定——例えば各教会の経済的自立——に寄与するのは、ブームの渦中ではなく、「落着いた」以降の段階ではないかと思わせられる。戦前来の主要教会は別として、戦後進出の教会についてはとくに、この影響を教会形成の過程に立ち入って分析する必要があるかと思う。

いまひとつは、キリスト教ブームとも関係があることだが、戦後まもなく学校、病院、療養所、官庁、工場などで聖書研究会が広汎かつ継続的に開催された点である。もとよりこれらは志願者、有志の集会ではあるが、その開催、講師の招請には機関運営者の積極的関与が存在していたことを窺わせるところがある。これらは教会からすると教会外への伝道発展の一端として捉えられているが、受け入れ側の意識はどのようなものであろうか。その消長は、キリスト教に対するこの時代の社会的要請のありようを反映しているのではないかと思う。市史としては、単に教会の外延的発展現象とするにとどまらない視点を持つべきかもしれない。

最後に、前項の第二の点として挙げた全体像の把握であるが、戦前のようにこれを共同の活動として捉えるという側面が、戦後では希薄になると述べた。その一方でローマ・カトリック教会、正教会、プロテスタント諸教会の交流が存在するようになり、キリスト教総体としての把握の可能性があることにもふれた。この交流を促しているものは、ローマ・カトリック教会の第二バチカン公会議、プロテスタントの世界教会運動、福音同盟運動に見られるような、各教会が課題としたキリスト教の現代社会への関わりという、諸教派に普遍的な課題への対応であった。戦後キリスト教の全体像の把握というのは、この課題を意識しての叙述となろうか。ただし札幌での具体的な叙述はすべてこれからの作業にかかっていると言わざるをえない。

戦後という同時代史に関わる難しさは、現在を相対化して歴史を見ることの困難さとともに、自治体史の領域を超えたキリスト教自体の現代の課題を控除できないところにあるからである。事実を示しこれによっておのずと歴史が語られるという、これまでの叙述態度と、同時代史における叙述の困難さとがどのように折り合っていくか、これも第五巻における新たな課題である。

註

(1)拙稿「自治体史のなかのキリスト教史　―札幌市史の経験を中心に―」(『日本プロテスタント史研究会報告』第五一号、一九九四年)、三頁以下。

(2)同前、四頁以下。

(3)同前、八頁及び拙稿「地域キリスト教史の試み　―札幌の事例による―」、四頁。別の分野であるが地方制度史の場合については、拙著『北海道町村制度史の研究』(北海道大学図書刊行会、一九八五年)八頁以下。

(4)註(1)、拙稿「自治体史のなかのキリスト教史　―札幌市史の経験を中心に―」、八頁。

(5)同前、七頁。

(6)『札幌の歴史』第三九号(二〇〇〇年)、所収の小文は「戦後札幌のキリスト教について」。前稿のノートは、同三一号、一九九六年、所収。本書各論編第三章として再掲。

(7)市史各巻で設定された叙述年代幅は、もとよりキリスト教史としての時期区分と一致するものではない。キリスト教史とすれば、札幌においても一九〇〇年の大挙伝道以降の教勢回復、定着、伸展の流れは、一九三一年の「神の国運動」の伝道まで、一つの時期として捉え、三二年の満州事変以降を戦時期の到来として区分した方が適切である。しかし市史という枠組みのなかでは、市史の区分におけるその時代のキリスト教の様相を描くということになる。

(8)キリスト教が札幌農学校・北海道帝国大学を通じて札幌市民に及ぼした影響については、札幌市教育委員会編『札幌とキリスト教(さっぽろ文庫、四一)』(一九八七年)、序章及び第三章四節(永井秀夫など執筆)参照。

(9)教会名称と会堂位置の変遷については、拙稿「戦前、札幌におけるキリスト教会の変遷　―その名称と会堂位置について―」(『札幌の歴史』第一三号、一九八七年)。同稿は、本書各論編第二章に補訂して再掲。

(10)『日本宗教史研究年報』四～五、佼成出版社、一九八一年～一九八三年。北海道キリスト教史料調査会による調査の概要については、「北海道キリスト教会史史料目録」下巻末の拙稿を参照。

(11)註(8)、参照。

(12)『北海教報』第一一号～第六八号(一八九八年十一月三〇日付～一九〇二年十月二十日付)が札幌独立キリスト教会におい

て所蔵されている。

⒀市史第四巻まではとくに抜き刷りは作成しない方針であったので、筆者は、最終の校正刷（青焼き）から執筆部分の別刷りを作成した。これは、すべて筆者の責任で作成した私家版であって、市史刊行後に、『札幌のキリスト教』一〜三として、関係者に配付した（一、一九九一年十一月。二、一九九四年七月。三、一九九七年五月）。別刷の目的とするところは、関係者から今後の協力を得るためである。

⒁註⑴、拙稿「自治体史のなかのキリスト教史　—札幌市史の経験を中心に—」、八頁。

⒂北海道のキリスト教史構築と歴史研究としての自立については、拙稿「北海道のキリスト教史研究について」（北海道基督教学会『基督教学』第二七号、一九九二年）、三四〜三五頁。

⒃註⑹、前章ノートの註⑸に掲げた戦時下のキリスト教にかかる諸文献の大部分は、戦後キリスト教史を含む研究であり、本章の戦後史の概括は、これらの諸研究に拠った。

⒄新教出版社、一九九八年。なお、戦後キリスト教史の概説的な著作については前註参照。ほかに、戦後史にふれたものとして久山康編『現代日本のキリスト教』（基督教学徒兄弟団、一九六一年）、古屋安雄ほか共著『日本神学史』（ヨルダン社、一九九二年）がある。

⒅いのちのことば社、二〇〇〇年。

⒆註⑻、『札幌とキリスト教』、一〇頁以下。

⒇札幌キリスト教連合会は、札幌市、石狩市、北広島市にある八九のプロテスタント教会、団体、学校などによって組織されている（一九九九年四月現在の加盟名簿）。なお、同会の事務局においても戦後のこの会の発足年次は未詳とのことである。

(21)ローマ・カトリック教会とプロテスタントの交流は、カトリック教会が一九六二年〜六五年に開催の第二バチカン公会議においてエキュメニズム（教会一致）運動を決議することによって加速されたといえる。札幌でも例えば札幌キリスト教連合会主催の祈祷会、靖国神社問題についての運動などで具体的な共同活動が認められる。

(22)キリスト教界外の史料として『北海道新聞』『北海タイムス』など一般新聞の記事がある。新聞記事は、教会横断的な史料の一つであって、戦前期の叙述でも少なからず筆者は利用したが、戦後期でも有効な史料の一つである。しかし、新聞記事の性格は、キリスト教の全体像を示す史料というより、キリスト教に対する市民の側の関心の度合を示す史料とみるべきであろう。

(23)戦前のようなキリスト教界メディアが、戦後存在しないとのこの言及は、全く管見の限りであって、筆者の仮説である。

(24)北村正直「北村正直氏聞書き(一九九九年)　戦後の札幌市内のキリスト教会事情　—福音ルーテル教会信徒の視点から—(札幌市史編纂資料)」札幌市教育委員会文化資料室、一九九九年七月四日、筆者聞取。

(25)『北海道新聞』一九五二年十二月十三日付。

# 補論　近代日本キリスト教史と札幌における時期区分

## 第一節　近代日本キリスト教の時期区分について

本章は、『新札幌市史』のために予備的に行った考察ではなく、新たにまとめた『札幌キリスト教史』の編目を構成するために行った考察である。したがって本来、本書各論編、特論編とその性質を異にするが、編目の構成は歴史叙述の重要な前提であって通史の時間をどのように分節化するかは、その歴史自体の理解に関わるものである。もっとも市史の場合は、自治体史であるから、その編目（時期区分）は、おのずと市政とくに市の制度の変遷によって構成されており、「キリスト教」史の時期区分との乖離は免れない。しかしながら各論編第一章で述べたように、市史であっても、また市史から離れた通史であっても歴史を連続したものとして、また全体を一体性のあるものとして描こうとするならば、その時期区分の当否を考えないわけにはいかない。

このことは市史の時期区分に従う場合であっても、時期区分を市史から自立させる場合であっても、課題としてきたところである。その場合、日本近代キリスト教史の時期区分を参照することになるので、まず近代日本キリスト教史の通史の中で、時期区分がどのように考えられているか、時期区分をとくに設定して叙述している主要な著作に着目し検討してみたい。そのうえで札幌における時期区分のありようを考えることとしたい。

表一「近代日本キリスト教史における時期区分例」は、各論編第一章表一とともに第六三回キリスト教史学会大会において「地域キリスト教史の試み　―札幌における時期区分をめぐって―」（二〇一二年九月十五日発表）を報告し

| 時期区分<br>0　30　40　50　60　70　80　90　2000 | 備考 |
|---|---|
| 進<br>25)×—30 | 本文叙述と一致しない部分がある。 |
| Ⅵ非常時体制～<br>——31——45——59×<br>Ⅶ～宣教百年 | 章の標題はない。最初の節等を表示。 |
| ～神の国運動、ＳＣＭ<br>——31×<br>～ | 章の標題はない。最初の節等から表示。 |
| ④教会の困厄<br>——31——45—×<br>（大正期）　⑤教会の解放と展開 | ②③ほか区分に重なりあり。本文叙述と一致しない部分がある。 |
| ⑩～ファシズム期<br>——31——45——×<br>⑫戦後 | 本文叙述は時期区分によらない。 |
| ——45——70——×<br>③戦後　④70年代以降 | 執筆者４人の分担による区分。時期区分論はない。 |
| ——45——90——×<br>救い　③冷戦体制・核危機と救い | ①～③各章は時期で細分化されず。 |
| 正期　⑨戦時下　③60年代から70年代　⑥21世紀<br>26——30——45——60——80——90——00×<br>昭和期(戦前)４－①進駐軍時代②戦後の復興　④80年代　⑤90年代 | 戦前、戦後に大別。章の表示を要約。 |
| ——31——45×46——<br>⑤苦難期　⑥戦後期 | ③④、④⑤が重なる。本文叙述は時期区分によらない。 |
| ③受難と復興<br>——30——50×<br>キリスト教の定着 | 執筆の分担による区分。時期区分ではない。 |
| 拡張と戦時下の危機　⑥大都市の宣教<br>——45——69・70——04×<br>の確立　⑤復興と戦後の宣教 | 各項の「キリスト教」の文言を省略した。 |
| ④教勢の退潮と教会統合　⑥宣教の拡大と多様化<br>——32・33——45——69・70——04×<br>市民への浸透　⑤戦後の教勢回復 | |

表１　近代日本キリスト教史における時期区分例

| | 書　　名 | 著　者 | 刊　年 | 1860　70　80　90　1900 |
|---|---|---|---|---|
| a | 日本基督教史 | 小崎弘道 | 1938年 | ②教会創立　④信仰試煉<br>59――73――83――91――01――<br>①伝道準備　③教会勃興　⑤教会 |
| b | 日本キリスト教百年史 | 海老沢亮 | 1959年 | Ⅱ高札撤去～　Ⅳ教育と宗教<br>59――73――――90――――<br>Ⅰ開国　Ⅲ～一致・組合合同　Ⅴ協 |
| c | 教会形成の観点からみた宣教百年の教勢に関する考察（日本プロテスタント百年史研究の内） | 上　良康 | 1961年 | 自由民権～　大正<br>59――――80――90•91――――1<br>明治維新～　教勢不振～ |
| d | 日本プロテスタント史（日本キリスト教史後編） | 大内三郎 | 1970年 | ②教会の生成<br>59――――81――――――08<br>①キリスト教の移入　③教 |
| e | 日本プロテスタント・キリスト教史 | 土肥昭夫 | 1980年 | ①明治初期　③～天皇制確立期<br>68―72――――89・90――05――<br>②草創期　⑦～大 |
| f | 日本神学史 | 古屋安雄、土肥昭夫、ほか | 1992年 | 70年代――――――――07―<br>①草創期　②本 |
| g | 物語日本キリスト教史―日米キリスト者群像を辿る― | 志茂望信 | 1998年 | 37――――――――89――――<br>①日本開国と救い　②大日本帝国憲 |
| h | 日本キリスト教宣教史―ザビエル以前から今日まで― | 中村　敏 | 2009年 | ②～教会設立……⑤伝道不振<br>37――72・74――――90・91―00――<br>３－①宣教開始　④成長期　⑥明治末 |
| i | 北海道キリスト教史 | 福島恒雄 | 1982年 | ②開始期　④協力伝<br>-57・58――――86――――――01――<br>①前史　③教会形成期 |
| j | 札幌とキリスト教の軌跡（さっぽろ文庫41、札幌とキリスト教、第１章） | 大山綱夫、鈴江英一、金田隆一 | 1987年 | 58――――――――――――00――<br>①草創期の札幌とキリスト教　②札幌 |
| k | 新札幌市史第２巻～第５巻通史５（下）の内、キリスト教史部分 | 鈴江英一 | 1991年～2005年 | ②諸教派の進出と教会<br>75―86――――――00・01<br>①宣教開始　③伸 |
| l | 札幌キリスト教史（仮題） | 鈴江英一 | | ②諸教派の進出と教<br>75――89・90――――00・01<br>①札幌宣教の始め　③教勢 |

た際に作成したものである。この表では、近代キリスト教の通史叙述を意図して、時期区分を施しあるいは時期区分の必要を論じている以下の著作についてその時期区分を比較してみた。

a小崎弘道「日本基督教史」(『小崎全集』第二巻、一九三八年所収)(1)。

b海老沢亮《あきら》著『日本キリスト教百年史』一九五九年(2)。

c上《かみ》良康「教会形成の観点から見た宣教百年の教勢に関する考察」(『プロテスタント百年史研究』所収、一九六一年)(3)。

d大内三郎「日本プロテスタント史」(海老沢有道・大内三郎共著『日本キリスト教史』所収、一九七〇年)(4)。

e土肥昭夫著『日本プロテスタント・キリスト教史』一九八〇年(5)。

f古屋安雄、土肥昭夫ほか共著『日本神学史』一九九二年(6)。

g志《し》茂《も》望信《もちのぶ》著『物語日本キリスト教史—日米キリスト者群像を辿る—』一九九八年(7)。

h中村敏《さとし》著『日本キリスト教宣教史—ザビエル以前から今日まで—』二〇〇九年(8)。

右のほかにも近代キリスト教の通史的著作、例えば、小野静雄著『日本プロテスタント史』上、下(9)、高木一雄の一連のカトリック教会史(10)はあるが、それらの時期区分は、上記著作による論議に吸収されると考え、表からは割愛した(11)。このほか、各論編第一章第一節二及び表一でも取り上げたi福島恒雄著『北海道キリスト教史』、j『札幌とキリスト教』のうち大山綱夫ほかによる「札幌とキリスト教の軌跡」、k『新札幌市史』のうち筆者によるキリスト教史部分を加えて論議の対象とし、これにl別稿『札幌キリスト教史』(仮題)を加えた。

本表では、左からa~lまでの記号を付した前記の書名、著者、刊年、次いで時期区分、備考の欄を設けた。時期区分欄では、各書で主張された時期の区切り及びその名辞、または時期区分として叙述された各編(章)の名辞について、その番号を付して表示した。それぞれの時期区分は太線をもって、また叙述の下限は×をもって示した。ただし、a小崎、d大内、i福島の各著作は、備考に記した通り、主張された時期区分が本文の叙述と一致しない部分がある。

本表に掲げた諸著作では、大別して、時期区分を大きく刻んでいるものと比較的小刻みに設定しているものとがある。前者は、ｆ古屋、ｇ志茂及びｊ大山ほかである。後者はその他であるが、第一章に掲げたテーマである「地域キリスト教史」に即して言えば、後者の比較的小刻みに時期区分がなされているものの方がより本稿に共通する部分があると考えて、以下の論議を進めることとする。

後者の時期区分は概略、幕末・開国以来の宣教の草創ないしは宣教開始期、近代極初頭の教会設立期、その後一八九〇年代以降の反動期ないしは教勢不振の時期、二十世紀以降の教勢拡大期、そして一九三一年以降の戦時体制下の圧迫期、さらに戦後の回復という設定である。

しかし、その時期区分を詳細に見ると、これを地域キリスト教史に反映させるには検討しなければならない諸点がある、とわかる。まず第一に、二十世紀前半、教勢拡大期の起点と終点の設定をどのようにしているかという問題である。起点として考えられているものには、次のように二〇年の幅があって、教勢拡大期の捉え方が多様である。

（1）〈一九〇〇年に起点を置く場合〉二十世紀大挙伝道を教勢回復の契機として捉えている。

（2）〈一九〇五年から一九〇九年に起点を置く場合〉日露戦争の終結（一九〇五年）、明治四〇年代（明治四十一年が一九〇八年）、プロテスタントの開教五十年記念（一九〇九年）をそれぞれ教勢拡大への転回点と捉えて、起点としている。

（3）〈一九二一年を起点に置く場合〉「明治」の終了、「大正」への移行を発展の画期と捉えて起点としている。

このうち、（1）、（3）は、起点が明確に措定されているが、（2）に分類されるｄ大内の③、ｅ土肥の⑦のように、「大正期」にまで拡張して「教会の発展」の項に包摂させている。（1）～（3）は、「大正期」という自由主義の時代の中で、キリスト教が教勢の回復、市民への浸透を果たしている状況を時期区分として設定している。しかし、時期区分の設定としては右のように曖昧さを免れえない。

またこれの終期を、ｂ海老沢、ｄ大内、ｅ土肥では、ほぼ一九三一年（満州事変）に置いている。そこでは、「大正期」が「昭和初期」までを包摂することになる。そうすると「明治末期」から「昭和初期」までを「大正期」と呼ぶことになる（d大内は③を「教会の発展」（大正期）と設定しているが）。教勢拡大期は、始期、終期とも、ゆるやかで多元的ともいえる時期区分認識によって措定されていると言えるのではないか。

第二に、満州事変以降敗戦までの十五年間を一括りとすることが妥当であろうか。この時期は、一般史では〝戦時下の十五年間〟などと一括りされることが多い。しかし政治・戦時体制の事象と名辞とをもってキリスト教史の時期区分とするのがはたして妥当であろうかと思う。またこの時期には、教勢が後退するのではあるが、はたして一九三一年を起点とするのは妥当なのであろうか。後述するように地域の実態は、必ずしもここで掲げる全国史の時期区分に即応するものではない。地域キリスト教史の場合は、地域の実態に即した検討が必要であろう。

第三に、戦後半世紀以上にわたる時期を分割する必要があるのではないかという点である。戦前期が十年ないし二十年ほどの期間で区分されていることとの均衡を考えると、戦後は、二区分ないし三区分がなされなければならないが、その時期をどこに求めうるか。これらは、上記の諸研究でも十分検討されていないのではないかと思う。少なくとも、「戦後期」――これとて一般史の名辞であって、キリスト教史としての内容を示す時期区分の名辞とはいえないが――についても、戦前の「成長期」「教会の発展」「教会の困厄」に見合う、一九四五年以後の名辞をさがす必要があろう（戦後期を分割した時期区分を措定するならば、例えば「七〇年代」「八〇年代」という時期区分に代わる名辞もまた必要ではないかと思う）。

第四に、こうした時期区分をほどこす根拠は何であろうか。各書の著者たちは近代日本キリスト教史をどのようなものとして捉えたうえで、時期区分をなそうとしてきたのであろうか。原島正「日本基督教史の時期区分」によれば、a小崎にあっては、伝道によって「真理が国民に認められる過程」、d大内にあっては「信仰の自覚によって形成される」「教会の歴史的展開」となろうか[(12)]。これ以外の他の著作では、時期区分の設定と通史叙述との関連付けについて言及されてはいないのではなかろうか。それらは、思想史、宗教史において明確な時期区分として分節化することの困難さを現すものであるとはいえ、時期区分に曖昧さが残るというのは、時期区分の前提となる根拠への考察が未確立であったことを意味しないだろうか。

加えてa、dとも主張する時期区分と本文叙述の年次とは一致してないところがある。とくにa小崎では、⑥の下限を一九三〇年としつつも本文叙述では一九二五年にとどめており、d大内では、②の下限を一九一二年としつつ、③の起点を一九〇八年としており、時期区分の重なりが見られるほか、①②の時期の叙述内容は、提起された時期区分とは合致していない[13]。

第五に、いずれの時期区分も対象をほぼプロテスタントに限定している。カトリック、ハリストス正教会を含む日本のキリスト教総体の時期区分として構築されてはいない。

このように近代日本キリスト教史の時期区分を見ると、その共通する部分は地域キリスト教史としても参照できるところがあると同時に、これを地域史の具体的な叙述に取り込むには、なお吟味すべき課題が多いことも明らかである。次節では、札幌に即した時期区分を考えるとどのようになるかをみることとしたい。

## 第二節　札幌における時期区分

札幌におけるキリスト教史の時期区分は、市政上の時期区分とは、一部重なっているが、全く一致するものではない。両者は本来、その時期区分の根拠を異にしているからである。したがってk『新札幌市史』から自立したキリスト教史を構築する場合、市史の時期区分に依存しないキリスト教史としての時期区分をどのように立てるべきか、それを成立させる視点をどこに据えるか、あらためて検討する必要がある。他方、近代日本キリスト教史の時期区分に地域キリスト教史が全面的に依拠しうるのか、という問題もある。

そこで自治体史の時期区分枠から離れた札幌におけるキリスト教史の時期区分について、第六三回キリスト教史学会大会における報告「地域キリスト教史の試み　―札幌における時期区分をめぐって―」では、試みに次のような設定を提示してみた。

①キリスト教の流入（一八七五年―）、②諸教派の進出（一八九一年―）、③教勢の拡大（一九〇〇年―）、④教勢の退潮と教会統合（一九三一年―）、⑤戦後の教勢回復（一九四五年―）、⑥宣教の拡大と多様化（一九七〇年―二〇〇三年）

上記の内、①はW・S・クラーク以前のキリスト教伝道の端緒から札幌バンドの一部による教会（札幌〈独立〉基督教会）形成に至る時期。②は戦前の主要諸教派・教会が札幌への進出を果たし教会設立に及ぶ時期である。この時期は、全国的な頽勢の時期と重なり、各教会とも存立が危惧された時期でもある。③はプロテスタントの大挙伝道、協同伝道による各教会の教勢の拡大、市民への浸透を見る時期である。この③の起点までは市史の時期区分にほぼ重なるところである。しかし、③の終期、④の起点が『新札幌市史』の時期区分とは大きく異なる。

④は戦時下の時期として括られるところであるけれども、キリスト教界外の名辞によることは避けたいところである。教会自身による時代の特質によって時期区分をするならば、教勢の退潮及び宗教団体法による教会統合を時期区分の名辞とすべきであると考えた。なにより④の起点をどこに置くかが課題である。少なくとも満州事変の翌年、プロテスタントの札幌基督教聯盟の愛国運動が始まる一九三二年、あるいは同じくプロテスタントの神の国運動が終わる、一九三四年まで引き下げることが実態に即しているかもしれないと思うところであった。ちなみに一九三二年末時点で札幌市内の諸教会が北海道庁に届け出た信徒数は、五〇一〇人で、当時の市域の現住人口一七万六〇〇〇人に対するキリスト者の割合は、二・八四%であった。同様の統計で、戦前、把握出来る信徒数の対人口比のピークは一九三三年の二・九六%で、この数値に頼れば③の下限（終期）を一九三三年まで引き下げることになる。そこまで下げなくとも、満州事変の年を、この時期の起点として考えてよいかどうか、かさねて課題である。

⑤は戦後の教勢回復時期と捉えることができるが、その下限と次期の始まりをどこに置くべきであろうか。⑥の始期を一九七〇年代とするならば、札幌が冬期オリンピックと政令指定都市への移行により大都市に変貌する時期で、

キリスト教の教勢、教会設立もその時代相に添っている。この時期、多数の教派が札幌進出を果たし、戦前来、札幌で教会形成を見た教派に由来する教会に対して戦後進出を果たした教会また単立教会の割合が多くなる時期である。また地理的にも郊外及び札幌周辺地域での教会設立が実現していく。さらにこの時期は、札幌市民に対するキリスト教の影響が相対的に低下し、信徒数の対人口比も〇・九％と見られ、全国平均との差が見られなくなっている。このように六〇年代末〜七〇年代初頭で時期区分をするのが妥当であろう。ただし、これを何年に措定するかが課題である。

上述の時期区分は、札幌という地域の中でのキリスト教をどのような視点で捉えていたことになるのであろうか。ここで指標としているのは、教勢の推移、教会の消長である。すなわち地域におけるキリスト教がその広がりの中で、市民に受容される過程であった。『札幌キリスト教史』（仮題）の視点は、キリスト教を社会的存在として地域社会の中に位置付けようとしている。その視点で捉えたのがこの時期区分である。一方、そこで行われた宣教の内容も検討すべきところであるが、その場合には、神学史、説教史、個々の学校史を超えた地域キリスト教教育史などをも視野に入れる必要がある。筆者にはこの分野は、未着手のままである(14)。

## 第三節　小括

右の検討を経つつ『札幌キリスト教史』は、次のような時期区分となった。第一章札幌宣教の始め（一八七五年〜八九年）と第二章諸教派の進出と教会設立（一八九〇年〜一九〇〇年）との区切りは、一八九〇年の諸教派による札幌進出の開始に置いた。第三章　教勢の伸張と市民への浸透（一九〇一〜三二年）は、一九〇一年の大挙伝道を起点とした三〇年間を一時期として括った。この時期はもともと『新札幌市史』の第三巻から第四巻にわたるところであり、その残影をとどめつつ、三十年間を前半の二十年、後半の十年として構成したが、三十年を二つの時代として章を分割するところとはならなかった。課題であった第三章の下限は、第一期神の国運動の終了、また戦前における札幌の教勢のピークと考えられる一九三二年に置いた。したがって第四章教勢の退潮と教会統合（一九三三年～四五年）の起点は、翌一九三三年となる。この年は前述の通り、信徒数の対人口比は戦前期のピークではあるが、主要な教会の中に礼拝出席者数の低下傾向が見られ、キリスト教界が社会に対して守勢になる事案が札幌でも多く見られるてくるからである。第五章戦後の教勢回復（一九四五年～六九年）と第六章宣教の拡大と多様化（一九七〇年～二〇〇四年）とは、市史と同じく一九六九年と七〇年とで区切った。札幌が大都市化する一九七〇年は、キリスト教界にとっても多様化の起点になっていると考えられたからである。

さてこの補論では、キリスト教史の時期区分について全国史と地域史との関連で検討してきた。その結果から、次のことが導き出されると思うので、最後にまとめて記して置こう。

（1）時期区分は、歴史叙述を区分して提示しようとする営みであるが、それは単なる叙述の分割ではなく、歴史全体をどのように理解し、その歴史的展開を時間軸に沿って分節化することである。時期区分を施そうという叙述者は、区分とその名辞の付与に一貫した方法を持っているはずであるが、そのことを時期区分に先立って自ら明示すべきであろう。近代日本キリスト教の場合、多くはそれを等閑に付しているのではないかと思う。これは地域キリスト教史においても同様である。

（2）地域キリスト教史の時期区分では、もとよりプロテスタント史に限定するわけにはいかない。少なくともカトリック、ハリストス正教会を含めた歴史の時期区分の設定を試みられなければならない。戦前、それらが相互に没交渉であったとしても、地域総体の時期区分として設定される必要があろう。近代日本キリスト教史の通史が、主としてプロテスタント史研究者によってなされてきた結果、キリスト教界総体を視野に置こうとしなかったのではないか。

（3）二〇世紀の教勢回復期及び「戦時下」という時期は、その実態が地域によって異なる。時期区分の設定については、地域の独自性が確保される必要があると同時に、全国史もまた地域の実態を反映させる必要があるのではないか。

（4）「戦後期」は、地域によって時期区分すべき状況がいっそう異なる。各地の地域キリスト教史は、独自の時期区分を主張すべきではなかろうか。もっともこの場合、もはや「平成期」という名辞が使用されることはないであろうが、「明治期」「大正期」「昭和前期」という元号に依拠した時期区分がどれほど有効なのか、検討が必要ではないか。また、かたや「七〇年代」「八〇年代」という時期区分もあるが、これらは内容をどのように規定しているのであろうか。その名辞とともに内実に吟味を加える必要があるのではなかろうか。

以上、本書の執筆の過程でえることが出来た問題意識を記してみた。今後の論議の素材になるのであれば幸いである。

註

(1)小崎全集刊行会、一九三八年。
(2)日本基督教団出版部、一九五九年。
(3)日本基督教団宣教研究所編、日本基督教団出版部、一九六一年。
(4)日本基督教団出版局、一九七〇年。
(5)新教出版社、一九八〇年。
(6)古屋・土肥以外の著者は、佐藤敏夫、八木誠一、小田垣雅也。ヨルダン社、一九九二年。
(7)新教出版社、一九九八年。
(8)いのちのことば社、二〇〇九年。
(9)聖恵授産所出版部、一九八六年。

(10)高木一雄著『明治カトリック教会史研究』上、中、下、キリシタン文化研究会、一九七八年〜一九八〇年、『大正・昭和カトリック教会史』一〜四、聖母の騎士社、一九八五年。

(11)表一は日本キリスト教史一般について比較する意図であるので、各個教派・教団の歴史書は意識的に時期区分を設定した著作であっても、検討の対象としなかった（例えば、山本秀煌編『日本基督教会史』（日本基督教会事務所、一九二九年。復刻版：改革社、一九七三年））。

なお、時期区分については、小崎・大内の研究を主対象として論じている原島正「日本基督教史の時期区分　―小崎弘道を中心に―」（石田一良編『時期区分の思想』ぺりかん社、一九八六年、所収）があり、それを踏まえた五十嵐喜和「新日本基督教会における教会史の編纂と叙述について」（『日本の神学』二八、日本基督学会、一九八九年、所収）がある。

(12)註(11)、「日本基督教史の時期区分　―小崎弘道を中心に―」、二一〇頁、二一五頁以下。

(13)筆者は、大内三郎「日本プロテスタント史」の時期区分の重なりについて、日本プロテスタント史研究会で大内に直接問うたことがある。しかし、明快な回答は得られなかった。

(14)、キリスト教自体が各教会・各信徒にどのように理解され内面化されていったかを把握することについて関説すると、二〇一一年九月の第六二回キリスト教史学会大会における鵜沼裕子公開講演「日本キリスト教史研究に従事して―回顧と展望―」（『キリスト教史学』第六六集、二〇一二年、所収）において指摘された「内的な宗教体験とそれが外化されたかたちを統一的にとらえる方法」については、筆者は札幌のキリスト教史ではまだ具体化し得ていない。宗教体験のみならず、地域キリスト教の通史においては、神学的、思想的問題を位置づけることの困難さがある。札幌においても、進化論は札幌バンドの関係で検討されており（大山綱夫著『札幌農学校とキリスト教』EDITEX、二〇一二年）、この問題は、後に札幌日本基督教会牧師小野村林蔵と北海道帝国大学教授松村松年（昆虫学）との間で新聞紙上を賑わす論争となった。また海老名弾正の来札（一八九二年）に当たってその〝新神学〟が論議される一方、高倉徳太郎（一九一三―一八）が札幌においてその神学が形成されたとされ、また社会主義あるいは社会改良主義が札幌においても論じられるが、それらが地域キリスト教神学史・思想史の枠組みで論述するところには至っていない。それらは、この通史の成立後、あらためて検討される課題であろうと考えている。

# 第二部　特　論　編

# 第一　戦争期、キリスト教徒にみる国家体制順応の思想

## ――札幌組合基督教会椿真六牧師の場合を事例として――

### はじめに――問題の所在――

本稿は、札幌組合基督教会（現、日本基督教団札幌北光教会）椿真六牧師が同教会在任中の一九三〇年（昭和五）から一九四二年（昭和十七）に行なった言説について考察したものである。

椿牧師札幌在住期間の大部分は、日米開戦による第二次世界大戦突入を用意した時期で、後述（序章第一節(1)）するように中国との関係ではすでに戦争期または戦時下というべき時期であった。この時期は、わが国のキリスト教史のなかでも、とくにさまざまな問題をはらんでいる。その一つは、戦争体制に対するキリスト教徒の抵抗と順応の問題であり、当時の支配的思潮（例えば、天皇の絶対化、神社参拝、いわゆる〝日本精神〟など）との対決の問題である。

戦争期のキリスト教の問題については、早くからこれに論及している久山康《くやまやすし》編『近代日本とキリスト教』大正・昭和篇（基督教学徒兄弟団、一九五六年刊）以来、概論的には、戦争政策への協力、神社参拝の容認、政府の圧力による教会合同（日本基督教団の成立）など、国家への屈服、信仰の挫折が指摘されている一方、個別的研究としては弾圧と抵抗の事例が多く取り上げられている傾向がある。なかには、体制順応への研究として、武田清子著『土着と背教』（新教出版社、一九六七年刊）の「背教者・加藤完治の農民教育思想」があり、その転向の軌跡は本稿の主題にとって示唆的であるけれども、加藤はすでにキリスト教界内部の人物というわけにはいかない。戦争期の体制順応への

〝苦い体験〟を克服する意図でまとめられた同志社大学人文科学研究所編『戦時下抵抗の研究』Ⅰ、Ⅱ（みすず書房、一九六八年～六九年刊）も、数少い抵抗の事例の発掘に主眼があり、優れた資料発掘となった『戦時下のキリスト教運動　―特高資料による』一～三（新教出版社、一九七二年～七三年刊）も、この関心の延長上である。

道内の個別研究では、金田隆一（苫小牧工業高等専門学校教授）による「戦時下におけるキリスト者の受難―ホーリネス系伊藤馨の場合―」「十五年戦争下における日本基督教会の歩み―主として札幌北一条教会小野村林蔵牧師を通して―」（いずれも『苫小牧工業高等専門学校紀要』第五号、一九七〇年刊、第一二号、一九七七年刊ほか、「戦時下におけるキリスト者の抵抗―矢内原忠雄の主として「通信」をめぐって―」同前、第四号、一九六九年刊）など、抵抗者または弾圧を受けた側からの解明がある。武田清子の前掲書で取り上げられた「浅見仙作の平和思想」も同様の視点である。

当時のキリスト教界は一般的に体制順応であり、抵抗は稀少な事例であった。このため概論的には挫折、敗北が指摘され、貴重な抵抗事例が積極的評価を受け研究課題として浮上したのであろう。さらに近年は、戦争期の、ときの政府への迎合、戦争協力をキリスト教界の戦争責任としてとらえ、現在のキリスト教界に反省を迫るという論点が顕著である（すでに掲げた諸業績のほか一例だけを挙げるならば、森岡巖・笠原芳光共著『キリスト教の戦争責任』教文館、一九七四年刊がある）。

キリスト教界では、現在のあり方にかかわる実践的課題として戦争期の問題が研究の課題となっている。その一つの契機に、一九六七年三月に発表された日本基督教団総会議長鈴木正久牧師の「第二次大戦下における日本基督教団の責任についての告白」があり、この翌年から大きな問題となった「靖国神社国営化問題」とこれに反対する運動の展開があった。本稿の問題意識や執筆の動機もまた、わが国キリスト教界の戦争責任の自覚、戦争期の神社参拝問題への批判、靖国神社国営化反対運動のなかから生まれている。ただ、筆者としては、数少ない抵抗事例の発掘もさることながら、体制順応への軌跡により多くの関心を寄せないわけにはいかない。戦争責任を重く踏まえるとすれば、キリスト教界の大勢であった体制順応の部分についてこそ考察がなさるべきだと思うし、これまでの概論的な指摘ではなお不十分であって個別事例の研究が多くなされる必要があろうと思う。

戦争期体制順応の主要な側面である神社問題について最近では、戸村政博編『神社問題とキリスト教（日本近代キリスト教史資料、一）』（新教出版社、一九七六年刊）もあり、歴史的研究の深化を今後に望むことができよう。弾圧・抵抗への関心も、その問題意識の根源が戦争期の〝苦い体験〟の反省と戦争責任への自覚にあるとすれば、事例の発掘もまた体制順応の方に及ぶべき必然性を持っているのではあるまいか。前掲『戦時下抵抗の研究』Ⅰの「はしがき」にもそのことがうかがえる（この意味で、同書Ⅱ所収の佐々木敏二「「社会信条」の精神にもとずく実践とその崩壊」は、社会的キリスト教の抵抗と同時に、その変質・体制順応にもふれており、本稿の椿牧師の言説の変容を全国的趨勢のなかで理解するための鍵となるように思われ示唆的であった）。

わが国のキリスト教史における戦争期の位置づけについては、さらに述べるべきことがあるように思われる。現在のキリスト教界にとって戦争期の体質をはたして克服しているかどうか、などという実践的課題から述べるべきことはまだ多々あるに違いないが、ここで述べる範囲を超えるのでこれ以上は割愛する。ただ、戦争期の諸事情が問題となるのは、キリスト教界だけではなく、もとより宗教界だけでもなく、政治、思想、学問、文化等々、幅広い分野での問題であり、社会主義者、共産党員の場合には、とくに「抵抗と転向」の問題として取り上げられているところである。その意味では椿牧師の「体制順応」の要因、契機をさぐることは、その社会的影響の軽重を問わないなら、地方の一牧師の問題ではなく、普遍的な研究課題の一つとして位置づけられうるのではあるまいか。本稿は、研究というにはまだ不充分で、一つの事例を提示するにすぎないけれども、従来の諸氏の研究の一端に加えていただけるならば幸いである。

最後に本稿執筆の事情についてひとこと付け加えておこう。筆者は、かつて札幌北光教会に教会員としての籍を置き、同教会七十周年記念事業の一環として行われた『札幌北光教会七十年の歩み』（一九六六年刊）の編集に参画する機会をえて、椿牧師在任期を中心とした時期の執筆にあたらせていただいた。このとき、同牧師の大量の論説、説教記録に接する機会があり、教会史編集の前段の作業として椿牧師の言説をまとめてみたことがある。本稿はそのときの素稿を全面的に書き改めたものである。本稿をとりまとめるにあたっても再び大量の文献、記録を自由にしかも長期にわたって閲覧させていただいた札幌北光教会には厚くお礼を申し上げたい。

なお、本稿は一九六九年に同名の題で成稿し、翌一九七〇年二月に関係者・知人にタイプ・コピーして配ったものである。この間、椿牧師も天上の人となられ、一方では、歴史的研究と実践的課題の両面で、「体制順応と抵抗」はますます解明を要する問題となってきたので、十年前の〃私家版〃を公にすることとした。読み返してみると論旨や表現に不充分さが眼につく。しかし、いまはあまり手を加えないでおくことにする。ただ、論文としての体裁を整えるため、この「はじめに」、序章第二節(3)の国内と北海道の弾圧状況、第四章「まとめ」のなかの結論部分「第二節、椿牧師の提起とその歴史的位置づけ」を書き改め、節の配列の若干を入れ替え、キリスト教用語などいくつかの註を補足するなどの改訂を加えたことを記しておく。

# 序　章　戦争期とキリスト教

## 第一節　〃戦争期〃とその性格について

(1)

第二次世界大戦の〃戦争期〃というとき、狭義には一九三九年〜四五年のいわゆる日独伊枢軸三国と米ソ英仏中国はじめ連合国との全面的戦争の開始から終結までを指す。しかし本稿では、戦争期をさらに拡大して考えたい。

その理由は、日本にとって第二次大戦の契機となる中国大陸への組織的な軍事侵略が、日米開戦(一九四一年)よりも、さかのぼるのであるし、それを支える国内体制は、経済的にも政治的にも、また精神的にも戦争体制にすでに突入しているからである。

わが国にとって太平洋戦争は、一九四一年に突如として起こったのではなく、満州事変（一九三一年）以来の軍事行動が一段一段とエスカレートした結果である。戦争体制もながい間（既成事実を通して）、積み上げられたのであるから、当然、本稿のような戦争体制との関連で扱う思想的問題には、戦争期を、このように拡大するのは許されるであろう。椿牧師の場合でも、日米開戦にいたって急に、戦争政策に追随するわけではなく、〝長い〟戦争体制期の間に一階梯ごと、その方向へ歩んでいくわけである。したがって、日米開戦による衝撃と影響は、むろん大きいのであるが、日米開戦後の若干の説教などからは、行きつくところまで行ったとの観しかもてない。「なぜそうなったのか」という本稿の問題設定からみても、日米開戦以前の戦争（体制）期の方が検討に値する。

もっとも、そのほか史科的制約がないでもない。一九四二年（昭和十七）に椿牧師は、札幌北光教会を辞任、四国愛媛県の今治教会に赴任し、敗戦をむかえる。この間、日米開戦後の主要な時期の論説、説教については、筆者は、まだ、確実な史料を持ち得ていない。しかし、今治時代も、本質的変化がなかったように聞いているので、あえてその後の追求は見送った（巻末追記参照）。

(2)

いうまでもなく、この大戦は、その惹起から敗戦という終結まで、明治維新以来わが国が歩んできた近代化、資本主義社会化の矛盾を露呈した、いわば近代日本史の総決算あるいは清算であったといえる。世界史的には、米英を中心とした先進資本主義国家対後進資本主義国家という帝国主義的資本主義国家群間の抗争であると同時に、ファシズムと自由・民主主義国家の戦いであるとの両側面をもつ。さらにわが国に即して付け加えるならば、当時近代国家としての成立に立遅れ、とり残された東アジア諸国、とくに中国への侵略でもあった。国内を見ると、資本主義の行詰りからくるインフレ、失業、慢性的不景気のたびかさなる襲来、農村の疲弊等の社会問題、労農運動への弾圧、その動揺の上に議会政治の頽廃と無力化、軍部の台頭と立憲政治の崩壊へと続いた事態であった。

簡単にこの時代を要約すれは、以上のようになろう。現代の帝国主義段階の戦争では、国民のだれをもその圏外にあることを許さない、総力戦である。とくにファシズムの下では、国家が許容する道はただ一つしかなく、強制的である。それは、経済統制、政治的自由の制限（というより自由の剝奪）から、日常生活の細部にわたり、ついには文字通り個人の精神の領域まで、しぼりつくさないではおかない、国家への〝絶対帰一〟の要求にまで進むのである。

## 第二節　キリスト教の立場

(1)

満州事変の段階でも、わが国の政治家、軍部指導者の多くは、全面戦争への危険を見通せなかった。まして、一九二〇年〜三〇年代（大正末期、昭和初期）のキリスト教界にとってはなおさらである。とくに、教会が一八九〇年代（明治中期）以来、ふたたび国家権力の圧迫をこうむるとは、夢想だにしなかったに違いない。

一般に、いわゆる〝大正〟デモクラシーへのキリスト教の関与には高い評価が加えられ[1]、事実、キリスト教がその基礎理論を提供し、また草創期の労農運動の指導者をキリスト教徒のなかから輩出している[2]。しかしながら、〝昭和〟期にはいると、キリスト教徒の社会的活動は、しだいに後退する。教会としてはそれへの関心を薄めてゆき、労働運動や社会主義運動の外側に立つにいたる。信仰の関心を、個人の内面の問題、霊魂の救いにのみ向けてゆく。非キリスト教的環境のなかで純粋性を守るために、信仰生活と社会生活とを分離して考えようとする〝二元論的理解〟におち入りがちとなっていった[3]。

戦争期直前の、キリスト教界は、デモクラシーの基礎理論の提供者としての自負を持ちつつも、それを現在の社会構造、国家体制の諸矛盾に対する批判原理へと発展させえなかった。都市の小市民・知識階層が、その担い手であったためだと指摘されている[4]のであるが、事実、政治問題の回避、内面傾斜の嗜好性が著しくなる。

このような教会へ、戦争期に国家の干渉が起ると、それは教会にとって〝思わざる圧迫〟と受けとられた。教会が戦いの場で相手に遭遇したのでなく、政治の方で教会を捕捉したからである。

(2)

教会は思いもかけず政治問題をつきつけられたのだが、すべてに、心ならずも従ったのだともいえない。国家への〝愛と忠誠〟を戦争遂行、勝利貫徹への叫びによって、〝わが証し〟としたが、「これは、口先だけにすぎない」と自ら思っていたキリスト教徒は、そう多くなかったはずである。戦争の現実を所与の事態として受容するとき、教会は、自己中心的な国家活動を積極的に是認する方向に進んだ。

ここで、予備的に付け加えておくならば、かかる体制順応の歴史的体質を組合教会などでは、比較的強く持っていたことである。この点は、本稿の主題の前提としても欠かせない。体制順応の体質とは、裏を返せば、体制批判の欠如であるといえよう。端的な例が、苛酷な植民地支配に追随、奉仕した朝鮮伝道である[5]。

一方では、組合教会ではその自由主義的傾向から社会問題への強い関心を持っている。例えば群馬県安中教会牧師柏木義円の非戦論、社会批判、吉野作造らの〝大正〟デモクラシーへの貢献、労農運動への参加などがある。また組合教会の全国機関紙である『基督教世界』には、社会問題への発言が多くみられた。しかし、組合教会の大勢としては国家に対する批判原理を持ち得なかった。

本稿の主題に即して言えば、組合教会の傾向は、神学上の自由主義（とくに演繹的な展開をもつ教理からの解放、かかる教理の欠如）、政治的・社会的関心、なかんずく祖国愛、日本精神の強調（小崎弘道、海老名弾正に見る）の伝統を持っていた。この傾向が、体制順応のなかで再生産されるとき、椿真六牧師に典型的に見るごとき諸問題が露呈するのである。

(3)

満州事変から日中戦争（支那事変）、日米開戦、敗戦へと事態が進展してゆく。日本のキリスト教界のあゆみも、一般的には事態に即応してゆくわけであるが、そのなかで、いくつかの画期がある。その最大のものは、一九四一年（昭和十六）六月の日本基督教団の成立であろう。これは、一九三九年に成立した宗教団体法の圧力のもとに、プロ

## 表1　北海道のなかの“国権とキリスト者”(抄)

1928（昭和３）.12. 北海道会で、大嘗祭（天皇即位）の際の札幌神社参拝を拒否した教員（カトリック）問題で質問。ミッションスクールでの三大節儀式、問題化。

1929（昭和４）.9. 国民精神作興教化総動員運動行なわれる。道内で、「各戸に神棚を設くる事」が推進される。

1939（昭和14）.6. 燈台社、一斉検挙（兵役拒否、戦争否定）。道内では西谷貞市に懲役３年。ほかに奥村省一、寺井幹彦検挙。

＜1940（昭和15）．４．宗教団体法施行＞

1941（昭和16）.1. 大陸帰還の山下操六牧師（日基教会）の講演会に関連して、函館相生教会が特高警察筋の取調を受ける。

＜1941（昭和16）.3. 治安維持法改正。私有財産、国体、皇室のほか神宮冒瀆罪追加＞

1941（昭和16）.7. 小樽区裁、高見喜太郎（きよめ教会）に不敬事件で懲役10か月の判決。

＜1941（昭和16）.12. 太平洋戦争ぼっ発＞

1942（昭和17）.1. 小山宗祐（函館聖教会）、護国神社参拝を拒否して逮捕されていたが、未決監房で獄中死。他に斎藤隆、石塚美年も逮捕。

1942（昭和17）.3. カトリック札幌教区長戸田帯刀司祭、自宅の客に戦争の将来について悲観的観測を語り検挙、起訴。

1942（昭和17）.3. 札幌控訴院、熊谷富三郎の神宮不敬事件に懲役６か月。

1942（昭和17）.6. ホーリネスの千年王国・再臨説が「神国日本転覆を企つ政治思想」として治安維持法違反で一斉検挙、札幌では伊藤馨牧師（新生教会）が1945.10まで獄中生活。ほかにも教会解散、投獄多数。宮内清次（小樽）、斎藤光治（旭川）、長塚徳四郎（釧路）、長谷川鶴治（函館）、木村留蔵（帯広）、内田ヒデ（稚内）の諸師など。

1943（昭和18）.2. 木村清松牧師（札幌北光教会）、函館の講演で「天皇も一夫一婦制」と述べたことで数日留置。

このころ、札幌北光教会・札幌独立教会はじめ軍部に会堂接収された教会多数。

1943（昭和18）.9. 第七日再臨教会治安維持法違反で一斉検挙。札幌教会金子未逸、国谷弘ほか逮捕。1944. 有罪判決。

1943（昭和18）.7. 浅見仙作（無教会）、反戦思想、国体否定、神宮の尊厳冒瀆を理由に起訴、投獄。1945.6. 大審院で無罪。

1944（昭和19）.4. 小野村林蔵牧師（札幌北一条教会）、著書『神社に対する疑義』や「天照大神が世界をつくったのではない」との発言が治安維持法違反として投獄。1945.5. 二審無罪。

1944（昭和19）.9. 富良野中学三上豊信教諭（メソヂスト）、戦局悲観の言辞に対し、検挙、送検。

1945（昭和20）.4. 三好新蔵牧師、唐笠学（野付牛教会、現在の日本キリスト教会北見教会）、スパイ容疑で網走憲兵隊に入監、約40日。

※その他、張田豊次郎（札幌豊水）、長沢義正（聖公会札幌）牧師らも逮捕を経験。

（札幌キリスト教連合会信教の自由を守る委員会編『国家と信仰（信教の自由を守る２．11　札幌集会賛助のしおり）』(1978年)より。一部修正）

テスタント諸教派が教理内容、組織の伝統の相違に眼をつぶり大合同したものである。当初は教派的伝統を組織的にも温存させるはずであったが、戦争末期には完全合同となった。プロテスタント各派への統制は、日米開戦前に日基教団成立によって極まったといってよいであろう。また、盧溝橋事件（一九三七年七月七日）の直後に日本基督教聯盟が発表した「時局ニ関スル宣言」も、体制順応に各教派がのめり込んでいく契機として、一つの画期であると思う。日中戦争ぼっ発から日本基督教団成立までの間には、燈台社（兵役拒否、戦争否定）の一斉検挙があり、救世軍のスパイ容疑事件があり、日本の教会の圧力で朝鮮の教会が神社参拝を決議することが起こる。

このような圧迫に押されてプロテスタント各教派のいくつかは合同を進め、やがて日基教団への大合同に至るのであるが、合同の進展は抵抗の姿勢や拠りどころをもまた、失わせたようである。日米開戦後は、ホーリネス系の教会が治安維持法違反で検挙されるなど、さまざまな圧迫が行なわれる。解散を命じられた教会、また日本聖公会のように日基教団への加盟を余儀なくさせられた教派、スパイ容疑での逮捕、反戦思想や神宮、神社の尊厳を冒瀆したとの理由での投獄があった。一九四五年の文部省の要求にいたっては、キリストの復活の教義除去などにまで及んだ[6]。

北海道内で、弾圧を受けたキリスト教の事例を可能なかぎり拾いあげてみると、表一のようになる。出典は主に、前掲の『戦時下のキリスト教運動　—特高資料による』である。なおこの表に洩れているが、後述（第三章第四節補論）のように椿牧師も実は二日間の拘留の憂き目にあっている。椿貞子夫人によると、教会の月刊紙『北光』の一文が問題にされたとあり、廃刊の原因にもなったと思われる[7]。ファシズムは体制順応を説く者の言論までも封じてしまったようである。

註

(1)海老沢亮著『日本キリスト教百年史』日本基督教団出版部、一九六五年（三版）、など。

(2)土肥昭夫「大正デモクラシー期におけるキリスト者の政治論」（『キリスト教社会問題研究』一三、同志社大学人文科学研究所、一九六八年)。
(3)隈谷三喜男著『日本社会とキリスト教』東京大学出版会、一九六一年(五刷)。
(4)戦争期直前のキリスト教界に対する全般的指摘は、久山康編『近代日本とキリスト教』大正・昭和篇(基督教学徒兄弟団、一九五六年)による。この指摘は、大勢としては正しいと思われるが、後述する「社会信条」との関係で今後、緻密な検討を必要としよう。
(5)呉允台(Yoon Tai Oh)著『日韓キリスト教交流史』新教出版社、一九六八年。松尾尊兊《たかよし》著「組合教会と朝鮮伝道」(『思想』一九六八年七月号、所収)、「三・一独立運動と日本プロテスタント」(『思想』一九六八年十月号、所収)。
組合教会とは、Congregational Church の訳語で、会衆主義教会と言った方が一般にはわかりやすい。戦前のプロテスタント諸教派のうち監督派のメソヂスト教会、長老主義改革派の日本基督教会とともに大きな会派の一つであった。現在は日本基督教団に合同しその主要な流れの一つとなっている。
(6)森岡巌・笠原芳光共著『キリスト教の戦争責任』巻末年表。
(7)椿貞子編著『陽子の坂道』椿貞子後援会、一九七七年、五〜六頁。

## 第三節　椿牧師のプロフィールと関係史料について

(1)

序章の最後として、椿牧師のプロフィールと関係史料について若干触れておく。

椿真六は、一八九一年(明治二十四)、広島県下の篤農家の二男に生れた。両親は、浄土真宗本願寺派(西本願寺)の熱心な信徒であり、二男真六の名も、〝真宗〟〝名号六字〟からとったという。やがて、仏教では近角常観《ちかずみ》、境野黄洋、加藤咄堂《とつどう》、大内青巒《せいらん》、前田慧雲の説話や著述に接し、キリスト教では、海老名弾正、山室軍平、吉田清太郎の影響を受け、同志社神学部に入学、洗礼を受ける。キリスト教の伝道者への転進を父親は反対しなかったばかりか、積極的に賛成し、物心両面にわたる援助を惜しまなかった、という[1]。

同志社神学部入学後、満三年の間、〝キリスト教のみの伝道者〟に専念することを、彼は躊躇していた。親鸞の教説に対する愉悦が、なお彼をとらえていて、仏教（浄土真宗）を捨てきることができなかったからである[2]。キリスト教の把握においても、宗教（信仰）をいわゆるヒューマニズムの一つとして受容しており、彼自身「宗教の極致を宗教、道徳、芸術、学究、武道、政治の極意に置いたものである。『ヒューマニズムの極致はデビニヅム（Divenisim この場合、神学または宗教と訳すべきか―鈴江註）に一致する』と喝破して、頑として一歩も譲らず、其祈の様式も普通基督教徒と異り、むしろ、真正の意味での正統基督教徒を馬鹿にしたものである[3]」と述懐する。

そのころの椿の信仰と思想とは、『北光』第二七六号、所収「受洗廿五年」にくわしい。受洗したのは、二十二歳のとき、同志社に入学した最初の年であった。受洗の試問の際、教主としてのキリストを否定する答弁をしたが、それでも洗礼を授けられた。最初は、青年らしい潔癖感から、神の審きと正義とをふりまわしたが、やがて、キリストの愛を説くことに目覚めていった[4]。そしてキリストの贖罪を受け入れることによって、オーソドックスな信仰を受容するにいたった[5]、と言う。

(2)

原田助《たすく》牧師から京都同志社教会で洗礼を受けた[6]椿は、一九一八年（大正七）、神学部を卒業、その後、大阪天満基督教会に伝道師として二か年、尼崎及び西宮教会の牧師として約六年、そして一九二六年（大正十五）十月十日、日本組合教会派遣牧師並に神学研究のためアメリカへ渡った。在米満三年八か月、シャトルでは牧師としてつとめ、西、中東部を旅行、ハートフォード神学校で神学を研究、ニューヨークでは、牧師として働き、また、ユニオン神学校及び新社会科学学校などを中心として、研究生活を送った。アメリカでの研究は、一般神学、初代教会史、文化史などであった[7]。

アメリカ滞在中の研究生活で学んだ内容や影響については、容易に明らかではない。札幌におけるさまざまな論説を見るかぎりでは、神学その他の学問において、とくに学び直したと言及しているところが見当たらない。学問的成果も知られていない。アメリカで直接学んだことよりも、椿にとって重要なのは、そのころ思い至ったという日本精神の研究であった[8]、と自ら強調しているくらいである。

一九三〇年（昭和五）、札幌組合教会（一九四二年、札幌北光教会と改称）の招聘を受けて帰国、十一月就任、以来一九四二年（昭和十七）十月に及ぶ。その後は今治教会に赴任、敗戦を迎えている。のち教団隠退牧師として熱海に老後を養っていたが、一九七六年に死去した。札幌在任中は、組合教会北海部会長も長くつとめ、北海道の組合教会の指導的地位にあった[9]。

椿牧師赴任当時、札幌組合教会は現住陪餐会員約三〇〇人、朝礼拝出席平均一〇〇人程度であった[10]。会員の中心は、市内の商店主または道内でも指導的な酪農家であり、教義的であるよりも実践的な信仰を特色としていた。

なお、本稿で収録した椿牧師の論説、随筆、説教は、同教会週報と大部分は月刊紙『北光』に掲載の記事に拠った。『北光』は、その前身に『北海光《ほっかいのひかり》』（一九〇六年（明治三十九）～一九一二年（同四十五）。月刊）をもち、一九一四年（大正三）に創刊された、同教会の月報といってよい。一時、組合教会北海部会の機関紙ともなったが、部会の財政難から、一九三二年（昭和七）以降ふたたび同教会の機関紙となり、一九四一年（昭和十六）末をもって廃刊となる。同紙は、一九三二年以後、紙面はあらかた椿の執筆によることが多かったが、道内組合教会の動向にもふれ、札幌北光教会のみならず、組合教会の北海道地方史を知るうえでも貴重である。

註

(1)「生命の神秘─父「如厳」を偲ぶ」（『北光』第二八六号、一九三八年（昭和十三）七月十日付、所収）。以下、椿の著作の分は、著者名を挙げるのを省略する。なお、真六のほか真泉、榊木魚、牧童などのペンネームが使用されている。「余と真宗との関係」（『北光』第二三三号、一九三三年（昭和八）九月十日付、所収）。

(2)前註、「余と真宗との関係」。
(3)「基督教の将来」(『北光』第二六六号、一九三六(昭和十一)九月十日付、所収)。
(4)「受洗廿五年」(『北光』第二七六号、一九三七年(昭和十二)八月十日付、所収)。
(5)註(3)、「基督教の将来」。「贖罪」はキリストが人間の罪を贖いとるために十字架にかかり、その犠牲により神が人間を許す契機となる、というキリスト教の根本的な教義の一つ。
(6)註(4)、「受洗廿五年」。
(7)『週報』昭和五年第四四号、一九三〇年(昭和五)十一月二日付。椿貞子編著『陽子の坂道』七八三頁。
(8)「紀元二千六百年を迎へ基督教徒の覚悟」(『北光』第三〇二号、一九四〇年(昭和十五)一月十日付、所収)。但し、在米中の影響が神学の面で薄いことはうなずけるが、アメリカでの感化が椿にとって軽視してよいのかどうか、にわかには断じがたい(例えば、社会科学的知識などについて)。この文章がすでに一九四〇年のものであることも考慮に入れなければなるまい。
(9)札幌北光教会退任後の椿牧師は、一九四三年、今治教会牧師に就任、五六年に隠退する。この間、四国教区議長、日本基督教団常議員を勤める。隠退後、熱海市に住み湯河原で伝道活動を行い、湯河原伝道所の設立につくし名誉牧師となる。一九七六年一月四日、熱海市で死去、八十五歳(前掲、椿貞子編著『陽子の坂道』七八三~七八四頁)。
椿牧師は、一九六六年の札幌北光教会七十周年に来札し、記念集会では、今治教会の戦後再建について詳しく述べていたけれども、札幌時代の言説については全くふれなかった。今治での話というのは、戦後、軍部関係者が占領軍との仲立ちを依頼するため一変して椿牧師のところへしきりに訪れるようになったこと、それを契機に教会幼稚園の土地取得に破格の便宜を得たことなどであった。
(10)『札幌北光教会七十年の歩み』同教会、一九六六年、所収、七八頁。
現住陪餐会員とは、同教会では、聖餐式に参加する資格のある札幌の現地に住んでいる教会員の意で、いわば教会の正会員。朝礼拝出席者は、日曜の聖日礼拝の出席者で、日常的な教会活動参加者数である。ともにプロテスタント教会一般では、教会の活動力の指標として用いられる数値の一つである。

## 第四節　各章の展開について

ここで本論各章の構成と内容を述べておこう。

椿の場合、牧師でありそれが生活の座であったから、この立場からの言説に終始する。これは、キリスト教を放棄した国粋思想家や、キリスト教とは異質な皇道キリスト教などとは区別される。あくまでもキリスト教を基軸とし、その枠内での言説である。社会批判を行なう場合、また戦争への態度を主張する場合、さらに教界の欠点を指摘する場合、いずれもキリスト教の側から言うとどうなるか、どうあるべきか、と論ずる。

ただ、キリスト教思想をもって椿の内面性が一元化しているわけではない。彼はもう一つの祖国愛からの発想をもつ。その思想化が日本精神である。椿の生を構成する基質は、一つにはキリスト教に結実した宗教性、他の一つは日本精神である。彼の思惟は、この二つを焦点とした楕円の軌跡のごとくに進むといってよい。二つの焦点の緊張と統一のなかで、戦争期の所論が展開する。第一章では、まずここにふれる。

第一章で取り扱う椿の思想的基質が、戦争問題で体制側に吸引される結果を生む前に、日本及び世界に対する社会批判、文明批評を椿は好んで行っている。これが事態の経過とともに、戦争是認、完遂の論理に収斂するわけである。戦争への論理を解明するために、まずキリスト教と祖国愛が社会にいかにアプローチするか、ふれる必要がある。このため第二章で、社会・文明批判の椿の立場を取り上げた。キリスト教的立場から椿が行う社会批判の持つ問題点を分析する。

第三章は、椿の戦争遂行をめざす国家体制への順応の契機と要因、論理構造などを論ずる。侵略的戦争を是認し無批判に迎合したとの指摘もさることながら、主として神社参拝の是認、国体論、日本精神への傾倒、支配者への絶対服従の論理が集大成（総動員というべきか）されて、戦争完遂へ結実する経過に重点を置いて見ることとしたい。聖書解釈、教理・教会史理解が、はなはだ偏向しキリスト教信仰として歪曲した姿を見るのであるが、かかる変質はなにを意味するのであるかを分析する。

まとめとなる第四章では、椿の所論や提起した問題が、日本のキリスト教史のなかで、どのように位置づけられるものか、今日に残されている問題は何かを論ずることとしたい。

# 第一章　椿牧師におけるキリスト教と日本精神

## 第一節　宗教的志向から神国論へ

(1)

戦前におけるキリスト教の体質の一側面を明らかにするために、椿牧師が戦争をどのように是認し、超国家主義体制に自己（および信仰）を順応、迎合させていったかをいま解明しようとしている。本章では、主として椿のキリスト教信仰の基質と、彼が傾注した〝日本精神〟という名の祖国愛を問題にしたい。くわえて、わが国のキリスト教によって、信仰の自由にかかわるデリケートな問題であった神社への態度にふれていこう。

序章のプロフィールでもふれたが、椿の浄土真宗からキリスト教への移行には、家族などほかからの反対がなく、自らの内面的葛藤もあまり認め難い。真宗はじめ仏教への批判はあっても[1]、それらへの排撃、対立の上に、彼のキリスト教信仰の把握が成り立っているのではない。いわば、よりよき、たしかなる宗教を求めてキリスト教に行きついたと見るべきであろう。かかる遍歴を促がしたのは、強い宗教性への志向であった。具体的には、普遍的、絶対的、創造主である神への求道、志向である。受洗後二十五年を経て、椿がかえりみるに、「二十二歳まで自分が求めて居たものは、結局、天地の根本生命でありました。それに実感をもって接触することでありました。……『生ける神をぞ慕ふ……。』……私の衷心がそれでありました。」[2]というごとく、いきいきとした生の体験への希求、その生を根源的に支える絶対者の発見であった。

ふりかえって彼は、浄土真宗をキリスト教と比較し批判して、袂別した理由を述べている。それを見ると両者の対立点よりも、むしろ比較し得るだけの共通の基盤の多さ、ないし連続性こそ認められる。彼が真宗を捨てた理由の第一は、実生活が倫理的に低級なること、第二に真宗教旨の根本たる「安心《あんじん》」が不完全なることであるとする。いっぽう、キリスト教を採る理由としては、①キリスト教徒が倫理的生活をなすこと、②キリスト教徒が社会正義に対して勇敢なること（社会事業や社会改良運動にキリスト教徒が先達となったことなど）、③キリスト教の救済観が、真宗と酷似するも、信徒の生ける体験を重んずることにおいて、仏教に優り力があること、④キリスト教は、教理、教訓を信徒の生ける体験たらしむるため、聖書の念読、瞑想祈禱を重んずること（霊的な体験を得るための修法として）、⑤キリスト教は、信徒をして生けるキリストの直接送り給う聖霊によりて、人生一切の指導を蒙らしめ、永遠の生命の道を歩ませるを究極の目標とする、したがって、永遠の生命に生きるうちに、過去、現在、未来の時間的差別は一切消滅すること、というのである(3)。

彼が挙げた理由をみると、倫理生活、社会正義への関心、救済観、生ける体験の強調が目立つ。また、組織だった神学への興味は薄く、他宗教との対決を通して体系的に教理の把握を志向する型ではないのが、ここでも明らかであろう。

(2)

宗教性一般への、椿の幅広い関心は、牧師となった後も同様である。ただ、その後の他宗教に対する関心は、それらのなかにキリスト教の片影、影響を見出そうとする方向に強く向けられる。たとえば、「日本民族の歴史の中に基督教と銘打たれたる精神が如何に作用したか」を見得るとして、聖徳太子、弘法大師、念仏宗、織田信長、中江藤樹、横井小楠、五箇条の御誓文、平田篤胤以下現代にいたるまで、諸々の〝日本精神〟のなかにキリスト教の信仰と思想の片鱗が表出し、かつ、国家の重大な曲り角には、必ずキリスト教（の要素）が働いているのを発見する(4)、というのはその顕著な一例である。

すなわち、彼の生を支える絶対者である神が、同時に椿を包摂する外的社会＝日本の現在と未来を支配するのみならず、過去の歴史のなかでも超越的支配者として貫ぬいている事実を、具体的に証明しようとするわけである。

かくして、このキリスト教の、いわば〝遍在〟に強い興味を示し熱心に主張するのである。その主要な舞台が日本精神の問題である。もっとも、これが主要舞台となったのは、外から、「基督教と祖国愛とは氷炭相容れざるもの」との攻撃に対し、「基督教は何等祖国に対して破壊的意志を抱くものではなく、寧ろ、祖国愛の正しき源泉、祖国愛の正しき指導者に外ならない[5]」と、両者の調和を弁明する必要に促されたからでもある。そうした一面もあるが、しかし、〝日本精神〟への関心自体は米国留学中にきざした[6]というから、祖国愛とキリスト教との調和についての彼自身の内在的関心を問題にしなくてはならない。まずもって、彼にとって日本の民族と国家はいかなる意義をもっていたのであるか、見ておかねばならない。椿は次のように言う。

「吾等は世界屈指の自然美を備へたる国に生を享けた。

吾等は世界無比の皇室を吾等の上に載く。更に吾等は世界無比なる君民一体の団結を有する。

勿論、たとえ如何に欠点に満ちたりと雖《いえども》、吾等は祖国を愛せざるを得ないのであるが、目のあたり如斯《かくのごとく》、美しき国家を有するを見ては、吾等は更に更に、此国家の隆盛存続を肺腑より祈願せざるを得ないのである。」そして、聖書をつらぬいて、ユダヤ教徒やキリスト教徒が実現をなさんとして悩み失敗した、万世一系の皇室、君臣一体がこの日本にこそ実現しており、日本帝国とキリスト教徒との間に、神のくすしき摂理があった。さらに、「更にまた吾等基督教徒の感謝すべきは、この皇室が、実に聖霊の果に叫ぶ仁慈の源であることである。ここに祖国愛が湧かずして何処に湧き得やうか。吾等は謹しんで、この光栄ある日本国民として祖国を愛し、之を進んで完成し、以て日本と、また第一義者たる神意に答へ奉るまでである。[7]」

ここには、讃美すべき神の恩寵があると言い、国家と信仰との調和が根拠づけられようとするのである。

(3)

神の支配を〝神の国〟と呼ぶのは、聖書によるところである。「神国は宗教の対象にして、祖国は道徳の対象であるから、自ら其精神内容に各々《おのおの》の領域を有し、決して干犯《かんぱん》するものではない[8]」との椿の見解は、神の国を超現実的、形而上的とする解釈から引き出したものである。これを、信仰と道徳（日常生活の倫理）との二元論であるといってよいであろう。たしかに、この所論の背後で、椿自身の内面を統一している信仰の対象は、あくまでキリストの父なる神であって、「宗教が道徳の上位に存在するのは当然にして[9]」とも言っている。しかし、この見解は明らかにキリスト教の非政治性ないし政治への順応性を強調し、政治問題への判断は別の原理によるという主張なのであるから、二元論的構成にならざるをえない。

しかも、この二元論が統一されるのは、むしろ祖国愛（国家体制順応）を上位に据える場合であって、信仰の側からの一元化は、ついに貫徹しえないものとなる。したがって、この神の支配＝神の国の教理的把握が厳密さを欠いて概念にあいまいさをきたすとき、神道的あるいは国粋的な日本＝神国論と容易に混交してくる。前述の論説（「祖国と神国」）にある「以て国本と、また第一義者たる神意に答え奉るまでである」の〝神意〟の用語に、すでに混交の萠芽をみいだす。のちに、北畠親房の『神皇正統記』にある「大日本は神国なり」を日本は神の御旨によって立つ「神国」との意味に敷延する[10]とき、また、さらに次のように言うとき、神の国と神国がいちじるしく習合し、質的連関を生ずるのを見るのである。すなわち、困難に際して祈る必要を説いて、「先づ神前に出る心構えをなし、次に身構へをなし、さて今日の時代、殊に国家最大の非常時に当り、先づ大君の為、皇軍の為に祈願すべきである」として、勤王軍出陣に際しての野村望東尼の天満宮参籠、弘安の役の亀山上皇の石清水ほか各社親幸の例をあげ、「我等日本人の血には、尊い祈願の体験が流れている。神々に祈願申上る事も大切である。然し神々の神に在《いま》す天地主宰の神に赤心祈願申上る事は全ての神々に祈願する事に優る[11]」と述べる。

註

(1)「真宗より基督教へ」(『北光』第二三三号、一九三三年(昭和八)九月十日付、所収)。

(2)「受洗廿五年」(『北光』第二七六号、一九三七年(昭和十二)八月十日付、所収)。

(3)註(1)「真宗より基督教へ」。

(4)「日本精神と基督教」(『北光』第二四五号、一九三四年(昭和九)十一月十日付、所収)。

このころ同名の著書を椿は出版している。椿真泉著『日本精神と基督教』(中村信以《のぶしげ》発行、東京堂発売、一九三四年(昭和九))がそれで、八八頁の小冊子である。『北光』に収録の文章とはほぼ同内容であり、同年十月六日の第五十回日本組合基督教会総会グループ・ミーテングにおける主題「現代日本ニ対シテ基督教会ハ如何ナル貢献ヲ為シ得ルヤ」に対し「日本精神及国際精神ニ対スル貢献」の発題講演原稿であるという。

(5)「祖国と神国」(『北光』第二三一号、一九三三年(昭和八)七月十日付、所収)。

(6)序章第三節註(8)、「紀元二千六百年を迎へ基督教徒の覚悟」。

(7)註(5)「祖国と神国」。

(8)前註、「祖国と神国」。

(9)前註、「祖国と神国」。

(10)「神国日本の教育方針」(『北光』第二七四号、一九三七年(昭和十二)六月十日付、所収)。

(11)「神前に祈る」(『北光』第二八一号、一九三八年(昭和十三)二月十日付、所収)。

## 第二節　神社参拝への奨励

(1)

神の国＝神国の習合は、キリスト教の神と日本の神々との混交にほかならない。もちろん、椿自身の主観では、この混交を拒否するのであろうが、神の概念をキリスト教的な人格神にとどまらず〝神々〟にも適用しようとすることからくる混乱はまぬがれえない（〝神〟と〝神々〟の用語においても両者の癒着が時とともにあらわとなってくる。両者を厳格に区別する論理が、椿には明確に設定されていないようにみえる）。神社参拝の積極的是認は、かかる習合を底に置いているといってよい。

国家による神社への参拝、神道儀式の強要は、戦前のキリスト教徒を苦しめた問題である。国家的と習俗的との二面性を持つ神社への礼拝をキリスト教徒が、自己の信仰とは矛盾しないとしたのは、「神社は宗教でなく、国民的道徳である」との国家の論理に従ったからである。しかし帝国憲法がわずかに保証した「日本臣民ハ安寧秩序ヲ妨ケス、及臣民タルノ義務ニ背カサル限ニ於テ信教ノ自由ヲ有ス」（第二十八条）という信仰の自由さえ、のちには神社（とくに靖国神社）参拝拒否への弾圧によっておびやかされるようになる。拒否の立場を鮮明にするのは、同時に憲法の保護からの失権を意味するようにさえなった。

政府は、一九三〇年（昭和五）に神社制度調査会を設け、日本精神の高揚のため神道イデオロギーを国民生活に徹底させようとするが、これに反対する基督教聯盟の進言は、今日からみればはなはだ控え目である。すなわち「神社ヲ宗教圏外ニ置カントスルハ明治中葉以後、政府ノ伝統的政策デアッタ。併シ素々《モトモト》宗教タルベキモノヲ斯《カ》ク非宗教ニ取扱ヒタル処ニ無理ガアッテ……」と前文で言う一方で、「所懐」としては、「神社ハ宗教ナリヤ否ヤノ問題ヲ明白ニ解決セラレ……（モシ）神社ヲ宗教圏外ニ置クモノトセバ、其崇敬ノ意義及対象ヲ瞭《アキラ》カニシ……」(1)と述べる。神社が宗教としない場合の処置にふれているのは、キリスト教界の側にも、宗教、非宗教の両論があるためであって、神社参拝を自己の信仰と矛盾させない対策に迫られているからである。

(2)

椿は、「神社は宗教にあらず」の立場と神社参拝の積極的な是認を次のように述べる。

まず、神社を二つに分ける。宗教としての神社と、伝統的国民精神としての神社とである。宗教としての神社の一つひとつに対しては、「それぞれ有益なるまた功労ある程度に於て尊敬は払ひますが、その教の信者ではありません」。ゆえに、日本国中の神のなかにある、「鳥を祀り、虫を祀り、無名、有名、迷惑至極の雑社も、おびただしく」あって、「これも敬礼せよと云った処で、それは基督教徒ならずとも、心ある国民は御免を蒙るのみならず却って反対するでありませう」と、憲法によって保証された権利を主張することの正当性を、一般的な良識に訴えて述べる。一方、伝統的国民精神の方は、キリスト教徒も日本人として当然遵守尊敬すべきであって、「日本人として、皇室を尊び、伊勢大廟其他歴代諸帝の御社、若しくは全ての勲功ある吾等の祖先を祀れる社を敬ふは、当然すぎる程当然であります。……私達は、出所進退の知れたる日本精神の対象たる神々は神社は崇敬愛護する。しかし、それ以外の無智迷信の産物たる虚盲(妄)の雑神雑社は、日本を紊《みだ》るものとして極力排撃します。光栄ある進歩しつつある大日本帝国々民の名に於て堂々と排撃します。[2]」

つづいて、日本精神としての神々への参拝が、キリスト教信仰と矛盾しない根拠を、礼拝の対象たる〝神〟概念が異なる点に求める。キリスト教のいう神は、「万物の上に超絶し、万物を創造し、万物を常に化育し、また人類を罪より救ひ、霊を贖ひ、人類に永遠の生命を賜ふ神であります。乃ち宇宙の唯一神、霊なる神であります。宇宙悉くの精霊が跪くべき神であります。これこそ宗教上の対象の神であります」。これに対し、日本の〝神々〟は「如何に其威徳は崇高なりとも吾等国民の祖先としての神」であって、「依然、吾等の先祖たる人間として、今は霊界に在《いま》す神であります。[3]」

この主張は、椿の独創ではなく、たとえば組合教会の指導者のひとりであった小崎弘道なども説くところである。それだけに組合教会では一般化し、かなり定着した見解であったろう。しかして小崎などは、神社が「果して宗教に関係ないものとせば……神官にして公衆の為に祈禱をなし葬式婚礼等を取扱うが如き宛然《えんぜん》宗教家のなす所の事をなし、所謂祭司の務をなして居る所は上に掲げた如き神社の性質に反する」と言い、神社には偉人の記念碑も少なくないが、「其多数は其神体の如何をも定め難きもの、……偶像に向って一身一家の冥福を祈る者が多数である[4]」と指摘する。

椿が前述の論説を掲げたのは、一九三三年（昭和八）であって、小崎のそれは一九一三年（大正二）である。この間、キリスト教の環境は、かなり悪化しているのはたしかである。神社参拝の如何が具体的に問われている状況を考慮しなくてはなるまい。しかし、椿の言う国民精神の神社と雑神雑社の区別、また神と神々の峻別は、はたしてキリスト教教理から有効であり、かつ社会的に可能なのであろうか。

(3)

個々の神社が、紀念碑か偶像かを判別するのは、決して容易な作業ではない。まして、〝紀念碑〟的神社にしても〝神々〟にまつわる宗教性をどう見るか、問題として残される。かつ、小崎の言うごとき宗教性の排除は、今日まで行われたことはないのである。

神社を二種類に区別した椿が、もし神社参拝の是否に自己の信仰の純潔がかかっていると認識したなら、各個の神社のなかから「出所進退の知られたる神社」を「雑神雑社」から識別する必要にせまられたはずであるし、神と神々との混交に、もっと注意をはらっていたはずである。しかるにそこに努力が向けられた痕跡は、いくぶんも見ることはできない。神社二種類論は、信仰の純潔を守るためでなく、かえって偶像礼拝を拒否するキリスト教教理にあいまいさを呼び込む作用を果たしたにほかならない。

もともと、さきの椿の引用は神社参拝とキリスト教の調和をはかり、キリスト教徒の参拝に積極的な支持を与えようとする目的で書かれている。矛盾の多い両者の調和を、その場しのぎに彌縫するためではなく、むしろ神社参拝の論拠を固めようとの意図で書かれた所論といえる。椿にとって、キリスト教信仰と高揚しつつある民族意識との融合、一体化、調和といった課題が、いよいよ内面の要求として切実となっているのである。

その一体化、調和をなしとげるのが、さきの神の国＝神国論であろう。もともと神の国は、彼にとっても終末的、形而上的であったはずだが、歴史と密着して展開するのは、わが国においてこそであると説くように変ってくる。かくして、『北光』紙上に札幌神社（現、北海道神宮）社殿を描いた絵画「神苑朝[5]」を掲載し、また「(宇治山田にて)……先づ外宮内宮に参拝した。大正四年に参拝して以来の事で、旧き記憶を新たに致し、五十鈴川の清流に、鮎鯉潑溂たる辺に口そゝぎ、謹みて皇室の万歳皇国の隆盛を奉禱申上げた[6]」など、旅行のついでに行なった神社参拝、歴訪の報告を発表するようになる。これらも、単に時流に意図的に迎合してみせたのではなく、彼自身の内的要求によるのである。それゆえ、かかる内的要求がなんであるかを明らかにするため、椿の日本精神なるものを直接検討しなければならない。

註

(1)序章第二節註(1)、『日本キリスト教百年史』、二一九頁以下。
(2)「基督教徒は祖国に不忠なりやの問題に答ふ」(『北光』二三二号、一九三三年（昭和八）八月十日付、所収)。
(3)前註、「基督教徒は祖国に不忠なりやの問題に答ふ」。
(4)小崎弘道著「国家と宗教」(『小崎全集』第二巻日本基督教史（小崎全集刊行会、一九三八年)、五〇八頁以下。
(5)『北光』第二八〇号、所収。
(6)『北光』第三〇〇号、所収。

## 第三節　日本精神の展開

(1)

一九四〇年（昭和十五）一月、日本組合基督教会は紀元二千六百年紀念大修養会を信貴山で行った。これに先立ち、「全国教会代表又は参加者隊伍を整へ、橿原神宮に参拝、謹んで紀元二千六百年を奉祝し」た。くわえて、年頭のことばとして、神武天皇の即位について述べる『日本書紀』の一節「畝傍の橿原、底磐え根に宮柱太しき立て云々」が読まれたようである。椿はこれを、「肇国《ちょうこく》の御基礎、御精神は天地神旨に基礎づけられ給ひ、従って天壌無窮を意味する」という。いっぽうマタイ福音書七章二四節以下、「磐の上にたてたる云々」は、「乃ち、天地の創造主、支配者たる神の言を聞きて行ふ者は、永遠不滅、天壌無窮だとの意味である。日本書紀に記されたる、かの肇国の讃辞と、聖書に記されたる此の基督の保証と、其精神に於て、符節を合したる如く一致するを見て、不肖は真理の不二を確め、甚だ欣快とするものである」[1]とする。

これにつづいて、椿なりの日本精神の定義にふれている。

「……それが中、確固不動の日本精神は何であろうか？
それは、日本国体の精華、日本民族の特徴たる
万世一系の天皇
天皇に対し奉りて臣民の忠誠なる事これである。
これこそ他国に比し、自国に顧みて、日本精神の日本精神である。
従って、基督教徒は、聖書の教訓に従ひ、また日本国民として、卒先して、この日本精神を発揚すべきである。」[2]

この章のはじめにもふれたように、初期（一九三二～三四年ころ）の椿の日本精神は、祖国愛の日本的表現にほかならなかった。次のように国粋的傾向を椿は忌避していた。

「基督教徒の忠君愛国は、此国土に住む人民に、永遠の幸福の源なる神の聖旨が徹底するを以て最後の目標とする。結局、我は崩壊する。永遠の勝利は宇宙の源たる神に信頼するにある。故に、邪でも非でも我意を貫くと見ゆる日本主義は、却って国を危くするものとして、吾等は之に組しないのである。(3)」

初期の祖国愛がなにを契機としているかは、さきに引用した「祖国と神国」の一節（第一章第一節(2)）を想起していただきたい。

(2)

先に述べたごとく、信仰と日本精神は椿の思惟の二焦点であって、同一ではないと椿自身も考えている。むろん、日本精神をキリスト教に置き換える意図は、主観的にはなかったし、いわゆる皇道的キリスト教とは一線を画そうとしていた。

「基督教徒の中にも「日本精神と基督は一つだ」などと十把一束に云ふ人もあるが、基督教と日本精神とは決して一つではない。日本精神と基督教とは矛盾はしない。また、呼応共鳴はする。然し、それが故に「一つ」だなどと十把一束に云ふ事は、双方の為に冒瀆である。……

日本精神は日本精神として炳《へい》たり。基督教精神は基督教精神として燿《よう》たり。

日本人基督教徒は、基督の遺訓を遵奉して、祖国が万邦無比たる所以を讃美し、之を体験し、之を発揮し、完美日本人の大理想に向って邁進すべきである。

以上の点、教理と道徳とを明快に区別する事によりて誰人にも明々白々と、証せられ行く正道である。」[4]

しかし、問題は、次元を異にする（だから対立が起こらない）かのごとくに言うキリスト教と日本精神とが、個人の内面や思想において結合するしかたの如何であろう。その結合を彼が日本精神と国史のなかに見るキリスト教の影響、神の啓示として把えようと試みたのは前述のとおりである。

まず、日本精神の定義であるが、これを、〝日本の天然に有する信仰〟といい、国民のなかに実体としてあらわれるもの、とする。それは、体系的な論理や形而上的に把握されるのではなく、歴史によって形成、貫徹された日本人の伝統的倫理であるという。だから、日本精神の真随は、万世一系の陛下と日本刀の精神だと規定する[5]。

わが君主が〝万世一系〟であるところに特別の意義を置いて、日本精神が次のように論ぜられる。すなわち、「天地の造り主にして万物の支配者たる神は、遠き古より今日に至るまで吾が日本民族をも哺み、支配して居給う」のみならず、その啓示と摂理とは日本にそそがれてきた。その恩恵は、国史をひもとくとき、神の思想に始まり、神より出たその〝裔の万世一系〟の天皇に連る。具体的には、前述（第一章第一節(2)）のとおり諸々の日本精神のなかにキリスト教の働きを見る[6]というのである。

(3)

このように日本精神は、単なる祖国愛の表現様式にとどまらず、政治理論だけでもなく、宇宙論的であり、歴史観でもあり、世界観にも発展する。それゆえ宗教的世界すなわち信仰の〝領域〟にも公然と介入せざるをえない。というより、椿の関心は、やはりキリスト教と日本精神の架橋にこそ向けられていたと見るべきであろう。この架橋への要請が、日本精神をして素朴な祖国愛を越えて、「基督教は、その正統として、其国に入りては其国の権威に絶対服従する事を教える宗教である。日本精神は日本最高権（威）の表現であるから、基督教が日本精神に殉ずる事は至当である」[7]と、逆転してキリスト教の順応を要求する主張にまで発展する要素をもっているのである。

さらに、次の発言には比喩的とはいえ〝絶対服従〟論理が、行きつくところまで行ったかのごとき例として読みとれる。

「日本臣民たる我等は基督教徒の国民道徳として、天皇陛下に絶対服従忠誠を誓ふべきである。基督教神学には、三位一体の教理がある。日本に在りては、四位一体と申し得る。陛下は、日本臣民に対し、地上国民生活に就きては、神徳を代表致し給う方である。されば基督教徒は、国民としては、陛下に絶対服従、忠誠を尽さねばならぬ。吾等は、教育勅語、其他一切の詔勅を、目下に於ける神命と拝受尊奉致すべきである。」[8]

(4)

本章で、椿の宗教性への志向が、日本の歴史における神=キリスト教の遍在を生み、それが神概念の混交(および神社参拝の是認)から、日本精神との調和の契機を生み、さらに日本精神の解釈が逆転してキリスト教信仰に順応(変容)を迫るにいたる過程を概観したわけである。ではかかる偏向にまで至る契機、すなわち架橋への要請が、なぜ椿のなかに存在したのであろうか。述べ来たった諸過程は、いずれもその架橋を可能とした地盤であって、要請そのものとはいえない。椿自身の内的要請としては、さらに終章において考察を深めることとし、この章のまとめとしては、次の指摘にとどめておこう。

①椿が、なぜ日本的伝統の発見として、また国家統合の理念として日本精神を提起するのか。本章でも十分明らかにしたとはいえないが、次のように言えよう。

すなわち、当時、キリスト教の教理が、彼にとって固有の政治的原理や具体的な実践への指針を提供しなかったようである。かかる間隙を充足する必要があり、それを他の原理に求めざるをえなかった（この点は、次章でさらにふれる）。

②椿の価値意識のなかで、日本精神の中心は〝万世一系の天皇〟とあるごとく、天皇への帰一、絶対服従が、大きな比重を占めている。彼が国民道徳原理（この場合は国家統治の理念だが）をここに求めるのは、時代の要請もあって自然な成り行きと言いえよう（ここで問題として残るのは、彼自身の内面、思惟の場で、天皇（制）とキリスト教との調和、統合がいかに行われたか、であろう）。

③〝日本精神〟というとき、外国、とくに欧米諸国にもないわが国の固有の価値ないしは存在意識を強調する意味を内蔵している。それをつきつめると万世一系の天皇と日本刀だ、と述べるのだが、これらは、キリスト教国といわれる諸国にさえ無い、わが〝国体の精華〟といわれるわけである。万事に、欧米に範をとっていたわが国のキリスト教界も、その関係が断絶しつつある時期にあって、キリスト教の権威と存在意識を独自に求めざるをえなかった時代である。欧米〝先進〟文化から乳離れしても、わが国のキリスト教は自立がなお、困難であった。固有の地盤が薄く、政治的圧迫とともに、結局、日本的伝統と国家体制に存在の根拠を求め、欧米のキリスト教と対決し克服する立場を求めることとなる[9]。

④むろん、キリスト教界への社会的圧力もみのがせない。当時、教会は国家に忠実であるとの弁明をせざるを得ない雰囲気にあった。ただし、再三言うように、この〝架橋〟は、椿の主体性によってなされたのであるから、その場かぎりの彌縫ではなく根も深く、政治的・社会的環境の圧迫が、椿をして日本精神へ駆りたてた論理過程も単純ではない。次章以下では、主としてこの点にふれることとしたい。

註

(1)「二千六百年の志気　信貴山に於ける奨励」（『北光』第三〇三号、一九四〇年（昭和十五）二月十日付、所収）。

(2)前註、「二千六百年の志気　信貴山に於ける奨励」。
(3)「愛国と教徒」(『北光』第二三八号、一九三四年(昭和九)三月十日付、所収)。
(4)序章第三節註(8)、「紀元二千六百年を迎へ基督教徒の覚悟」。
(5)前註、「紀元二千六百年を迎へ基督教徒の覚悟」。
(6)第一章第一節註(4)、「日本精神と基督教」。
(7)「二百十日の頃」(『北光』第二八八号、一九三八年(昭和十三)九月十日付、所収)。
(8)「非常時新年　教徒の覚悟」(『北光』第二八〇号、一九三八年(昭和十三)一月十日、所収)。
「三位一体」は、神の存在が人間に対し、父なる神、子なる神(キリスト)、聖霊なる神という三つの「人格」(ペルソナ、パーソナリティー)をもってのぞみ、かつそれは一体である、という教説。三位一体論は、しばしば正統的教理の指標としてキリスト教神学のなかで位置づけられている。それゆえ椿のいう「四位一体」は、語義どおりとすれば、当時でも、異様な主張ということになる。
(9)「榊木魚の安楽椅子より―基督教算術」(『北光』第二八〇号、一九三八年(昭和十三)一月十日付、所収)。

# 第二章　社会・文明批評の立場

## 第一節　社会批判の視点

### (1)

前章では、椿の宗教的志向についてふれたが、彼が社会的事象に対して無関心だったわけではない。それどころか、以下に見るごとく旺盛なのである。彼は、いわゆる〝伝道一本槍〟でもなく、神学的沈潜によってこの世の事柄を没却させるという型でもない。時代の危機を、宗教的観念の世界にとどめず現実の施策にまで説き及ぼそうとする姿勢は持っていた。彼の出した回答が正しかったか、また有効であったか、ここでは問わずにおこう。また、その姿勢については、追々触れることにして、彼の社会批判、文明批評を取り扱うことについて、予備的な指摘からはじめよう。

椿が浄土真宗を批判し、キリスト教をとる理由として、前章で挙げた一つに、「(キリスト) 教徒が社会正義に対して勇敢なる事」がある。これは、キリスト教徒による社会事業、社会改良運動を指しているのであるが、これは、世の宗教のごとく魂の慰安だけでなく、生き生きとした実践にあらわれる信仰の実を高く評価したからであり彼自身の関心が教会内、魂 (内面) のなかだけに限定できなかったからにほかならない。さきに、日本精神とキリスト教との関係を、政治と信仰の二元論的構造といったが、これは、椿の場合、キリスト教信仰の側にのみ沈潜し政治的領域への関心を没却する方向ではなく、逆に、国家、政治、民族、歴史への関心から、必然的に日本精神を必要とする方向に進んでいる。政治への関心がある以上、それと椿や教会とを結ぶ社会の諸現象にも及ぶのは当然である。ただ、以下に述べる資本主義批判、唯物論=共産主義排撃、世情頽廃の指摘、受験地獄、国際関係の悪化、戦争への危機等々の内容は、かならずしも世論ないしキリスト教界をひろく指導したほどとも思えない。他家の受け売りにとどまるところも少なくない。

したがって本章で椿の社会観、社会批判を取り扱うにあたっては、社会批判等の内容それ自体の分析よりも、かかる批判、発言が、どのようにして生じてきたのか、椿の思想にいかなる位置を占めるのか、いかなる状況のゆえに説かれるのかに重点を置くことになろう。しかして、それらが体制順応の論理のなかにいかに組み込まれていくか、そのためにいかなる契機が働くかを明らかにしていこうと思う。

(2)

椿が投ずる文明批評は、おおむね三点に集約できる。第一に、人類 (とくに日本国民に対して) の腐敗、堕落、第二に国際関係の悪化と戦争の危機、第三に、神の審判、すなわち終末についての警告である。この三点はまた、椿の立論の順序でもある。むろん、それらの論旨が厳密に分析的で論理性を持っているわけではない。ときには、論理的飛躍や背反、表現矛盾もないわけではない。しかし、彼の主張や表現の背後にある心情、思念、問題意識を論理的に結合、連関させて理解するのは十分可能である。

椿の主張をたどってみよう。現代というのは、彼によれば、次のようである。

「現代は滔々として死の行進曲だ。黒衣を纏い、手に大鎌を翳《かざ》した死の神が、行進曲を歌ひつゝ真先に立って行く、其後に、種々雑多な姿をした現代が手に手に自己の好みの旗を掲げて合唱しながら行進する[(1)]」、万物が生命を与えられ、万物が創造せられる生命の源を堰き止めて、休む間もなく浪費する。人間生活が頽廃し、衰亡する。この永遠の生命の河を堰き止めたのは、唯物主義、現世主義すなわち、皆浪費主義である。永遠の河を堰き止めておいて、〝渇いた、飢えた〟と叫ぶ[(2)]。

かかる現代の病根は、物質と精神の二面にあらわれている、と椿は指摘する。まず物質界にある病根とは、富の分配の不合理にある。物質至上主義に生まれた現代は、物質の経営において自ら立ち枯れんとしている。そのため先を争うて制度の変革を主張する。共産主義、社会主義、国家社会主義等々の主張がそれである。「然し、制度は最後に頼むべきものであって、吾等は根本病源たる人類の精神、霊の改造を忘れてはならぬ。」「実に現代は完全に悪魔に牛耳られている[(3)]」。すなわち、現代世界を支配しているものは金であるが、この大部分を日本では二十にみたない大資本閥が持っている。その他の大小の資本家、金持は、それらの大財閥の息がかりで命脈を保っており、大衆は残りのわずかばかりの金を奪い合っては、その日の糊口を凌いでいる。さらには、この〝資本主義時代〟の埒外にあった、日本の大多数である農民も、高速資本主義に巻き込まれつつある。かくして人類生活の破壊となる。農民は借金により窮境に陥しいれられ、没落し、頭の良い者は皆都会に出、娘は売られてゆく。中小工業、商業家は、大資本になぎ倒されて没落する。器機の出現は人間無用とし、あるいは器械の如くにされ、仕事に倦怠する。女性は生活のため職場に出て、男子の就職難を惹起し、また家庭生活を破壊し、続いて正しく潔い男女の道は棄てられ性道徳が破壊される。試験地獄などの激甚なる競争と生活難がもたらす結核菌の猖獗、さらに、以上のことが相い交錯して、「現代人は落付きを失ひ、祈り心を失ひ、軽佻浮薄となり、約束を破る者、嘘をつく者、欺く者、妬む者、争う者、殺す者は巷に充つるに至った。(4)」

精神面において見るとき、「現代人の一大特徴は傲慢と暗愚である。其態度は神に対する反逆と人生に対する酔を深める。」「現代は酔を求め、増々酔を探くし、然して溺れ、酔眠より天地を見直し、一切の常道を転覆して刹那の歓楽に生きんとする。(5)」しかも、アメリカ、フランス、ドイツに爛熟しつつある妖酒のおさがりに、日本は、舌鼓《したづつみ》をうち、一瞬の快を買うて、実に憐むべき状態である(6)。

第二の国際関係については、一九三三年の日本の国際聯盟脱退により、聯盟は権威を失墜し、国際協調の困難は世界至るところに曝露される傾向にあり、ロンドンにおける世界経済会議はもろくも行詰り、前途に光明をみずして休会し、国際破綻に拍車をかけた。国際破綻に正比例して、軍神の暴威が躍進し来った。各国共あわただしく、海陸空と秘術を凝《こら》しての軍備充実振りである(7)。

第三に、かようにして、現代文化は人類をして、罪と滅亡とに審かしめられつつある。「斯くの如くんば、世界は再び大戦乱の惨禍にて滅ぶべし。根本的に唯物無神なる現代文明は神の怒りを蒙りて、片鱗も留めざるまでに破壊せられざれば止まざるべし。斯くて辺草莽《そうもう》の彼方より、取残される新文明が、新芽の如くに萌え出でて、見渡す焦土に新しき生命を与へて進むべし、噫其新文明の波に取残されたるものが、冀《ねがわ》くば、真正な教徒たらずんば非ず。然らざれば吾等は禍なる哉」「エルサレム滅亡の預言は成就した。羅馬《ローマ》滅亡の預言は成就した。日本滅亡の預言と、世界滅亡の預言とは、何れの日まで猶予せらるるであろうか。神の寛容は、人々の寛容なりと思うか如くではない。後悔臍《ほぞ》を噛むの悔を残さざる様にせねばならぬ(8)」と。

(3)

世界戦乱や日本滅亡の預言などは、これを預言というならば、まさにそのとおりであったというべきであろう。椿は、現代（一九三〇年代）が資本主義社会であること、それが物質至上主義すなわち物質の論理で展開する、それゆえ大財閥、大資本が大衆を支配し、搾取、抑圧する。かかる社会を改革するため共産主義等の主張が発生する、という。むろん、その概念や深み、なかんずく、〝資本の理論〟に対する理解度に問題があるが、ともかく資本主義の社会構造をトータルに批判したことばである。

次に椿が、世界救済とキリスト教の役割について包括的に論じた「世界救済の大案―時代と教徒の進路」をみたい。椿は、まず、優れた宗教の二面として、福音的方面（霊的、個人救済を指す―鈴江註）と社会的方面（社会的、生活上の救済）がある。キリスト教は明らかにこの二面を有する。それは健全なる一体から必然的に生ずる二面である。福音的は頭部、社会的は胴体である。「基督の御人格と御教訓とを調べて見ると確かに所謂福音的と称する方面のみに止まっていない、矢張り世の外的に圧迫され、肉体的に悩み、物質的に困難して居る者に、直ちに其圧迫と悩みと困難とを軽減する為に手を借せ給ふ方面がある。………それが為には世の支配者階級との鉢合せ、乃至は衝突をも来し給ひ、遂には十字架にさへ釘《くぎ》き給ふた」とし、新人格の建設、欲望聖化とともに、社会改革の必要を説く。それにあたって、「今時の基督教徒は社会的進出をなす前に、社会構成の実状を明瞭に認識せねばならぬ。乃ち立ちて現状を解剖点検せよ」という。すなわち、

「一、個人の自由競争と、器械の発明とを応用したる、資本主義発達の結果として生まれた少数資本家と次第に減じつゝある、使用人乃至労働者、更に過《(ママ)》速度に増加しつゝある失業者の群との三階級。二、更に如上に関聯して圧迫される、乃至はそれ自体の立場上、または遅鈍の至す処として、現代経済組織圏上に駆遂せられたる態の農漁民階級。三、科学、器械全盛に圧倒されて其生存を危くせしめられたる天真なる哲学、文芸、宗教等に携はる精神的階級等の諸対立を増大しつゝある。

更に斯くあるにも拘らず、人類一般の慾望は著しく増加し、加之《しかのみならず》物資の公平なる分配は当然の事として万民より要求せられて居る。

如上、峻酷を加へつゝある階級の対立と、正比例して増加しつゝある公平の要求とは、当抵《(ママ)》吾等の見るに忍びざる

処とすれば、吾等はこの社会を如何に指導すべきか、これ基督教徒が課せられたる新時代に対する一大難問題である」。資本の偏在が階級対立を激化するわけである。この社会改造は如何なる方途があるか。「乃ち一、この社会解剖の事実を人々に提示して、其真相を認識せしめ、二、社会人相互をして彼等の社会組織を合理的に改造せしむる事、三、之と相関して社会的倫理を社会人相互間に確立せしむる事である」として、これら社会生活合理化の根本精神として、「四、社会に基督に顕はれたる神中心の生活を薦める。換言すれば神中心の社会根本精神の確立を叫ぶ」。かくして、教会は、教徒中と各種専門家の意見を聴取し、新時代の健全なる建設者たらしめねばならぬ。さらにそれを支えるのは、教徒の絶大なる公衆的祈禱の勃興を望むとして、そのなかから、万民の為に万民を代表し、ひきいて祈る人物の輩出を願っている(9)。

(4)

椿のかかる文明批評は「日本は暗黒である。世界は最暗黒である」との危機感に触発されて展開する。「物質万能(10)」におち入った現代文明の没落を指摘する危機意識である。たとえば一九三五年（昭和十）などの情勢を次のように要約している。

「1　各国は経済内政に行詰り、2　自国経営に日も足らず、3　軍備拡張の悪夢に悶《なや》まされ、4　互譲扶助の精神は薄く、5　唯物的行動は俄かに止らず、6　肉欲の享楽は趣向を新にし、7　生存競争は益激甚なり。8　小学生は入学試験の為発狂せんとし、9　スポーツは栄え、10　神を知るの遑《いとま》なし(11)」

これへの解決を、椿は、すでにみたとおり、一方では社会組織の改造に、他方ではキリスト教による精神的改革、救済に求めているのであるがこのことは、彼の社会に対する関心が、この〝改造〟と〝救済〟の場で受けとめられていたことを示している。前者のプランについては、すでに若干ふれたところにとどめ、次節では、後者のキリスト教の役割についてふれることとする。さらに第三節では、この社会批判が、あの日本精神へどのようにつながってゆくのかにふれ、椿の社会批判の在り方の問題点を分析してゆく。くわえて唯物論と共産主義に対する椿の考え方にもふれていきたい。

註

(1)「永遠の生命―死の行進、現代に与ふ」(『北光』第二三二号、一九三三年(昭和八)八月十日付、所収)。

(2)前註、「永遠の生命―死の行進、現代に与ふ」。

(3)「此危急時と基督教」(『北光』第二一八号、一九三二年(昭和七)六月十日付、所収)。

(4)「時代の認識と基督教」(『北光』第二七一号、一九三七年(昭和十二)三月十日付、所収)。

(5)「基督教の再発見と殉教」(『北光』第二一四号、一九三二年(昭和七)二月十日付、所収)。

(6)註(1)「永遠の生命―死の行進、現代に与ふ」。

(7)「一九三四年の進路」(『北光』第二三七号、一九三四年(昭和九)二月十日付、所収)。

(8)「世界滅亡の預言」(『北光』第二三四号、一九三三年(昭和八)十一月十日付、所収)。

(9)「世界救済の大案」(『北光』第二一九号、一九三二年(昭和七)七月十日)。

一九三〇年前後の椿の所論には、当時、社会的キリスト教とよばれていたグループの影響が見逃せないように思う。一九二〇年代後半から一九三〇年にかけてキリスト教ヒューマニズムを掲げた社会運動が教会に浸透し、一九二八年には各教派の交流連絡協議体である日本基督教聯盟の総会で「日本基督教聯盟社会信条」を制定した。これは、唯物的階級闘争、革命的手段による社会改造に対抗し、同時に「反動的弾圧にも反対し」つつ社会問題の解決を意図するもので、人権、機会平等、人種、民族無差別、女性、児童保護から社会立法、協同組合の奨励、労資協調、労働者保護、軍縮、無戦にいたる主張一四項目を掲げている。

組合教会は、これらの動きに最も強い関心を持ったといわれるが、ほかに社会的実践を積極的に説いた日本基督教学生運動研究会（S・C・M）、社会的基督教関西聯盟、全国聯盟の動きがある。また、失業者救済と平和運動に身を挺し満州事変に際して戦争反対を明瞭に主張しつづけた高橋元一郎とは、椿が一年上で交友があったとされている（佐々木敏二「「社会信条」の精神にもとづく実践とその崩壊過程」（同志社大学人文科学研究所編『戦時下抵抗の研究』II、みすず書房、一九七九年、新装版第二刷、所収）一九一頁、同論文註13）。

(10)「最暗黒の世界と青年」（『北光』第二一七号、一九三二年（昭和七）五月二十日付、所収）。

(11)「基督による前進」（『北光』第二四八号、一九三五年（昭和十）二月十日付、所収）。

## 第二節　社会におけるキリスト教の役割について

### (1)

キリスト教徒は社会的関心を持つべきで、それは、キリストに従うゆえんでもある、と前述の引用（第二章第一節(3)）でも、椿は述べている。ただキリスト教の教理は、隣人愛、慈善的行為の根拠となるが、社会的改造の直接の原理ではなく、そのための根本精神としての精神的改革の根拠とみなされる。それゆえにこそ根源的である、とされる。この点をさらにみてゆくこととしよう。

椿が、「世界救済の大案」を書いた一九三二年（昭和七）七月の前、札幌市内の諸教会では愛国運動の集会が行われている。六月十三日の市内牧師会では札幌教徒愛国運動が企画され、札幌組合基督教会でも十五日、対時局信徒懇談祈禱会が行なわれ、二週間の間に各種の集会や、「基督教徒愛国の叫び」と題する説教が十九日朝の礼拝説教として各教会で統一して行なわれた[1]。前節でふれた時代に対する発言が、「愛国運動」をかかげて展開したものである。ただ、愛国運動といっても国粋的色彩は、まだなかったようである。対時局信徒懇談祈禱会の内容は『週報』によれば、「椿牧師司会、教徒が社会政治に覚醒すべきを訴へ、長沢兄「金に対する認識」、平塚直治《なおはる》兄「商工の実情と覚悟」、宇都宮氏「農村の実情と覚悟」何れも実に研究と真面目の発露[2]」としている。要するに社会問題への喚起である。

この講演者は、実業界にあってそれぞれ指導的立場にある熱心な教会員であった。椿が説く社会改造は、このような人々を通じて実現されるべきと考えられている。

「此時代に在りて、教徒各自は各其与へられたる部門に対し、基督教徒的、新鮮なる認識をなし、新人格の建設の為に、更に社会生活合理化の為に己が芸能を捧げ、他の各部分と最善の協調をなして進むべきである……此危急時にありて、社会問題と関係深き芸術、経済、政治、国際、教育、思想の各部に属する教徒諸君の奮起と結束とを必要とする[3]」

(2)

上記の引用は、キリスト教徒（ないしは教会として）が社会問題に対して無関心であったことを責め、奮起を促がそうとするものであった。すなわちキリストに従う者として、社会への積極的関与が必然化されている。

かかる「イエスの御人格と御教訓」からのほかに、椿の視角として一層重要なのは、前節でもふれた「神を知るの遑なき」世の様への批判である。

世は（とくに日本は）、永遠の生命を失い、「無神無霊」となり、ために「戦争・悪疾・天災と云ふ様なものが蔓延するのである。これはいつでも人間が霊魂の事を忘れ、享楽に耽《ふけ》る時に天が降す処の刑罰であり、また覚醒の鞭である。今に於て、此国民が、奔然、霊魂の永続と霊魂の責任とを悟らずば、天は遠慮なく外部から、鞭打って従はしむるであらう[4]。」神からの背反こそが根源的な悪である。この世界の窮極的更正には、「吾等人類は、此処ら辺りで一度暫く佇立《ちょりつ》し、互に自ら省み、自らの霊を発見し、自らの霊眼を開き、大宇宙を創造し支配し給ふものの御発動を待ち望む[5]」ほかはない。

それゆえ、神を知る唯一の道であるキリスト教の信仰が、この世を真に救いうるものである、とする。これはキリスト教徒にとって自明の結論といえるかもしれないが、椿にとってことさら強調すべき点であった。

「制度は最後に頼むべきものではない。吾等は根本病源たる人類の精神・霊の改造を忘れてはならぬ………。短見的小細工を止めよ。根本的転向を謀れ。慄ひ戦《おのの》きて己が救いを全うせよ。……基督教徒よ！、何故立ちて、「悔改めて福音を信ぜよ！」と世に呼ぬか！……斯く救はれし歓喜に立ち、斯くて国策を立てゝこそ国は救れる。神の奇しき恩寵を蒙らずんば、常に人の政策は行詰る」[6]として、世界救済を人間の本質の改造に転化することによって、神の根源的な力とキリスト教徒の可能性を強調する。

このように論ずる契機の一つには、キリスト教の存在意義を教会内外に示そうとする意図が明らかに認められる。超国家主義が抬頭するなかで、わが国におけるキリスト教の役割、有効性に対する、椿なりの回答であった。また、椿自身の模索でもあったようである。

(3)

この節で引用した椿の発言は、一九三二年〜三三年（昭和七〜八）の論説である。多くは、一九三三年の日本の国際聯盟からの脱退以前に書かれている。脱退による日本の国際的孤立化のあと、一九三三年の半ばころから、椿は日本精神を強調するようになり、三四年に入ると、日本精神とキリスト教の関係を論じた論説が『北光』などでは続く。国際関係の悪化と相関的に超国家主義が抬頭し、平行してキリスト教への圧迫も強まってきた。そして、キリスト教の不振が云々されるようになる。かかる状況になると、椿がわが国におけるキリスト教の存在意義を模索した回答は、講壇用の解決策としても、もはや維持できない。一つには、キリスト教が受身に立たされて活動の領域を狭ばめられてきたこと、いま一つには、キリスト教界の実践的活動力が、停滞してきたことのゆえに、椿の〝大案〟も現実的可能性を失い、逆にキリスト教自体の存在意義を補強する必要さえ生じてきたからである。

ロマ書四章一八節「彼は望むべくもあらぬ時に、なお望みて信じたり」を引用しつつ、

「然り、今は実際望むべくもないのである。基督教は当分地上に於て発展の見込は立たないのである。其理由の一は、世界人心の根本は器械文明と大資本主義とに征伐されて、現代人全体は唯物主義と享楽主義の交響曲の中に躍らされて居るからである。………頽廃し切ったる世は、基督教を信奉し、之を生活して行くには堪へ得ないのである。

其理由の二は、基督教信者自身が、この大敵を圧倒し、人類を常道に引戻す実力がない事である。

然かも、困った事に、斯様に教勢不如意となると、内輪争を生じ、各《おのおの》、誰か悪い彼が悪いと云ひ、………之を一言にして尽せば教師は無気力にして信徒は意気地なしと云ふのが教界の現状である。」

であればこそ、「なお望みて[7]」と叫ぶゆえんである、という。

さきには、唯物主義、享楽主義のゆえにこそ、キリスト教の使命があると論じていたが、いまや、キリスト教徒の低迷によって、かかる風潮が逆にキリスト教を圧迫する要因になっていると、彼は見ている。やはり、活動力の停滞状態が大きくキリスト教界を包みこんでいるからである。キリスト教不振の原因を一九三六年（昭和十一）の新年礼拝説教で次のように述べている。

「昨今の日本に於ける基督教界を眺め渡しますと、

一言に尽せば、「不進」の一語に尽きます。当教会も「前進」の標語は挙げましたが、退歩せずんば幸で、「不進」でありました。」

として、〝不進〟が札幌組合基督教会のみならず、キリスト教界一般の事実であると述べ、その原因を次のように言う。

まず、昨年度、教会不進の外的理由としては、第一に一般的な経済的不安が去らず、凶作、凶漁、不景気、したがって教会員自身も財政困難であったであろうことである。第二に、狭量な国民主義勃興が国際的宗教には障害であった。内部的には、会員の転出、永眠その他の事故、とくに、ここ十年間は教会創立の諸信徒が或は第一線から退き、また死去された。「もう、当教会は五年前の教会ではありません。苟《いやしく》も信徒たる者は何物かを教会に献げずば立って行かない教会であることを自覚せねばなりません」。もっとも「真正の基督教徒であれば、現代基督教が、世に流行しない事を寧ろ宣伝する為に、真正面より、不測不屈の努力を加えるべきであろう(8)」という。

さらに、のちにふれるごとく(第三章第三節(1))、時代に即応しきれぬキリスト教界への批判も含むようになる。したがって、かかる段階になれば、社会改造案は漸次後退し、それが前提となる社会批判は消滅の傾向をたどることになる。

椿の論調が、キリスト教の役割の強調から一転して守勢にまわり停滞の指摘へと落ち込む要因が政治的・社会的圧力、教会の衰退に促されたものであるのは、くりかえすまでもない。しかし、椿にとって、あたかもリトマス試験紙のように単純に一つの要因から一つの結果が生じただけであろうか。かかる変化が、椿の思惟のなかで、いかにして起きえたのであろうか。なぜ他の立場(例えば、社会批判を一貫させ、発展させる立場)をとらなかったのか。次節では、椿の主体の側から、内的契機をさぐることにしたい。

註

(1)札幌組合基督教会『週報』第一二八号～一三一号、一九三二年(昭和七)六月十二日～七月三日付)。
(2)「なほ望みて」(『北光』第二五六号、一九三五年(昭和十)十一月十日付、所収)。
(3)第一節註(9)、「世界救済の大案」。

(4)「永遠の生命」(『北光』第二三二号、一九三三年(昭和八)八月十日付、所収)。
(5)「神による更正」(『北光』第二二六号一九三三年(昭和八)二月十日付、所収)。
(6)第一節註(3)、「此危急時と基督教」。
(7)註(2)「なほ望みて」。
(8)『週報』昭和十一年第弐号、一九三六年一月十二日付)。

## 第三節　椿的社会批判の問題点

(1)

いままでとりあげてきた椿の主張は、①資本主義社会および世界全体の危機的状況、②日本の頽廃、③物質主義、無神論の横行、④これに対するキリスト教の使命及びその停滞であった。椿の社会への眼が、結局、精神主義に収斂するのもまた、見たとおりである。この点から、日本精神に結果してゆくのであるが、まず精神主義の枠にはまり込んでゆく過程を考えてみよう。

椿の社会認識と対策をふりかえっておきたい。一九三七年(昭和十二)三月の『北光』第二七一号に所収の「時代の認識と基督教」は、まとまった社会批判としては、おそらく戦争期最後の論説であろう。ここで、椿は共産主義による資本主義訂正方法の果したる役割と欠点、国家統制による害悪除去の欠点を論じ、「資本主義其物の根本的訂正は、世界が国境を廃止するか、又は国境を忘れて、世界的経済統制をやる事にある」とする。しかしこれは絶望的もしくは、ほとんど現状では不可能である。これに対して、「基督教による資本主義の訂正」はどうか。

その根本精神は、「第一にこの世界の主権を悪魔が握っている事を認識すべきである。そし〔て〕この悪魔を心から追い出す運動を起すべきである。現在の資本主義を誰一人讃美せず、之は悪魔の意志によるものと万人が認識する事は、半ば悪魔をこの世界から追ひ出した事である。第二に悪魔の敵なる神を正しく吾等人類の心に迎へる事、である。これには、(一) 聖書の研究を盛にして、神の御意を明瞭に知る事、(二) 神の御意に従って実行する様に努力する事、(三) 神意を社会に徹底せしむる為伝道する事、(四) 神が人類世界に行動し給ひし模範として基督を学ぶ事、(五) 霊なる基督が、信ずる者の霊を潔め、能力を与へ給う事を確信する事、(六) 同志の結束を固くし、同様なる掛け声を異口同音に繰り返す事」である。

「基督教主義の政策」は、「第一は、基督教的精神による世界経済の統制である。この新運動は必ずしも古い基督教国から起らない。新に醒めたる日本人基督教徒の間から起り得る。乃ち善意なる世界経済の統制は各国間の軋轢を除き、各国内の困難を救ふ。然しそれを可能ならしむるに先立つものは、申すまでもなく、基督教精神の普及徹底にある。急ぐものは伝道による準備工作である」。さらに次善の道は、「日本人急速の膨張を見合せ世界各国の大資本を凌ぐ為に余りに焦燥せず、国内大衆を養ひ乍ら徐々に進む道である」。

あらためて上記のような引用を行ったのは、椿の社会改造案の限界を指摘したかったからである。すなわち、次の通りである。

(一) 彼の説く根本精神の第一および第二の六項目にしても、キリスト教主義政策第二案にせよ、さきの四項目(第二章第一節(3)) の改造案にせよ、実践への指針とするには、いまだ抽象的であるし、なによりも現実に具体化されるべきプログラムを持っていなかった。いわば彼の訴えも、決意も、例の愛国運動以外は説教の講壇あるいは『北光』紙上からの言い放なしに終ったと見るべきであろう。椿の影響があるとすれば、教会員の社会的活動を通して見うるはずであるが、それぞれの心情の奥深くしまわれた以外に、具体的行動の展開の結果を認めがたい。すくなくとも椿の思想による社会改造の行動が、さらに彼の論調へはねかえってくる事実を見ることができない。

(二)実践的プログラムを持たなかった他の側面は、社会改造への大衆組織への構想が全く欠落していたことである。もとより教会自体が一個の組織であって、椿も教会員各人への期待は大きいのであるが、教会内外の人々を組織化して(すなわち実践への明確な志向をもった) 一定の行動を生み出すにはいたらなかった。論理の現実性、可能性を検証する場を持たなかったわけである。

(三) 実践的検証の場が欠落していることは、彼をして高踏的な発言の枠を打ち破り得なくした。キリスト教側から社会を批判するにあたって、キリスト教的認識の欠如を指摘し、また、のちに触れるが日本精神の立場からキリスト教界の一部の認識の欠如を批判する発言には、すでに獲得した自己の立場(キリスト教信仰あるいは日本精神)への安住がうかがわれる[1]。このあからさまな例が、のちに日本基督教団成立に関して、資金的にも人的にも外国のミッションとの関係が断たれて行詰った少教派の動きを批判して、大教派である組合教会の立場から、「強さうに見ゆる教派に抱きついて此困難を免れようと云ふ腹で合同するのであったならば、寧ろ合同は止めて解散した方が有意義である[2]」と言う発言である。

(四)精神主義への志向は、さきの引用でたびたびみたとおりである。社会改造案を提起しても、その結論としては、「万民を代表して祈り得る人物」への希求であり、「悔い改め」であり「神の叡智」であり、精神の改造である。内面の革新は、キリスト教徒として最も強調すべき点であることは当然としても、行動への指針の代りにかかる結論づけが行なわれる点、また社会的実践への促しが具体的には伝道や教勢の拡大、教会生活の充実に還元している点、矮小化した〝精神〟主義への吸引が最も強固であるとみられるのである。椿の思惟の基質は、精神主義的であり、社会改造には観念的傾向から脱却できなかった。行動化されないゆえに、椿の思想とその表出であるところの諸論説が時代の圧迫とともに変質し、ついに数年前とは、全く背反した主張を行なうにいたるゆえんである。

(2)

椿の社会批判、改造案は、現実の解決策とならず、実践へ架橋できなかった。彼自身の思惟構造が精神主義の枠から脱却できなかったからである。資本主義社会の弾劾から、やがて国家体制順応へと論点は移行し、独自の主張を喪失してゆくこととなるのである。

では、椿の社会的発言・批判の行詰りが、全面的な体制順応の論理を生ぜしめるのは、いかなる契機によるのであろうか。その思想的媒介を筆者は、社会批判原理の喪失、物質主義批判から反共論理の形成、さらに日本精神への結合、の三点に求めうると考える。

①批判原理の喪失——さきにみたとおり、椿の批判原理は、資本の偏在＝物質主義の横行が根本にある、という指摘であった。資本主義社会の国内的、国際的諸矛盾は、ここに起因するという。しかるに自国に関して資本主義的社会構造の欠陥を指摘し、トータルな批判を行なうのを停止することによって、政治へのいささかの批判も放棄し、体制の全面的な是認＝肯定に埋没してゆくのである。

一九三七年（昭和十二）の支那事変（日中戦争）の勃発、引続く国民精神総動員の頃から、翌一九三八年にかけて非常時体制が叫ばれるときには、椿の資本主義社会への批判は姿を消し、国家体制への従順を強調するようになる。前節で述べたごとく、物質主義の日本への批判原理でありえたキリスト教教理が、この頃から椿のなかでは、客観的な意義を失っていることも事実である。かえって、日本精神の立場からキリスト教徒を批判する論調が顕著となる。〝日本がいかに救われるべきか〟よりも、〝キリスト教徒は、いかに事態に協調すべきか〟が説かれる。新体制のゆえに、社会の構造的矛盾への沈黙自体がますます為政者への癒着へと傾斜する要因となっている（この点の事例は、次章でさらに取り扱いたい）。

(3)

②反共論理の形成について——大陸侵攻を是認する論理として見逃せないのは、中国の共産主義運動の〝撲滅〟である。ここでは、それゆえの肯定の前提として、物質主義批判が反共論理への契機となるところをみたい。①の批判原理の喪失が戦争政策順応への枠組をなしたとすれば、反共論理はそれを正当化する積極的論理となる。

椿は、神、キリスト、永遠の生命に背を向けた社会矛盾、頽廃が「無神無霊」からくるという。この観点から「科学万能の唯物思想」あるいはエピキュリアン的な享楽的「唯物主義、現世主義」[(3)]が批判される。当初、これらは、資本主義社会への攻撃の語であって、史的唯物論＝共産主義そのものへの批判を内容としてはいなかった。

たとえば、社会改造案に関連して、「基督の社会改造案は赤でも共産主義でもない。………具体的に至りては或は共産主義のみならず其他の社会主義のそれと類似する点もあらう。しかし其根本精神に於ては大に異る。弁明するまでもなく唯物的、器械的、流血的、無神的共産主義と吾等基督教徒の社会生活合理化運動とは其根本精神に於て大に異なる[4]」。

上記のような根本的相異を椿は述べるが、この時点では、共産主義との対決という発想はなく、むしろ、重点は、対資本主義批判である。それゆえ共産主義社会・国家体制には、批判をもふくめて、ある種の意義を認めている。次のことばは、意義と批判の両方をふくむ椿の共産主義への評価である。

「私も他の人もロシアの共産主義を悪く云うが、然し逸早く、資本主義罪悪を認め、之を訂正しようと試みた点は認めねばならぬ。あの主義の欠点は、人の魂に働く、誠の主体たる宗教を否定する事、科学万能だと云ふ事、人間の自由の束縛、財産を分けて喰ひ潰す等の幾多である。されば是を以って資本主義を訂正する事は、悪魔主義に代へるに悪魔主義を以ってする事となる[5]」。

これが、日中戦争後、「戦に有終勝利を得るには（一）体力、（二）経済、（三）思想精神力の三つの力が揃はねばならぬ」とし、「思想精神力——これは最後の大切なる要素である。唯物主義、共産主義を打倒し精神主義を高張し、また実際、精神力を発揮せねばならぬ[6]。」なんとなれば「支那の背後には、無神無霊の共産主義が踞《うずくま》り、日本を狙うて居る事である[7]」となる。

日中戦争を契機に精神主義による批判は資本主義から共産主義に向けられる。日本国益に対立すると考えられたからである。従来、否定的とはいえ相体的評価にすぎなかった共産主義批判が、戦争行為を是認するために、反共、撲滅へと発展する。すなわち、精神主義、宗教性一般への志向は、反物資主義、反享楽主義の論理を反共に転化することによって、国家の政策に対し批判的立場を放棄し、これを全く正当と考える論拠を提供する結果を招来したのである。

(4)

③日本精神への結合——社会批判・改造案が、精神主義の袋小路で行詰った結果、椿は日本精神への傾斜を一層深める。国家体制への順応を決定的にするのは、外からは日中戦争の勃発、内的には日本精神への結合である。

第一章で触れたごとく、日本精神はそれ自体、体制に順応する思想で、批判的原理を提供する性格をもっていない。国民精神総動員、新体制が高唱される時期には、「万世一系の天皇と忠実なる臣民」がいっそう強調され、「今日の日本は、信念に於ては日本精神、信仰に於ては十字架の基督教を求めている」[8]として、社会的行動の指針としての日本精神が説かれる。かつ、日本精神は民族的道徳から国家体制原理、いわゆる国体として考えられるにいたる。すなわち、

「日本国民は特別なる国体を有っている。其最も著しい点は、一、君国一体、二、万世一系の君と国民、三、君臣父子の関係、四、君は神徳の権化等である。

斯様にして、実際、大君は神徳権化たるの実を示し給ひ、加之《しかのみならず》吾等臣民に御下問乃至討議を赦し給う意味に於て議会を与へ、また臣民が適宜に才能を発揮する為に自治体を与へ、自由発展の為に各種の途を与へ給うのである」[9]

椿は、万世一系の日本精神を国民道徳の領域を越えて国家の制度、政策との関連で説かざるを得なくなっているといってよい。かくして、日本精神は、椿の思想のなかで、当初の意義をさらに拡大し、宗教的熱情、キリスト教信仰、社会関心、物質・享楽主義批判および民族理念を糾合して国家政策に順応させ、それへの奉仕、なかでも戦争遂行へ

と結束させる機能をはたすこととなるのである。

註

(1)たとえば、日本精神への椿自身の先覚的役割を暗に誇示した『北光』第二七九号の「日本精神」など、一連の「榊木魚の安楽椅子」のシリーズ。
(2)「国家新体制に順応する基督教徒の立場」(『北光』第三一〇号、一九四〇年(昭和十五)九月十日付、所収)。
(3)第二節註(4)、「永遠の生命」。
(4)第一節註(9)、「世界救済の大案」。
(5)第一節註(4)、「時代の認識と基督教。」
(6)「旅路は薫る」(『北光』第二八九号、一九三八年(昭和十三)十一月十日付、所収)。
(7)「国民精神総動員と日本人基督教徒」(『北光』第二七九号、一九三七年(昭和十二)十二月十日付、所収)。「義の太陽」(『北光』第二八二号、一九三八年(昭和十三)三月十日付、所収)。
(8)「来りて見よ」(『北光』第二九二号、一九三九年(昭和十四)六月十日付、所収)。
(9)註(7)、「国民精神総動員と日本人基督教徒」。

# 第三章　国家体制への順応

## 第一節　国家への絶対服従の論理

(1)

この章では、とくに日中戦争後、日米開戦の前後まで、椿牧師が国家体制への絶対的服従の論理を展開させ、これによって対中国侵攻、太平洋戦争へ突入する事態を正当とし、受容、是認する過程およびそれらの諸過程のなかにある所論の変容とその起因について明らかにしたい。

いままで第一章で〝日本精神〟思想の形成と契機を、第二章で社会批判の精神主義への矮小化、キリスト教の停滞、日本精神の高揚などをみてきたのは、椿がこの国家に絶対服従する論理にいかなる過程でたどりついたかを、見るためであった。前章第三節の末尾では、日本精神が、国民道徳から国家の政策に対する絶対服従の論理を生ぜしめてゆくことを指摘したのであるが、この節では、さらにくわしくみてゆくこととしたい。

(2)

さきにみたとおり、椿の日本精神は「万世一系の天皇と日本刀[1]」あるいは、「万世一系の天皇と、天皇に対し奉りて臣民の忠誠なる事[2]」である。「日本刀」と言うのは、「日本人は大義明分に関して、生命血潮にかける程、義理固いと云ふ意味である。単なる義ではない。歴史的に日本刀が含む、独得、豁達、高邁なる義である[3]」という。椿にとって、天皇への崇敬は論を要しない、明白な要請である。彼の自覚のなかでは、彼が日本人として生れ育ったという客観的な事実に根拠を置いており、天皇のわが国における存在意義も、椿の見る「国史」のなかに、「まぎれなき事実」として示される。その証明の集約的な表現が「万世一系の天皇」なのである。すなわち、

「変転が地上の運命であるとされてゐる中に、多難なる一国が、一系の天皇の下に紀元二千六百年を迎へ得ると云ふ事は驚天すべき慶事としなければならぬ。各国は概ね其肇《はじ》め、神命と信じて一主権を戴き、百姓其下に居並びて秩序整然と運行しようと試みた経蹟が見ゆるが、執《いづ》れも千年の齢を重ね得ず、下は上を倒し、百姓は散乱滅裂して、再び昔日の面影を留めない、………隣国支那も然り、ユダヤ民族もエチオピヤも然りである。………我等齋(斉か)《ひとし》しく日本に生を受け、正しく紀元二千六百年の元旦を迎へ得たる者達は、今更の如く万邦無比の国体たるを

自覚[4]」する。

しかも、これが「神国日本」「国史中に生ける基督教」の論理によって、神の摂理として補強されるとき、日本人としての立場のみならず、キリスト教徒としての立場からも、天皇は「神聖不可侵」の存在となる。批判はむろんのこと、無関心であることさえ、ゆるしがたいものとなる。この観点からキリスト教教理における椿の国家論を展開させるのである。

(3)

椿の国家観は、万世一系の天皇が統治し忠良なる臣民が分に応じ政治に参画を許されるという関係で捉えようとするが、これだけでは、椿にとっても国家の理念にすぎない。理念が現実の政治を媒介として国民に迫ったときに、キリスト教側からの回答として、椿は聖書のなかから、次のごとくに説く。まず、キリスト教の母体であるユダヤ教においては、「神が王を撰び民を撰んだと確信するものであって、神と王と国と民との間には何の矛盾もない。上三者は絶対の権威者であり、下人民は服従するものと定められている。」ユダヤ教の精神は、日本国体の精神と酷似している、という。これをうけた新約の「基督の見方」は、「(1)霊的に於て、旧約に於けると同様に神・王・国・民が関係を有するものと。(2)現実に於ける王と其王国とに対して国民が絶対服従するものとの二種である」。

(1)は神の国、教会、理想的な存在で、いわば「霊的善の世界」すなわち「我国はこの世のものならず」(ヨハネ伝一九章三六節)である。一方「人もし汝に一里の公役を強ひなば、之と偕《とも》に二里ゆけ」(マタイ伝五章四一節)とのごとく、(2)の方面は現実として之を無条件に承認し、一国民としては、必ず其王と、王国とに服従すべきを教えられた。……基督は当時のロマ帝国を認め、それに逆はず、……進んで当方の善意によりて服従する。……ロマの権威に従う事を、福音信奉者の生活の一部に加えられた」。したがって使徒パウロも、「上にある権威に従うべし、あらゆる権威は神によりて立てらる」と「王の支配下にある人民は王を尊敬し、畏れ、服従するのが当然だと説いた。加之《しかのみならず》、進んで王の為に祈り、王の御代万歳を祝せと教えた」、これは、「明白なる基督教倫理」としての確立である[5]、とする。

キリスト自身、愛国者であり[6]、「『カイゼルの物はカイゼルに……』と申されて、地上の執権者と、自分との立場の異なる事を明瞭にされ、地上に於ては、その地上の支配者に服従すべきを暗示された」。さらにペテロ前書の筆者にいたっては、「圧迫時代に熟慮瞑想して、逆に基督の御旨を奉じ、パウロを祖述し、自発的に主権に従ふべきを高調した」。ペテロ前書の筆者が、国家の主権に服従すべしと言う理由には二つあって、ロマ書一三章の「帝王神権説」および「愛は多くの罪を掩《おほ》ふとの精神である」とする。要するに、最悪なる主権に対して最善を尽せ。善をもて悪に勝て!、というのである。

ただし、日本の主権が悪しき主権であるというのではない。このように言う。「想を転じて按ずるに、幸なるかなや、我等は日本帝国臣民を持つ。徳として神徳の顕現ならざるなき天皇の赤子として無上の恩恵に咽《むせ》びつゝある。この無比の国体に抱擁されながら、この基督の霊に励まさるゝのである。噫《ああ》なんたる光栄であらうか。[7]」

〔補註〕

新約聖書の最後にあって、ローマ帝国をバビロン帝国になぞらへて痛烈な批判と神の厳しい審判を象徴的に預言したヨハネ黙示録の立場のごとく、国家権力への批判などは、椿の眼からはあくまでも「異例」であり、「王が悪魔の代表と成り下って」、キリスト教徒に「惨虐なる迫害」をしたからである。むろんわが国ではこのようなことはない。「外国直訳流の精神を持って居る者の中には、天皇陛下と基督教徒との関係を、無造作に昔のロマ皇帝と基督教徒との関係と同一視せんとする者もあるかも知らぬが、これは全く天皇陛下を誤解する事甚しく、加之《しかのみならず》、基督の意志も解せぬ浅薄なる考である[1]」。ヨハネ黙示録時代においても「表面上の基督教徒の忍従の態度には何の変化もない事を注意すれば足る」[2]と、椿にとって当時の日本のキリスト教徒が受けつゝある圧迫を、迫害と見る視角がまったく欠如している。逆にのちに述べるごとく、官憲と対立あるいは取締られた教会とキリスト教徒に対しての批判はきびしい。

註

(1)第一章第三節註(8)、「非常時新年　教徒の覚悟」。
(2)第二章第三節註(7)、「国民精神総動員と日本人基督教徒」。

(4)

服従の規定が、一般論や原理にとどまらず具体的な個々の政策決定に対する態度に及ぶとき、次のようになる。日中戦争に関連してであるが、

「重大なる国家の決意行動等に対しては、所謂素人が、勝手なる判断を下すべきものではない。其地位にあり、多年苦心研究したる結果、之を是として把らるゝ方針に敬意を表すべきである」[8]。

と、絶対服従がその言葉どおり、批判性の放棄、理性的判断を欠いた服従を意味するようになる。しかも、表面上ではなく内的な服従も要求されるのを見る。

「個人主義なる基督教徒は、自己の良心を主張するかも知らぬが、日本国に在りては国民は、陛下の御良心に御服従申上べきである。いやしくも、事国家国民生活に関しては、日本に於ては、天皇陛下に於かせらるる程、優れたる心を御持ちになり、御活用遊さる方は、他に一人もないのである。況や草奔末枝の微臣どもが、己が良心を云々

するが如きは、以っての外と申すべきである。若しも吾等をも、神が、国家の枢機に参与せしめ給うとすれば、それはそれとして、参与奉翼、奉答の正しき道がそれぞれ備へられあり、この方面より、吾等は不肖なれども、陛下の御徳に触れ奉る光栄を有するのである[9]」。

上記は、あの「天皇陛下に絶対忠誠」を加えた四位一体と「教育勅語、其他一切の詔勅を、目下に於ける神命と拝受尊奉」との一文に続くのであり、キリスト教の国家体制への全き融合をみせられる。この引用でさらに付け加えるならば、椿が、制度的秩序に触れている点である。「参与奉翼奉答の正しき道」とは具体的になんであるのか、日米開戦直後の次のことばで明瞭である。

「抑《そもそも》、基督教の実践道徳によりますれば、主権者の命令は、直ちに神の命令であります。されば之を実行する以外に又別の道はありません。更に、基督教の根本道徳は、愛と義とでありますが、この際、基督教徒は、義を正面に掲げて、或は前線に、或は戦場に、或は日常生活に、国家指導者の命のまにまに行動せねばなりません。其際、基督教徒のみならず、一般国民が、大に慎むべき事は、国是、国策を徒《いたずら》に批判する事であります。妙想妙案があらば或は議会、或は翼賛会、或は其他の下問機関を通し、一定の筋道より、上申するは誠に、国に忠なる所以でありますが、無責任なる批評は極めて避けねばなりません[10]」。

実は、この秩序は、国家のみならず教会に及ぶ秩序とされる。ヒエラルヒーな制度的秩序は侵かすべからざるものとして、国民ないし教会員に対して聳立《しょうりつ》するのである。われわれは国家のなかに、まったく埋没した教会をここに見ることができる。

註

⑴序章第三節註⑻、「紀元二千六百年を迎へ基督教徒の覚悟」。

⑵第一章第三節註⑴、「二千六百年の志気」。

⑶註⑴「紀元二千六百年を迎へ基督教徒の覚悟」。

⑷前註、「紀元二千六百年を迎へ基督教徒の覚悟」。

⑸第二章第三節註⑺、「国民精神総動員と日本人基督教徒」。

⑹第一章第三節註⑶、「愛国と教徒」。「十字架四題㈠」（『北光』第二九四号、一九三九年（昭和十四）四月十日付、所収）。

⑺以上「ペテロ前書が教ふる国家とクリスチャン」（『北光』第二九八号、一九三九年（昭和十四）八月十日付、所収）。

⑻註⑸「国民精神総動員と日本人基督教徒」。

⑼第一章第三節註⑻、「非常時新年　教徒の覚悟」。

⑽『週報』昭和十七年第一〇号、一九四二年三月八日付）。

## 第二節　対中国侵略戦争の肯定

⑴

日本の権益擁護を目的とした中国への侵略をめぐって、椿の論説が展開するのは、一九三一年（昭和六）の柳条湖爆破事件にはじまる満州事変およびこれが原因となる一九三三年の国際聯盟脱退からである。これについての椿の所論を見よう。

「一九三三年三月廿七日は、日本が国際聯盟を脱退した日である。満州事変に関する日本の見解と、加盟諸国の見解とが相違して、日本は聯盟より定罪され、之を肯《がえん》ぜずして脱退した年である。

（略）

至尊に於かせられても、日本の国際聯盟離脱の止むなきに至りたると甚だ遺憾とする旨の詔書を下附遊されたが、吾等心ある国民は共に、この国際的破綻を甚だ遺憾とするものであり、次第に如何なる形にてか修覆される事を祈願するものであります[(1)]」。

ここには、天皇および日本政府の平和への努力、国際協調政策の持続に対する期待がある。平和への期待、祈りはたびたび高調されるが、日本が平和を遵守し戦争へは突入しないとの保証は、もっぱら天皇の意志や政府の言明に求められており、椿の見解は政府当局側の発表に全く依拠したものといってよい。

一九三五年（昭和十）は、ロンドン軍縮会議がはじまる年であるが、彼は国際平和、無戦の可能性を次のように述べている。

「されば、吾等日本国民は基督に来るべきである。斯くて平安を得るであらう。
日本国民が基督に来ると云ふ第一の意味は、基督の倫理たる『敵を愛せよ』『汝ら互に相愛せよ』『剣を鞘に納めよ』『和解せよ』等の教訓を奉戴する事である。これはまた聖上の大御心・皇道の精神と呼応共鳴する処である。
この精神から生ずる緊急の具体倫理運動は、国際平和に外ならぬ。（略）
日本と米国とは国情を異にすると雖《いえども》、根本精神は国際平和を以て理想として居る事は明かである。只国民各個に明確なる其自覚ありや無しやは疑問である。然し吾等は皇国精神と一致する信念の下に、大義を叫ぶに恐るゝ必要はない。これは聖上の御心であり、国是である。
吾等は先づ基督の倫理たる国際平和無戦の念願と叫と実現との為に奮進すべきである[(2)]」。

しかし、この平和護持・戦争絶対回避は、当時進行しつゝある中国大陸での日本軍の戦争行為を否定するものではなかった。

(2)

満州事変の勃発などによる、満州における日本の権益の拡大にとくに警戒を払っていたのは、アメリカであった。「小き童子に導かれ」という一九三二年（昭和七）の椿の論説は、『クリスチャン・ヘラルド』一九三一年十二月号所収、スタンレー・ハイの論文に対する反論である。ハイは、日本の、侵略の歴史、国聯仲裁の拒否などを非難し、かつ日本を〃定罪〃したが、これに対して椿は、侵略主義者はむしろ欧米諸国であり、とくに今日ではアメリカがはなはだしい、として日本の行為を相対化しつつ次のように述べている。

「支那は国家と云ふ程の国家ではあるまい。然るに各国は日本を定罪する為に、否、ハイ氏一味は日本を定罪する為に、支那を立派なる国と無理に見るのではあるまいか？

斯る国へ、日本が出掛け、良く治め、良く支配したとて何の怪幻《けげん》があらうか？未だ日本の国家は、これで各国に充分気兼をしている。（略）欧米列強は戦争の惨禍弊害を経験〔す〕るが故に戦争防止をなしつゝある理由は余は入念に承知している。然しさうであったら、日支問題に列強は更に手を出さぬに限る。これが最も有効なる戦争防止策である」[(3)]。

中国は国家でないから、ここを支配する――すなわち、武力制圧をし権益を拡大するのは非難されるにあたらない、しかも列強も同じで、日本の行為は相対的であると、中国の国家主権を否定している。

さらに椿の外遊紀行「見て来た世界」では太平洋の危機について、日本、アメリカ、ソビエト、中国を、赤鬼、青鬼などにみたててその抗争を叙述しているが、そのなかで中国を次のように見ている。

「さて、また爰《ここ》に黄鬼が歯がみしている。それは支那だ。支那は垢ぬけのせぬ合衆国みた様なものだ。人民銘々の教養が浅いのと、国民に統一の性能が欠けているのとで、四《(支)》離滅裂した民主国だ。謂はゞ北米合衆国の出来害《そこ》ね見た様なものだ。つまり其根本精神は、君主専制気質のぬけない民主国とでも云ふべきか。これは米国の如く各国民の聚合によりて新しく成りたる国ではなく、腐爛した一国民の継続であるからだ[4]」。

中国は国家でない、というさきの主張に続いて、ここでも現在の中国をあらしめた中国人民の幅広い主権回復の運動の進展は、椿の視野に入っていなかった。そうであればこそ、いわゆる〝支那善導〟という日本軍の侵略を美化した論理が展開し、その地ならしをした美化の上にキリストの平和の役割があるとまでいう。〝やむを得ざる戦闘〟のゆえ、日中戦争が勃発するとき、次の通り述べる。

「最初、日本が極力事件不拡大の方針を把り、各種の不便を忍んだにも拘らず、支那側の挑戦が止まなかった事である。

しかも支那に根深い抗日と其準備とのあった事も充分に了解する事が出来る。

更に支那の背後には無神無霊の共産主義が踞《うずくま》り、日本を狙うて居る事である。加之《しかのみならず》、某々大国が支那を後援している事である。斯様《かよう》な入念なる敵対行為を受くる時、日本帝国は、断然立たざるを得ないのである。遂に立ったのである。

私は憶《おも》ふ、未曽有の国難である。この国難に際して、誰か、

天皇陛下の命を奉じ、為政者の熱意を掬《く》み、国民精神総動員の運動に参加せずして居られやうか。

神は二千六百年間、日本民族に対し、この国土を中心として生存すべく許し給うた。日本を否定せんとするものに対して膺懲《ようちょう》の軍を進めるのは全く止むを得ない。

そればかりではない。誰が考へても、公平なる立場から、太平洋の平和は、日本を盟主とせずして招来せしめ得るものではない」[5]。

このような国家的エゴイズムの主張を見る段階になると椿の論説も、彼なりに整然とした論理的楷悌をたどる。すなわち、神否定→物質主義、唯物論の横行から、共産主義者の策動→中国の挑発とやむをえざる対抗→戦争への決断、また、日本民族生存（神の命令）→日本を否定するものへの対抗という図式が成立する。キリスト教徒として、日本の戦争を支持するゆえんは、自己が一人の日本人であるのみならず、敵は神否定の共産主義だからであり、彼らの行為が、〝神国〟である日本を、〝神意〟にそむいておびやかすからにほかならない。日本の戦争拡大は、かの〝四位一体〟のゆえに椿にとって正義とされ、日本の生存は確保されねばならないこととなる。「聖戦完遂」と言うとき、椿にとっても、〝聖戦〟であるとの根拠を十分に持つのである。

(3)

日中戦争勃発の段階では、前述のとおり、椿は窮極において背後にある共産主義＝唯物論＝無神論（神否定）との戦いである、と見る。唯物論との戦いがキリスト教擁護にもつながる神の意志である、と説く。かくして根拠薄弱な（事実は侵略的な）戦争の道義性を救済しようとするのである。この論理を裏返して逆にたどってみると、キリスト教擁護のために中国への軍事〝進出〟や戦闘が行われている、ということになる。

しかし実際に、日本の教会が共産主義の〝恐威〟にあっているわけではないから、キリスト教の立場からこのように主張するのは、平和を説くキリスト教教理、倫理からして、根拠がなく現実感が乏しいと言わねばならない。上記の論理は椿の現実的帰結ではなく、他の要請が、かく言わしめたと見るべきである。それは、日本精神との関連でみたとおり椿の〝臣民的要請〟とわかちがたいとはいえ、やはり、椿の内面でこの戦争行為への道義的救済を、弁明する要請が働いたようである。聖戦完遂が語られる一方で、その締めくくりに平和がしきりに説かれるのは、このためと考えられる。

前項で引用したとおり、対中戦争は、あくまで平和完成のための戦いであり、平和はやがて到来すると期待される。戦争がいまだ、〝局部的〟〝事変〟にすぎないというのが、平和的解決への期待をなおいだかせる根拠となる。椿の「最初、日本が極力事件不拡大の方針を把り云々」というのによくあらわれているが、この事実認識は組合教会本部を通して各教会へ布達された文部次官の「北支問題」に全く依拠したものである(6)。

〝事変〟に対して日本基督教聯盟が「非常時局ニ関スル宣言」を、また組合教会では、「支那事変ニ関スル声明」と「時局に処する申合」を第五三回総会の名で出している。聯盟に比べると組合教会の声明は、「今や　聖旨を奉体せ(ママ)る帝国の将兵は百難を排して　赫たる忠勇を内外に顕彰しつつあるは我等の衷心感謝に堪へざる処なり。我等も亦犠牲奉仕　以て時艱《じかん》克服に殉ぜんことを期するものなり(7)」と、政府方針への順応の姿勢をいっそう明らかにする。

札幌基督組合教会でも、一九三七年（昭和十二）八月十五日の朝礼拝を北支事変の為、祈願、慰霊の大礼拝を行うこととし(8)、皇軍の為に慰問袋及献金を募集した(9)。九月十二日には、全国一斉の支那事変の為の祈禱日、献金日として守られた(10)。献金は予想以上の好成績で締切られ(11)、そのころまで皇軍見舞献金が一一九円六〇銭にのぼった(12)。

この動きのなかで、キリストの平和について次のように述べる。すなわち、キリストの平和は神との交りの喜びのなかに、またキリストの贖罪を信ずるなかに、キリストにある害敵を鎮むる力のなかに、キリストが有し給う諸徳のなかに、キリスト福音宣伝のなかに存在する、と述べたあと、平和到来の準備のための福音宣伝について述べている。

「戦争中にこそ益々基督の平和到来の準備をする必要がある。なんとなれば、戦争の目的は平和を来らす事である。戦争の次に来るものは平和である。しかも其平和が最も完全なるものである様にとは、日本人の願である。その平和を来らす為に今より準備する事は極めて必要である。基督の福音宣伝はその役を果すものである。
孰《いず》れにせよ、人心の不完全が遂に戦争をも起させ、貴重なる人類を殺戮し合ふ事を起させたのであるから、将来右様なる事を絶滅する為には、どうしても基督の福音宣伝が必要なのである。」[13]

ここでは、いまの事態を解決する力として、キリストの平和が求められてはいない。戦争が終って平和が到来した時、はじめて、キリストの平和も存在しうる、というのである。平和をもたらしうるものは、戦争の完遂か、もしくは中国の妥協による日本への屈服か、さもなくばあの架空にすぎなかった日本側の〝隠忍自重〟のいずれかであった。教会に残された発言の領域は、平和的解決が早く来らんことをと願うのみであった。しかし、それも日米開戦とともに禁句となる時代が到来する。

註

(1)「一九三四年の進路」(『北光』第二三七号、一九三四年(昭和九)二月十日付、所収)。
(2)「霊魂の安息」(『北光』第二四九号、一九三五年(昭和十)三月十日付、所収)。
(3)「小き童子に導かれ」(『北光』第二一三号、一九三二年(昭和七)一月五日付、所収)。
(4)「見て来た世界(二)」(『北光』第二一八号、一九三二年(昭和七)六月十日付、所収)。
(5)第二章第三節註(7)、「国民精神総動員と日本人基督教徒」。
(6)『週報』昭和十二年第三〇号、一九三七年七月二十五日付。
(7)『北光』第二七八号。
(8)『週報』昭和十二年第三二号、一九三七年八月八日付。
(9)前註、昭和十二年第三五号、一九三七年八月二十九日付。

⑽前註、昭和十二年第三七号、一九三七年九月十二日付。

⑾前註、昭和十二年第三八号、一九三七年九月十九日付。

⑿前註、昭和十二年第三九号、一九三七年九月二十六日付。

⒀「基督の平和」(『北光』第二七七号、一九三七年(昭和十二)九月十日付、所収)。

## 第三節　国家体制への埋没

(1)

前節で述べた平和への希求は、一方にある国家政策に批判的な平和論と対立する性質を有している。事態が進むにつれて非戦的平和論に対する椿の批判はきびしさを増すが、そのなかに体制内的思考の限界から脱却しえないこの時期の椿の思想の性格を見ることができよう。

政策批判を自ら放棄した椿にとって、すべての戦争批判、すこしでも反戦的、非戦的においのする平和論、平和主義は、キリスト教徒による主張であれ、不当でかつ非難すべき軽挙とされた。まず、著名な東京帝国大学の矢内原事件への批判をみておこう。矢内原忠雄への批判は、その師内村鑑三の非戦論への批判ともなり、無教会主義への非難にも発展する。すべては内村の根本的欠陥にあり、とするのである。つい二年前には、内村の愛国心や非戦論主張の際の勇気を肯定的に高い評価を与えていたが[1]、一九三七年(昭和十二)の末には次のような批判となる。

「　師誨き弟子刈る

個人主義、無教会主義の基督教徒内村鑑三氏は、日露戦争の真最中、砲声に狂乱した者の如く絶対非戦論を演説して天晴れ預言者振りを発揮した。其論拠たるや天国に於ては確かに通用せねばならぬ正論であった。

しかしそれにしても其時代の政府が之を看過《かんか》したのは過渡時代のお蔭であった。これは宗教乃至宗教家の取扱ひに対し定見が欠けていた証拠である。

しかし其後卅《さんじゅう》年、国家と宗教との関係は、政府に於ても前よりは明瞭になったし、基督教内部に於ても研究が積んだ。

だから内村鑑三氏の根本的誤も、政府の失態も今は分明となった。

此時代にヤナイバラ氏が内村氏を祖述して失脚した事は、師匠が蒔いて弟子が刈ったと云ふものだ。

内村氏には今一人の高弟が居る。其名を帝大の田中耕太郎と云ふ。無教会主義からカトリックに転じた。

この人は断然、法の宗教に転じて仕舞った。

この際、田中氏を呼んで来て、御意見を承ると、甚だ面白いと思ふ。

個人主義、無教会主義と云ふ点に注意すれば一切は解ける。[2]」

平和論は、もはや椿においても存在の余地がなくなる。東京でやはり無教会の金沢常雄が『信望愛』という雑誌に再度平和論を書いて処罰され、政池仁《まさいけじん、めぐむ》が、その著書に、平和論を書いて出版法違反で処分されたというが、これに対して、「国民が一団となって時宜に適したる努力をして居る時、超然無人の批判的抽象論は果して愛か義か。吾等は国民と共に生き国民と共に死するより外に此際大道を見ぬ[3]」、というのである。

かくして、「キリストの平和を胸一杯に満たして[4]」の平和論であっても、信仰のゆえであっても、すべて拒否され、もっぱら事態を所与の動かすべからざる現実として受容することが勧められている。

(2)

キリスト教の果し得る役割が年々圧縮されるに反比例して、平和論批判にかぎらず事態におけるキリスト教徒の心構え、警告が多くなる。

たとえば、一九三八年（昭和十三）、大阪でおこなわれた組合教会の伝道報国大演説会における日本組合基督教会会長西尾幸太郎牧師の明治天皇御製誤読事件[5]への反応にみられる。西尾は「罪あらば、我を咎めよ云々」を「我を殺せよ」と誤読した、というのである。これを契機に大阪憲兵隊は、教会及び教職者、キリスト教主義学校に対し、キリスト教の神と我国の神々に対する見解、天皇とキリスト教の神との関係など十三か条にわたって質問を提示し、キリスト教弾圧への端緒をうかがったのである[6]。このため、西尾会長は、会長と同志社大学理事及講師等一切の公職を辞任し、自宅で謹慎した[7]。

この事件にともなって掲載されたものと思われる次の『週報』の記事に、椿牧師が事件から受けた衝激乃至反応を垣間《かいま》見ることができよう。

「　牧師より信徒への警告

従来、教会には、裁判なく、また処罰なく、従って各自思ひ思ひの言動に陥りたる弊なしとせず、然れども近時は、国家の権威厳重なる出動あり、従来の如き考にて勝手なる言動をせらるゝに於ては、厳罰に処せらるる事もあるべし。

されば将来信徒諸君は、指揮者の指導に注意し之に聴き従はるゝ様希望す。

右は、牧師の心眼に強く映ずるものあり、敢えて一言するものなり。もしこの言を軽視し、教会の指導に従はざる為、不慮の災厄に遭遇せらるゝも、その責は本人にて負担せらるべし[8]」。

この警告は、西尾事件の次の日曜日（二月二十日）とさらにその翌週にも掲載された。指揮者（牧師）の指導に従うべきこと、不慮の災厄云々は、いずれも国家及び国体に対する忠誠ならざる言動に対しての発言であるのは明瞭である。「西尾氏舌禍事件の教訓」を副題とした「非常時局と基教徒」における椿の主張は、皇室の事柄に対する取扱はいっそう入念、鄭重に取扱いたい、日本人でありながら、キリスト教徒のなかには、無国籍者の如き言動をなすものがあるが、大いに眼を醒して貫いたい、というのであった。さらに続けて、

「基督教徒は、兎角、国家の事を軽く視、同輩がいくら警告を発しても之を顧みず、寧ろ斯様なる同輩を信念弱く、阿《おもね》る者かの如く嘲笑さへするが、右は非常なる誤解で、警告を発して居る方は国民として、国家と国体とが何であるかを些《いささ》か研究し、またその角度から、基督教倫理の実践に誤りなき様、説いて居るのであるから心を平にして、この警告に耳を傾けて欲しい[9]」

とし、くわえて、外国人宣教師に対する非難、彼らの指導を受けている人々への自戒を喚起し、最後に、次のような教会及び社会一般の民主主義を否定的に論じている。

「殊に民主主義を教会組織の根本としている教派は反省するの必要がある。基督教の起源を考へて見ても、民主主義は誤っている。成る程、信徒が協議献策、奉仕する事は当然であるが、紊《みだ》りに多数決などで教会を左右すべきものではない。決定は師父に待つべきものがある。然るに外国の新教の行きがゝりを真似て、日本の基督教界に於て之を採用し、しかも新しがったりなどした事は、これも前世期《（ママ）》の遺物で、笑止の至りと申すべきだ。（略）序《ついで》に所感を述べて御考慮を煩したいのは、組合教会の総会の構成である。昨日教会に入った者も、未丁年も、老人も、教師も、皆只の一人となり、多数決で事を決めるのである[10]」

これは、組合教会の教派的理念である会衆主義の否定につながるといってよい。いまや、日本精神とキリスト教との調和は、〝国史におけるキリスト教精神の発見、日本人の美徳における神の意志の顕現〟から、〝キリスト教徒側の

日本精神への傾注〟の要請へと重点を移している。日本精神の受容こそが、日本人キリスト教徒にとって必須の条件である、とする。

「教界人の美点は、信仰の対象にのみ忠実である処にあるが、また昨今は、その美点が屢欠点《しばしばけってん》となる。それはキリストの外には、国家の重大事も何もないと云ふ態度を持続せんとする人のまゝある事である。然しそのキリストの教旨は、国家の権威に絶対服従し、従って有事の場合には、それにふさわしい態度をとるにあると云ふ事に気づかねばならぬ」

とし、カトリックが国家と宗教との関係については、中央で一定の方針を示して、全教会的に統一し解決したのに対し、新教（プロテスタント）は、ばらばらなので、識者が出て適当な解決を与えても頑迷な考えがそれを崩す、という。

「従って教会人はウッカリすると教会に対して迷惑になる様な事を仕出かすのみならず、国家に対しても申訳ない様な事すら仕出かす場合もなしとせぬ。⑾」

日本精神については、「日本独得な万世一系の天皇と臣民の忠誠とである」との定義から、「基督教の者は、自分の教を日本精神の中に公然割り込ませたいが為に、日本精神を曲げてはならない」と言う。ついで日本人クリスチャンが日本精神とキリスト教の二精神を調和させるべき四項目をあげている。

「一、両精神が矛盾しない点に安心して双方に生きる事が出来る。

二、基督教は、その正統として、其国に入りては其国の構成に絶対服従する事を教える宗教である。日本精神は日本最高権威の表現であるから、基督教が日本精神に殉ずる事は至当である。

三、基督教は人間霊魂永遠の問題を取扱ふを根本とし、日本精神は日本国民の、生理の根元、倫理生活の根元をなすものであるから、自ら其重点の置き処を異にし、従って、同時に作用する事を得、乃ち両精神の存在は完全なる日本人を産み得る。

四、日本精神に徹底している日本人は、進んで基督教の真髄を握るに努め基督教に徹底した人は眼を挙げて謙遜に、日本精神の洗礼を受くる事を最善とする[12]」

(3)

こうしたなかで、キリスト教の果し得る役割は、どこに余地があるのか。一九三八年（昭和十三）の新年は、〝非常時新年〟とよばれたが、この〝非常時々局〟下にあって、献身、献財、克己、自制、耐乏、信頼、素直、寛容、共励、援助などにおいて強固な意志生活により、公に報ずべきである。「国非常時にして、精神的指導団体のうち毎週数回の公開教養をなし其他不断国民の霊的救済及諸生活に根本的指導を与える」べき、かならずしも多くない団体のうち、教会は有力な一つである。「国非常時にして精神的指導団体の萎微衰弱するは非常なる損失である。されば、独立自治の民衆による指導団体としての教会は、新年に際し、一層強化を計るべきである[13]」と言う。

また、翌一九三九年は、国家統制が進行した年であった。「金持時代が過ぎ去り、国家統制の時代を迎えた」わけで、「国家全体の運行のためには、個人を犠牲にすることを原則としている」。ただし、「国家統制下には、潑溂《はつらつ》たる景気起らず、努力はなく、熱心はなく、苦心はなく、従って独創はなく、倦怠と形式主義のみが残る」おそれがあり、かかる時代に欠くべからざるものは、〝信念〟又は〝信仰〟である。国家乃至は民族的信念が必要である。さらには、集団信仰が必要である。この信仰すなわちキリスト教信仰乃至これと共通する信仰、すなわち宇宙の本願なる神、キリストによって啓示された神を信ずることの必要である。現代の危機のさなかにあって、「宗教に即したる余輩は、断然、国民銘々に信念に加うるに信仰の伝播強化せられん事を望んで止まないのである[14]」と述べる。

右の推移のなかで、あの社会的発言が、著しく稀薄になっているのを見るであろう。キリスト教の果す役割は、心情的な訴えにとどまっており、社会的実践への手がかりは失われている。しかも、事態の進行とともにキリスト教界に対する環境はさらに悪化していく。

一九四〇年（昭和十五）に提唱された国家新体制運動は、枢密院議長近衛文麿を中心に展開した。政党解消、大同団結が提唱され、一国一党的ファシズム組織が計画された。この年、また、日本の軍事行動は、中国から東南アジアへの拡大が企画され、大東亜共栄圏の構想が公に発表された。第二次近衛内閣成立の前後に諸政党は解体し、新体制運動に合流して、その結果大政翼賛会が成立した。経済の上でも、政府によって経済新体制が提案された。これは、全産業、経済機構における個別金融資本の支配を制限し、政府、軍部の指導に服せしめることによってであったが、内容的には戦時カルテル組織による独占資本の強力な支配体系を成立せしめることを意味していた。

このような状況にあって、椿の論説には、「日本は今回の日支事変によりて、多くの忠勇義烈なる人物を出し、一面誠に道徳が向上すべく思われるのであるが、実は国民一般の日常の道義心は大落した。市井は著しく明朗を欠き、至る処に「闇」と云ふ囁きを聞き、為政者と国民、国民と国民との間に信は決して増進して居ず、寧ろ低下している。」そして、全世界の人々及び日本の人々は、私利私欲をすて、空しき偶像、神々を拝まず、造り主なる神に帰れ、正義とあわれみと謙遜とによって神に服従せよ、若し然らざれば、天罰による大きな破壊と没落があるであろう、という[15]。

かかる時代、神にある人々の少数であることに、寂寥を覚えつゝ、「今は振り子は、神の道とは反対の方にゆれて居るが、この時代の教徒は、決してそれを気に掛ける事なく、確固不動の信念を以って信仰の途を辿るべきである[16]」とし、また、「時代は基督教に対して有利ではなく、今日の基督教徒は有力でない。然し我等はこの時代に基督教を維持高揚せねばならぬ[17]」、とする。

椿が向けた批判は、単に社会的道義の頽廃を指摘するにとどまり、それが発生する社会体制への根本的批判をもはや見ることはできない。ただ、〝闇〟〝危機〟といった警世の語句が多用される。一九四〇年二月二十五日の「非常時と危機宗教」と題する説教はその一例である。彼は、「今の日本は危機中にあり、社会は危機の容態を示しつゝあり、この時、吾等はこの世界に神の国を実現するを以って想ひとす。天下を平定するに捨身を要す。神の国を出現するに捨身を要す。これ危機の処身なり[18]」という。この危機感は翌一九四一年の説教のなかにも同様にみられる。

「○事変の世には、多くの罪、多くの負債が嵩《かさ》むのであるが、これを赦し赦されるより外に新生の途はない。基督教徒の常に新しいのはこの赦しによる新生による。これが基督教の一大特徴である。
○時代は大なる試惑《(ママ)》であり、悪は前後左右を取巻くが、悪より救ひ出し給へとの祈りは衷心《ちゅうしん》の叫となる。
○基督教徒は主の祈を声高く叫んでこの時代から救はれたい。[19]」

かかるなかで、「世が悪しき時は、特に『恩恵と平安』との生活をなせ[20]」とすすめられる。また、日米開戦の直前の日曜日には、「時局の為に祈る」と次の説教（概要）を行なう。

「○日本は今日程沈痛なる時代はない。全ては日米会談に懸る。歴史の重大なる岐路に立つ。
○此時代に吾等は国民として信徒として両国関係が外交的解決を生ぜん事を祈る。
○以下日米両国が協調すべき理由を考ふ。
(1)地中海文化はロマ帝国主義が蛮人によりて、転覆さるゝ事によりて滅んだ。基督教的に見れば神の審判と見られる。
(2)今や大西洋文化が苦悶の中にある。大西洋文化の代表者は英国である。これを倒さんとするものは独逸である。大西洋文化は金、器械、智能によりて世界に君臨したが、独逸は彼を倒し、社会主義によって、新文化を招来せしめんとする。

⑶双方の基督者は如何に考へるであらうか。英の信徒は、忠実と恵とを讃美し、独逸の乱暴を罵る。独の信徒は神の公平を唱へて、英の偽善貪欲を嘲る。

⑷解決は、己を捨てゝ父なる神に帰り出直すにあり。
○日米問題も、結局は一度双方の立場を離れて、神の御意を知られねば解決出来ぬ。
○斯様なる主旨の下に吾等は日米間題解決の為に祈る」[21]

このような危機意識、否定的展開をはらんで日米戦争期に突入する。では、椿の危機感の強調、悲哀をふくんだ祈り、沈痛などと、日本精神の高揚、絶対帰一の理念とは、どのような連関を持つのであろうか。この点の考察を進めながら、この章をまとめてゆくこととしたい。

(4)

椿の論説のいくつかを取り上げて比較して見ると、しばしば論理的背反をみいだす。民主主義への評価、内村鑑三の非戦論への評価が数年の推移の間に逆転するのは、その端的な例である。椿自身の思考が論理的構築に興味を示さないこと、神学の理論的・基礎的著作にではなく、説教や啓蒙的論説が彼の思想表現の場であったことなどの理由のほかに、椿が所与の事態に対してきわめて適応的で既成事実に順応しやすい性格を持つことに起因するのであろう。われわれは、いままで、それらの多元性を貫いて内面を統一せしめている思惟や思想を把握するために努力してきたわけであるから、対米英開戦という全面戦争直前の、椿の思想をも統一的に理解すべきである。

椿の心情としては、絶対的服従の高揚と危機と沈痛の間を揺れ動くものがあったとは推察される。危機的状況は日本をとりまいており、教会の不振は眼前の沈痛であったはずである。椿をとりまく環境は、あらゆる面で行詰りをみせ、状況の暗さは心に重くのしかかっていよう。危機の強調は、かかる心情の反映とみてよいであろうし、一方、日本精神の強調は、かかる閉塞への打破、脱出への方向を指示しようとする意図として理解できる。

日本精神への吸引が、キリスト教の環境悪化に比例していると前に述べた。キリスト教は、わが国の国情になじまないとの批判がしきりに強まった戦争期のなかで、キリスト教と日本精神との関係を強調するのは、それらの非難に対する回答であると同時に、彼自身への回答であったと考えられる。回答の内容を椿は、体制と大勢への順応、すなわち、国家と民族への帰属意識に求めるわけである。彼の日本精神の内容は、本源的根拠を歴史の実体に求めてゆく構造であった。これは「国際的宗教」であるキリスト教の牧師という、欧米と日本との間にあって中間的な文化的存在である自らの立場に、一定の方向性を与えようとするものである。また同時に、これはいっぽうで民族意識を強調し、他方でキリスト教の〝伝播〟を使命とする者の立場を止揚する意味を、椿において持つものである。

戦争期の初期において、キリスト教と日本精神との関係は、まだ平衡を保つ余裕があった。椿の社会批判なるものは、この平衡の上に健全さを保持していたと指摘できる。これがキリスト教への圧迫にともない、日本精神への従属に傾斜するとき両者の平衡が破れ、民族的帰属意識への強調が、圧倒的優位を占める。そして、日本精神の立場から、昨今のキリスト教徒を批判するにいたるのである。

椿が、所与の現実に容易に適応できるのは、価値意識の根拠を自己の外に、しかも神のみならず、国家の行為にも置いているからである。国家への絶対服従の論理や日中戦争の是認にキリスト教の教理を動員するのも、椿にして、いっそう国家の価値が強大で抜きがたく、国家を容易に超克しえなかったからにほかならない。国体論という名の天皇制国家観の緊縛から脱しえずに、全く埋没してしまった戦前の一般的日本人の姿を、われわれは椿の言説にもみるわけである。

椿の場合は意図して埋没の方向へ自己の回答を見出したのであるが、気がついてみると、いつのまにか埋没していたというキリスト教徒も多かったと思われる。終章では、椿の問題をやや敷延して論じておくこととしたい。

註

(1)「善業新聞　四　内村鑑三氏五週年」(『北光』第二五〇号、一九三五年(昭和十)四月十日付、所収)。『週報』昭和十年第一一号、一九三五年三月十七日付)。

(2)「榊木魚の安楽椅子より」(『北光』第二七九号、一九三五年(昭和十二)十二月十日付、所収)。

(3)日中戦争に対する無教会派の非戦論への批判は、かつての社会的キリスト教の積極的指導者のなかからも行われている。椿の所論の直前に発表された農民運動家杉山元治郎の発言(『基督教世界』第二七九九号、一九三七年十一月四日)は、代表的なものといってよく、椿の所論への影響をみのがせない(第二章第一節註9、佐々木敏二「「社会信条」の精神にもとづく実践とその崩壊過程」、一九三頁以下参照)。「榊木魚の安楽椅子より」(『北光』第二八一号、一九三八年(昭和十三)二月十日付、所収)。

(4)「基督の平和」(『北光』第二七七号、一九三七年(昭和十二)九月十日付、所収)。

(5)「非常時局と基教徒」(『北光』第二八二号、一九三八年(昭和十三)三月十日付、所収)。

(6)和田洋一・佐々木敏二共編「昭和十二・三年におけるキリスト教運動」(『キリスト教社会問題研究』第八号、同志社大学人文科学研究所、一九六四年、所収)一二一頁。序章第二節註(1)、海老沢亮著『日本キリスト教百年史』二四五頁。

(7)註(5)、「非常時局と基教徒」。

(8)『週報』昭和十三年第八号、一九三八年二月二十日付。

(9)註(5)、「非常時局と基教徒」。

(10)同前。

(11)「二百十日の頃」(『北光』第二八八号、一九三八年(昭和十三)九月十日付、所収)。

(12)同前。

(13)第一章第三節註(8)、「非常時新年　教徒の覚悟」。

(14)「事変の社会的認識」(『北光』第二九五号、一九三九年(昭和十四)五月十日付、所収)。

(15)「一樹高花明ニ遠村一　ミカの預言と現代」(『北光』第三〇八号、一九四〇年(昭和十五)七月十日付、所収)。

(16)同前。
(17)「時艱にしてエリヤを想ふ」(『北光』第三〇九号、一九四〇年(昭和十五)八月十日付、所収)。
(18)『週報』昭和十五年第九号、一九四〇年三月三日付。ここでは、豊臣秀吉の小田原征伐の例が述べられている。
(19)『週報』昭和十六年第八号、一九四一年二月二十三日付。
(20)『週報』昭和十六年第二八号、一九四一年七月十三日付。
(21)『週報』昭和十六年第四九号、一九四一年十二月七日付。

## 〔補論〕対米開戦後の椿牧師の発言

対米開戦後の言葉を多少重複するが、次に掲げておこう。これは月刊紙『北光』が「紙不足の折から国策に沿ふて」廃刊したことに対する、椿の「会員及び会友(『北光』講読者)諸君に呈す」という表明である。ここに、教会が信仰の表現、姿勢においても精神においても、全く国家に従属し、そのもとにひとしく統括され、かつ教会もその規制を是認、受容した姿をみるであろう。このような姿を、単に、十年そこそこの一時期にかぎって現れた突然変異的な現象ではなく、きわめて根源的な在り方の問題に起因するとみなければならない。

「昨年末は、事変不拡大の方針にて、日本があらゆる手段を講じたるにも拘らず、米国大統領ルーズベルトの頑迷と不遜とは、遂に之に応ぜず、為に日本は敢然と立つに至り、畏くも米英に対する宣戦の大詔を拝するに至りました。

詔書を拝し奉るに

「洵《まこと》ニ已《や》ムヲ得サルモノアリ豈朕《あにちん》ガ志ナラムヤ」

とありますが、誠に恐懼《きょうく》の外はありません。

抑《そもそも》、基督教の実践道徳によりますれば、主権者の命令は、直ちに神の命令であります。されば之を実行する以外に又別の道はありません。

◆更に、基督教の根本道徳は、愛と義とでありますが、この際、基督教徒のみならず、一般国民が、大に慎むべき事は、国是、国策を徒《いたずら》に批評する事であります。妙想妙案があらば或は議会、或は翼賛会、或は其他の下問機関を通し、一定の筋道により、上申するは誠に、国に忠なる所以《ゆえん》でありますが、無責任なる批評は極めて避けねばなりません。

殊に、口は禍の門となり易く、筆は誤解の種子となり易くありますから、特に謹《(ママ)》む必要があります。」(1)

平和解決への期待は、〝完遂〟によるほか見出しかつ語りえなくなった。すべての教理と論理が、戦争遂行とその是認とに動員させられ、奉仕せしめられた。いまや、愛と義のうち、義(具体的には国家的利益の主張)に重点を置くのみならず、教理のうちにある非国策的要素を排斥するようになる。

「(一) 基督再臨説の中には、国是国策に逆行するものもあり得るから注意を要す

(二) 危機神学(バルト神学)は理論的に一切の否定に重点を置き過ぎるから、これまた誤解を招き易い。

(三、四、省略)(2)」

かくして教会は、戦争のただなかに置かれたのであるが、同時に、戦争の進行する方向へ、自らの活路を模索することとなる。

(1) 註

『週報』昭和十七年第十号、一九四二年三月八日付)。

『北光』廃刊の理由を紙不足のためとしているが、そればかりでなく椿への拘留事件の影響も少なくないと思われる。椿牧師に最も身近な夫人椿貞子の一文を引用しておこう。

「昭和十六年十二月八日、太平洋戦争の火蓋が切られて、書く事、言う事に政府の眼は鋭くなっていった。十二月十日発行の『北光』に椿は世界の平和を願って「依然世界はキリストの救いを要す」の一文を掲げた。すると特高課のとげとげしい役人が、早速やって来て椿に出頭を命じた。二日間の拘留で種々の尋問、椿は「結局この文の何処が悪いのか?」と反問すると「いや何処もかしこも悪い!」という始末で、日本の戦争への道は、いっさいの言論の自由を封じてしまった。この頃、紙の不足もあり、多くの人々から惜しまれて『北光』は廃刊の止むなきに至った」(序章第二節註(7)、『陽子の坂道』五〜六頁)

十二月十日付『北光』は第三二五号と思われるが、筆者は未見である。椿としては、戦争政策に反対しているつもりはないから、じつに思いがけない事態であったに違いない。廃刊の弁で「口は禍《わざわい》の門」などと戒めているのは、まさに〝唇寒し〟の心境で書かれたと推察できる。この後、椿の言説をとらえうるのは、主として説教要旨に限られ、しかも『週報』という限られたスペースの文章によるほかはない。その事情もあってか、椿の言説からはひところの〝勇ましさ〟が感じられない。拘留事件がこれに影響しているとみるのは読み込みすぎであろうか。

椿の言説が日米開戦前後、かえって慎重になっているのはたしかである。体制順応を説いた者として、当局への失望、挫折感もあったのであろうか。事件は『北光』廃刊だけでなく、椿の札幌北光教会辞任、今治教会転任にも影響しているのかもしれない。

(2)「基督教思想に就いて」(『週報』昭和十七年第二九号、一九四二年七月十九日付、所収)。

# 第四章　まとめ―椿牧師の課題としたものについて―

## 第一節　椿牧師の所論の整理

椿真六牧師の札幌組合基督教会在任は、〝大正〟デモクラシーの終焉＝軍国主義の発生の時期からはじまり、日米開戦まもなくに終る。ちょうど対中国戦争が深刻化し、泥沼に入ってゆく時代であった。国内的にもファシズムの進行のさなかで、あらゆる思想、行動がそうであったように教会もまた、その存在を権力と社会から問われていた時代であったことは、もはやくりかえして述べる必要はなかろう。

「椿牧師がなぜに国家体制への順応、教理の偏向、戦争是認に傾斜したか」。かかる問いをもってこの小論は展開してきたのであるが、いま述べきたった論点を整理しつつ、総括的指摘へ進みたい。

㈠日本精神について

キリスト教信仰とともに椿の思想的焦点の一つとなっている日本精神は、椿にとって体制順応への思想的契機となった。彼の日本精神は、愛国心など国民的倫理に関するものでキリスト教とは別であるとされるが、次の点で両者の習合をもたらし、体制順応への地ならしとなった。

①日本精神は、日本の歴史のなかに展開する事実であって、このなかにキリスト教の精神、神の啓示がある、と見る。ここから、キリスト教徒が、日本精神を奉ずることの正当性が求められる。

②宗教性一般への強い関心、嗜好があって、とくに日本人が敬神思想(神社信仰)に富むと高く評価する。神と神々との概念上の混交が生じ、神社参拝が是認され、ために信仰の純潔があいまいとなり、キリスト教教理が、かかる習

俗や天皇制と対決する力を失わしめた。
③日本精神とは「万世一系の天皇と日本刀（あるいは忠良なる臣民）」であると定義する。天皇への絶対帰一がこの点から深められる。やがて「四位一体」論にまではしり、教理の歪曲、聖書解釈の偏向がはなはだしくなる（後述、㈢の①が、絶対帰一を正当化する根拠となる）。
㈡社会批判について
椿の社会批判、文明批判は、魂だけの救いにとどまらず、公義を論じ社会的救済を考える姿勢として一応評価できるが、やがて矛盾と限界に行詰まっていった。社会を論じようとするときの姿勢そのもののなかに、挫折への陥穽をみいだすことができる。
①資本主義社会へのトータルな批判を行うが、現実的解決への具体的なプログラムを持っていない。また、批判を実践するための方法（たとえば大衆運動は必須であろうが）を全く持たず、実質的にはそれらに背を向けていた。このため批判も改造論も礼拝説教の講壇、『北光』紙上から言放つことに終った。かかる空転を椿は自覚していなかったようである。
②資本主義の悪に対する批判が物質主義攻撃という観念的な批判のかたちをとったため、これを支えている政治体制の批判に発展せず、容易に精神主義の袋小路に追い込まれた。これも、分析や改造案が空転し、前進せず有効性を持たないで終った要因の一つである。
③物質主義、享楽主義批判は、当初資本主義への攻撃であったが、②のために反共論理に転化し、本来の批判的意義を失った。
④社会改造案は、結局、講壇からの表明にすぎなかったが、社会を論じようとする志向だけが残り、時代閉塞を打開する道として日本精神の高揚がいっそう求められた。
㈢国家体制の絶対化について

国家体制が絶対化され、秩序や政治への批判が減退、排除される。代わって服従の論理が強調される。

①これらは、キリスト教的立場が政治経済のあり方に対する批判原理としての地位をもはや放棄したことを意味する。のみならずキリスト教の精神は主権者への絶対服従（パウロの説と解釈された王権神授説）にありと説き、教理を国家体制絶対化のために動員する。

②侵略戦争に対しては、この国家とその政策への絶対服従の論理およびキリスト教的愛国の勧めのほか中国非主権国家論、共産主義排撃の正当性の論理などを裏付として、積極的支持を説いている。

③右の①と②の理由から、キリスト教界のなかにある平和論、非戦論、教会民主主義、個人主義が批判され、さらには再臨論なども警戒される。

㈣日本精神の背景について

では、日本精神発生の背景はなんであったか。

①権力的、社会的圧力、すなわちキリスト教を非国民と呼ぶ風潮があって、政策的にもその方向に動いていることがあげられる。椿の発言は、キリスト教界側としての弁明という意味があった。

②しかし重要なのは、キリスト教が日本民族にとってどのような意義を持つかという問に対する椿自身の回答であったことである。

③弁明や回答を日本精神に結晶させたのは、椿の思惟、情動がこの状況のなかで、民族的帰属意識に帰結を求めたことを意味している。

④日本精神の内容を天皇制国家の絶対性に置いたのは、椿が帝国憲法の国家体制を神秘化した国体論的国家観の緊縛を全く超克できなかったからである。

第一～三章までを概観して要約すると以上のようになろう。

## 第二節　椿牧師の所論や提起とその歴史的位置づけ

(1)

最後に、椿牧師の所論や提起が日本のキリスト教史のなかでどのように位置づけられるものか、またその提起がどのような課題を今日に残しているかを述べて、本稿を閉じることにしたい。

まず、椿の言説の反響についてみておこう。はじめに札幌北光教会内部であるが、一般の多数の教会員に対し彼の社会的発言、神社参拝、日本精神等の言説が、どのような影響を持っていたかはさだかではない。ただ、教会の指導層のなかには、椿の関心や主張を受け入れる素地はあった。前述の一九三二年の愛国運動（第二章第二節(1)）の関連で行われた対時局信徒懇談祈禱会に、教会員中の平塚直治、宇都宮仙太郎らの著名人が社会問題への関心を訴えたのはその一例である。また、すでに日米開戦後のことではあるが、椿の札幌北光教会辞任後に日曜礼拝の講壇を担当した教会役員（総代、執事）の説教記録を『週報』から垣間みると、椿の思想が継承されていると読みとれる。とくに総代平塚直治、野沢小三郎など最も指導的な教会員の説教要旨（一部は椿牧師辞任以前から）は、体制順応、日本精神の主張において牧師の思想を祖述している[1]。椿の言説は、教会の指導層に受け入れられ支持されていた。牧師独走ではなかったようである。

椿の組合教会での位置づけについて、筆者はまだ広く検討してはいないけれども、組合教会が社会的関心と同時に国家体制に順応しやすい体質を持っていた点、また神社参拝についても、修養会の「全国教会代表又は参加者」が隊伍を整えて橿原神宮に参拝したこと（第一章第三節(1)）、小崎弘道、海老名弾正以来のナショナリズム、日本精神の強調などからみると、椿のかかる側面もまた、度はずれた主張というわけにはいかない。戦前のキリスト教界全体にとって、椿真六牧師はとくに指導的立場ではなく、神学的、思想的また組織運営で、格別影響を与えた存在ではなかった。しかし、彼の主張は一般的とはいえないまでも、当時のキリスト教界にとって、逸脱した主張というわけのものでもない。むしろ彼の言説は、時代の先取りであったともいえよう。

椿の言説が、日本のキリスト教界にとって時代の先取りとなって、一般性をもって位置づけられるもう一つの側面は、キリスト教界における「社会的キリスト教」との関係である。椿牧師自身、アメリカ留学中、「新社会科学学校」で社会問題を学んだ形跡もあり、帰国後は前述（第二章第三節(4)）のとおり国内の社会的キリスト教との関連もあったようである。一部、キリスト教的社会主義者との交流もあった。かつ、椿の言説が、戦争政策への進展の画期及びそれに付随するキリスト教への圧迫とともに体制順応へとのめり込んでゆく過程も、社会的キリスト教の衰退、挫折、教界全体の変節と軌を一にしているようにみえる。

例えば、一九三〇年代後半になると戦争の拡大と国内危機の進行のなかで、それまで活発であった椿の社会批判が後退し、現代こそ伝道の好機だというアピールがキリスト教の行詰りや不振への憂慮に変わってゆく。一九三七年の日中戦争突入後のキリスト教への圧迫のなかで社会批判が陰をひそめ、日本精神がキリスト教の上位を占めるかのごとく論ずることが起り、また「四位一体」説まで主張されてくる。戦争体制、政府批判を封じられるのは、日米開戦の四年前、日中戦争以後であることは、キリスト教界全体も、そのなかの社会的キリスト教にとっても、椿牧師にとっても同様のようである。

(2)

さらに、日本基督教団成立の問題を付け加えておく。教団の成立は、当時の指導者が、これをもって教会と信仰を守ろうとしたと考えていたとしても、実際には政府への抵抗と対決の可能性をキリスト教界自らが葬る結果となった。椿の言説の二、三を拾ってみても、教団成立が戦争期における信教の自由の防波堤としては決して受けとられていないのは明らかである。椿は、教団成立を一九四〇年（昭和十五）の第二次近衛内閣の国家新体制、東亜新秩序の一環として受けとめており、次のように言う。

「今や国家の危急の前には国内の如何なる問題も、個人の困難も、顧みるの遑《いとま》を容さない。

斯様なる際に、基督教信徒も亦、申す迄もなく、日本国民として、また救国済世の宗教信者として、全身全霊を捧げて（中略）此重大事実を中心として、教会内外の精神体制をも改組整備し、一身の思想活動をも方向転換すべきである[2]」

そして、教会合同については、政党さえも解散し国家新体制に進もうとしているときに、唯一の神、主、聖霊に仕えるキリスト教徒が大小無数に分立していることは恥しいしだいであるから合同した方がよい、但し、今日の動機を従来の「外国依存」から「他教派依存」「大教派依存」に置きかえたのであれば合同を否定したい、と述べる。前述（第二章第三節(1)）のように、「依存」的少教派はむしろ合同をやめて解散した方が有意義である、として、

「自主的でなく、周囲の状勢にて事を運ぶ際には、不純なる動機が種々活動し易きものである。我等は冷静に祈って、主義精神の上からの問題を決すべきである。大借財をしたものが、親類縁者悉《ことごと》くに連帯責任の証印をさせて、一属(族)郎党悉くを引倒すと云ふ様な事は一切あってはならぬ。我等は新体制国家に対し、至純にして芳香馥郁《ふくいく》たる基督教団を捧げて精神報国の誠が致したい。新体制国家は、大病を煩いつゝある大象よりも、健康なる小鳥を要求する。[3]」

という。

状況は、キリスト教の存在意義を、国家政策に位置づけて、はじめて主張をなしうるところにまで追いつめられているといってよい。例えば、「真理と霊の自由」との一文で、統制時代は物質面では可能だが、霊界は統制されるべきではなく、むしろ解放されねばならないと、日本国民に訴えると同時に、次のようにも言う。

「以上の点、今日の日本国民は然かと了解し基督教――基督教にも色々あるから有害なるものは、遠慮なく排斥してもよいが、我輩の述ぶる基督教には断じて指一本も染めない様に御注意願いたいのである」[4]。

この『北光』第三一六号の発行日付は一九四一年三月十日で、「治安維持法」の改悪公布があった日である。有害、無益とは、日本の国体に即しない教派のことであろう（例えば、すでに弾圧を蒙った燈台社などか）。自らの存在の根拠を自らの内に持ちえなくなった宗教団体が国家に対して原理的に対抗し得べくもない。かかる背景で生まれた成立時の日本基督教団が政府への抵抗の基盤となりえなかったのは、椿の所論を通してみても明らかであろう。

(3)

次に椿牧師の所論や提起がどのような課題を今日に残しているか、気のつくかぎり述べておこう。

まず第一に、椿にはキリスト教がわが国の社会のなかでどのような存在意義を発揮しうるか、という問題意識があった。信仰の領域を個人の内面性だけにとどめようとせず、対社会的存在としても位置づけていたのが、札幌時代の椿の特質であった。その入信の契機にもすでに、キリスト教の社会的実践に対する関心と評価がみられるのであるが、その後も対社会的関心を育てていったことは、この節のはじめでも述べたとおりである。もし戦争期に遭遇しなかったならば、あるいは社会的キリスト教への傾斜を強め、その一翼を担っていたかもしれない。社会的関心や社会への対応の志向が、かえって戦争政策の進展、キリスト教をとりまく状況の悪化とともに、体制順応に結実していった側面はある。しかし椿が問題としたキリスト教と社会の関係、換言するとキリスト教徒の信仰の共同体である教会と社会問題のかかわりのあり方、信仰に基づく社会的運動のあり方は、今日なお教会の課題である。一方では、社会とのかかわりなくして信仰生活はあり得ないとの主張があり、他方では、〝この世〟から超越した信仰のいき方を追求する立場があって、信仰者の社会的運動の教理的根拠が絶えず模索の中にある。戦後、日本基督教団の社会活動の歩みのなかで、しばしば論議の対象となってきたように、わが国のキリスト教界では、実践的にも理論的（神学的）にも未解決の部分が多い(5)。

第二に、椿が教会と国家及び社会との架橋を志し論ずるとき、キリスト教の普遍的原理の主張や社会科学的分析に最後まで徹しえず、日本精神を掲げて体制順応に結果したのは、神社参拝の是認とともに、その信仰的、社会科学的立場の不徹底、弱点であった。この点で椿は、後世への反面教師としての役割を担っている。国家と信仰、社会と教会という対置のなかで、天皇制国家の国体論を超克しえず、後者が前者に包摂されてしまった。

一九七〇年代にわが国キリスト教会の国家に対する自立が論じられるとき、しばしばこの天皇制からの自立が問題とされている。それは、椿をはじめ戦前の教会が天皇制の緊縛から脱しえず、その国家編成原理から自由ではなく、ために戦争に反対できなかった、と見るからである。事実、天皇制の緊縛から意識的にも脱却しえたのは、戦前において、キリスト教徒の中でも少なかったのではないか。多くは、天皇制の枠内でのキリスト教信仰であったことは否めない。社会科学的分析の不徹底も同様で、天皇制の枠内での社会構造の分析、批判は、体制補完にならざるをえず、その枠をも克服するところまではいきえていない。椿の不徹底さは、教会及びキリスト教徒がその自立のために克服すべき対象が何であるかを示していよう。

第三に、椿の社会的関心も大衆の立場に立ち、運動を組織するのでなく、もっぱら〝講壇〟から語るのに終始していたから、運動を創造することなく終った。理念に終始し実践による検証を伴わなかったからでもある。検証のない言説は時代の圧迫とともに椿の所論が激しく変化し、体制順応へとのめり込んでゆく要因の一つとなっていた。この点も椿の弱点として、反面教師の役割を果している。

第四に、キリスト教の不振、状況の悪化、圧迫とともに、椿が自己の立場を民族的帰属意識に帰結させていく点である。これはキリスト教が日本の文化、精神風土に対する態度、対応の問題であろう。キリスト教という近代の外来宗教が、日本で民族的な伝統を乗り越えて、普遍的価値体系としてどのように受容され定着させてゆくか、という課題である。これは、一方では文化史的関心をおのずと生じせしめるところであり、他方キリスト教側にとっては伝道の可能性の問題、「福音の土着化」すなわち、日本人におけるキリスト教信仰の内実化の定着、確立、徹底の問題である。椿の神社参拝は、福音の土着化ではなく、日本的精神風土への風化、埋没と解され、否定的に評価されるべき事例である。「福音の土着化」は在来宗教との融合、習俗への接近ではなく、普遍的契機にもとづく対決を通じて貫徹することを示唆してはいないであろうか。はたして今日、神社参拝及び民族的帰属意識から教会及びキリスト教徒が、どれだけ自由でありうるか、これも椿が残した課題の一つである。

第五に、ファシズムとの対抗の問題がある。椿の言説に接するかぎり、彼もまたファシズムのなかに組込まれ、その一環として機能していたことになる。しかし当時、彼自身はファシズムへの加担という認識を終始持ち得なかったと思われる。今日、再びファシズムの危機、到来が憂慮されている。しかし、戦前もそうであるが、ファシズムは一気に成立するわけのものではない。国民が見定め難いところで生起し、いつのまにか周囲の状況にだれしもが抵抗しがたくなる、というものであろう。ファシズムに抗する眼はいつも鋭くしておかなければ、いつしか取り込まれてしまうものであることを、椿の事例は示唆していると思う。

ファシズムに抵抗する側には、その勢力を幅広く結集する必要がある。国民の幅広い抵抗が求められる。しかし、戦前の社会的キリスト教にしても（例えば「社会信条」など）、椿の所論をみても、無神論や〝唯物主義〟との対決が時として先行し、本来同一歩調をとるべき諸勢力との提携をはたしえなかった。自ら反ファシズム勢力を分断する結果に終ったと言えよう(6)。

以上の諸点は、今日なお多くのキリスト教徒の課題である。多分に実践的な課題であるが、同時に、歴史的視点からの理解をも深めるべき問題であると考える。

註

(1)平塚直治の説教では「新体制と滅私奉公の精神」(一九四〇年(昭和十五)十月十三日、説教日。以下同じ)、「新天地の待望」(一九四一年(同十六)十月五日)、「基督教の新発足」(一九四二年(同十七)三月十五日)、「神による聖歌」(同年十月十一日)、野沢小三郎では「希望に生きよ」(同年十月十八日)が基本的には椿と同軌であり、その影響を受けていると思われる。

(2)「国家新体制に順応する基督教徒の立場」(『北光』第三一〇号(昭和十五)九月十日付、所収)。

(3)前註、「国家新体制に順応する基督教徒の立場」。

(4)「真理と霊の自由」(『北光』第三一六号、一九四一年(昭和十六)三月十日付、所収)。

(5)最近の日本基督教団がかかわる社会問題としては、靖国神社国営化反対運動、元号法制化反対運動、部落解放問題、日韓問題、社会福祉問題等である。

なお、ここで述べる「教会」とは各個教会や包括団体である教団、教派によっては地方組織である教区、中会のみならずそれらを含めたキリスト教徒の信仰共同体一般をさす。

(6)戦前のファシズムへの抵抗についてキリスト教側の問題点の指摘としては、金田隆一「一九三〇年代における統一戦線の問題―不統一の一要因としてのキリスト教会の問題点」(『苫小牧工業高等専門学校紀要』第一一号、一九七六年)がある。

(一九七九年十月三十一日、最終浄了)

〔追記〕

本稿は、「はじめに」に記した経過で作成し、一九七九年年十月三十一日に浄了し、八〇年四月から八一年六月にわたって『北海道史研究』第二二号〜二六号に発表した当時そのままの内容で、若干の誤記をただし、表記の統一をはかったものである。したがってその後、日本的基督教に関する諸研究の成果は、ここに反映されていない。たとえば、椿真六（真泉）に言及した、原誠著『国家を超えられなかった教会―一五年戦争下の日本プロテスタント教会―』（日本キリスト教団出版局、二〇〇五年）の研究（五二頁）は、本稿では関説していない。同書が主要参考文献として挙げた、土肥昭夫、塚田理《おさむ》、福島恒雄、金田隆一など諸氏の研究も同様で、本稿の研究史にかかる目配りは、〝浄了〟で完結していることをあらかじめお断りしておきたい。

ただ、この追記では、序章第三節註(9)に関連して、戦後、椿が、戦時下の言説をどのように説明しているか、一、二、付加して置くこととしたい。

(一)本稿を参照した著作に岸本羊一著『スキャンダラスな人びと　―レーン夫妻スパイ事件と私たち―』（新教出版社、一九九一年）がある。同書には日米開戦の日、軍機保護法違反容疑で捕縛されたレーン・宮沢事件とあわせて、当時、ハロルド・レーン、ポーリン・レーン夫妻が客員あるいは教会員として関係を持っていた札幌北光教会の椿真六牧師の言動について関説した記事がある。

椿牧師について関説した部分は、椿牧師が宣教師フランク・ケーリに忠告文を送り、一九三七年（昭和十二）十月二十日、日本組合基督教会総会で「支那事変ニ関スル声明」を採択した際、決議に加わらず、起立しなかったことを論難し、小樽を退去させる要因としたことについてである。同書では、このことについての椿牧師の〝弁明〟を次のように記している（文中、T牧師とは椿真六牧師のこと、私とは著者の岸本羊一牧師のこと）。

「ケーリ宣教師の子息、現同志社大学のオーテス・ケーリ教授が私に語られたところによると、戦後になってT牧師は、フランク・ケーリ宣教師を訪れて、あれは特高に目をつけられていたケーリ先生を助けるために打った芝居であった、と弁明したということです」。

㈡筆者は、椿牧師の転任先、日本基督教団今治教会での言説について、可能な限り調査をすることの必要を感じていた。幸いにして二〇一五年六月二十五日〜二十六日、同教会を訪問することができ、上島一高《かみじまかずたか》牧師はじめ同教会員からご教示をいただいた。戦後の椿牧師が今治教会の会堂再建に尽くし、また今治市政に貢献した様子は、『日本基督教団今治教会九十年記念誌　―わたし達の教会―』（同教会、一九七〇年刊）の各所で伺えた（たとえば、飯季野「戦中戦後の今治教会の思い出」、今井寿「焼土の中から神殿復興」）。

いっぽう椿牧師も、戦時下での教会を「当時の極端なる皇国主義思想に乗り取られて仕舞って居た」（今治教会編『八十周年記念誌』一九六二年、六六頁）と言い、「二代目の有力な信者の中には「キリストか天皇か？　と云われたら、私は「天皇」を信ずる」と、公言する人もあり、戦災直前には、伝統ある家庭でも、仏教で葬式を行う者もあった」と述べている。戦後この苦難を経てやがて、キリスト教時代が来ると、椿牧師は貞子夫人を励ましたとも述懐している（椿真六「今治教会再建録抄」一九五八年十一月五日、手稿本）。

とはいえ、椿牧師就任後の一九四三年九月の年紀がある「日本基督教団今治教会会員名簿」の「祝祭・記念日」に掲げられている二十七の紀念日には、「四方拝」からはじまり春秋の皇霊祭をはじめ神道行事が十六を占め、定期教会々議（定期総会）や復活祭など、キリスト教由来の行事よりも多数掲げられており、椿牧師自身、札幌で唱えた「四位一体」論を主張していたとの証言も得られた。

ここでも、戦前の言説と、戦後の言説には著しい差があり、同時に、戦後になって想起される戦前の言動には、事実と異なっていることが多いと思わざるをえない。あるいはこれを〝芝居〟〝偽装〟と言い換えるのであろうか。椿牧師の場合、戦後になって戦前の自己の思想を省みるとき戦争体制に順応した部分を戦後になって捨象し、官憲や社会から圧迫された部分のみを言説として表出させているのではあるまいか。戦前の自己の言説部分を意図的にふれないというのではなく、かつてそのような主張はしなかったと、戦後は思っていたのではなかろうか。戦中、戦後の椿牧師の言説を統一的に把握しようとすると、そのような理解に帰着する。こうした理解が妥当であるならば、それはひとり椿牧師に限られることではないのであろう。

［付記］

本編の引用文のうち、難読と思われた漢字にふりがなを付した。原文にも付されているという意味ではない。また誤記と思われた漢字には（　）を付して正しいと考えられる字を挿入し、あるいは（ママ）として原文のままであることを表示した。

# 第二　戦時下、札幌における状況への順応

## 第一節　課題の設定

### （1）報告の趣旨

本報告では、主として戦時下（一九三一～四五年）の状況に対応するキリスト教界の動向を札幌の二、三の事例において見ることにしたい。これを「状況への〝順応〟」として、戦時下のキリスト教史を把握する方法についてもあわせて考えてみたい。

戦時下のキリスト教界の言説は、国家、社会の〝弾圧〟に対する〝抵抗〟〝妥協〟〝屈服〟の表出として捉えられてきた。これらの分析の視点は、現在の日本の状況に対する関心に強く裏打ちされて論じられてきた。今でも、戦前の国家体制に取り込まれ、天皇制に絡め取られたキリスト教を批判し、これを乗り越えようとする視点から、多くの関心が寄せられている。近年のキリスト教史学会大会でのシンポジュウム、研究報告でもこの視点から取り上げられることが多い。私なども、とくに日韓関係の研究や南島キリスト教史研究から照射される視点によって、戦時下の日本キリスト教史への理解が深められてきたように思う。戦時下の〝弾圧〟〝抵抗〟〝妥協〟〝屈服〟の諸側面は、戦前のキリスト教を批判的に理解するうえで有効な研究の理路を開いてきたと思う。現今の政治的、社会的さらにキリスト教界の状況に触発されて、私も戦時下の状況を考察してきた一人である。

ここに至る、戦前、戦時下を対象とした歴史記述を大づかみにとらえて言えば、次のようではないだろうか。すなわち一九五六年の久山康《くやまやすし》編『近代日本とキリスト教』大正・昭和篇の後、（a）多少の反省を込めた戦時下の労苦と

抵抗の記述がされた。たとえば海老沢亮《あきら》著『日本キリスト教百年史』（一九五九年）、山谷省吾《やまやせいご》らによる『日本基督教団史』（一九六七年）がある。次いで、（b）一九七〇年前後から戦時下抵抗の発掘がなされた。たとえば『戦時下抵抗の研究』Ⅰ、Ⅱ（一九六八年～六九年）、『戦時下のキリスト教運動　―特高資料による』一～三（一九七二年～七三年）である。さらにこれに次いで（c）戦時体制への順応の諸相、近代天皇制とのかかわりについての研究が起こされる。これは今日多数にのぼるが、たとえば一九九〇年代の『近代天皇制とキリスト教』（一九九六年）、『近代天皇制の形成とキリスト教』（一九九六年）等がある。これらは、戦時下の研究が近代キリスト教史全体の研究を生み出していく様相を示しているのではないか。この先どのように近代日本のキリスト教史研究が進むのであろうか。私は、この先の研究の方向を見通す力は無いのだが、今回、本報告では札幌のキリスト教史の中からいくつかの素材を提供したいと思う。

## （2）事例とする対象

本論の前に、戦時下のキリスト教について私が遭遇したことを若干述べる。一九六六年に日本基督教団札幌北光教会は『七十年の歩み』を刊行した。その編集委員会の一員となって、とくに戦時下の部分を中心に担当した。この編集過程で、今回とくにふれる札幌組合基督教会・札幌北光教会牧師椿真六の大量の論説、説教に接した。今から五十年余前、一九六五年頃で前述の、（a）の時代の末期である。椿牧師の論説の内容は、一九六五年時点で見ても国家政策への追従の様相はキリスト教の教理上、問題に感じられた。ただあまりに問題であると考え、椿牧師の思想をいくぶんでも体系的に理解する必要を感じて、文章化した。まもなく七〇年代に入ると、戦時下キリスト教史研究の方向は、（b）の時代となり、戦時下抵抗を発掘することが主流となって行くが、私の関心は、目覚ましい抵抗の事例の発掘ではなく、戦中、時勢に流されていくキリスト者に向いていった。抵抗よりも時流に押し流されていく思想が、戦時下では大勢を占めており、なぜそのような時流に添う言説になるのか、他山の石と見えたからである。

ここで取り上げる、椿真六についても、また日本基督教会札幌北一条教会牧師小野村林蔵についても、戦時下の言説については、それがどこまで真意なのか、留意する必要があろう。当時の言説は本意では無かったと言い得るし、時局に対するカモフラージュであったとも言い得る。残された文献の記録性に留保の網が掛けられるからである。歴史叙述で当然行われるべき史料情報の性格を、戦時下の事実の解明にあたっては、とくに意識して区別をなす必要があるのではなかろうかと思っている。すなわち、①戦時下に生起した事実、②その事実に対する戦時下時点での認識・解釈、③それらの認識に対して戦後になす評価、④上記①〜③の事実認識に対する現時点での評価、そして、⑤現時点すなわち今日の評価を生み出した叙述の視点をそれぞれ区別しておくことから考察を始める必要があるのではないか、という点である。このことをあえて付言して、椿真六と小野村林蔵を歴史上の人物として、以下に見ていきたい。

なお、本報告題を「札幌における状況への順応」とし、「国家体制への順応」としなかった。椿は戦時下の言説の中で「国家体制への順応」を自ら奨めている。しかし、本報告全体を「国家体制への順応」とすると、戦時下のキリスト者の言説を否定的な視点から見ていることになる。本報告が肯定的評価か否定的評価になるのか、という二項対立となることを避けて、価値中立的な立場を探すことにし、「状況への順応」とした。このあたりのことも、このシンポジュウムの議論になるであろうか。

## 第二節　戦時下到来前のキリスト教

### （1）戦前期の札幌のキリスト教について

戦前期の札幌は、キリスト教界が市民の中に一定の社会的影響をもっていた。別の報告でもふれられると思うが、W・S・クラークによってキリスト教の種が蒔かれた札幌農学校―北海道帝国大学で教師、学生から多数のキリスト者を輩出した影響はもとよりであるが、それのみならず札幌では中心街の商人層の中に多数のキリスト者が存在し、市民に影響を持ってきた歴史がある。酪農家であったキリスト者の影響もまた見逃せない。

戦前のある時期、たとえば一九三二年末現在で、北海道庁に届けた信徒数は五〇一〇人であった。これは、札幌市の人口約一七万人の二・八%に達していた。そのような札幌においても、戦時下では他都市と変わらない、キリスト教信仰が対象となる取締り事件などの〝圧迫〟があった。

もっとも戦時下の到来の前に、キリスト教界は、教勢の不振を自覚していた。大内三郎は『日本キリスト教史』(一九七〇年)の中で、一九三五年の『基督教年鑑』によって、国体明徴を掲げる日本の思想的状況がキリスト教の活動を制約し、教勢を停滞させているとしたが、それは札幌でも同様であった。札幌日本基督教会(現、札幌北一条教会)と札幌組合基督教会(現、札幌北光教会)の朝礼拝における出席者数の推移にも教勢の停滞が現れており、表一の一九三五年の椿の言葉、「不進」にもその一端を見ることができる。

ここで、本報告に付した表一について説明したい。表は、本報告で主として取り上げる、椿真六、小野村林蔵の言説が時代の節目でどのように変化しているか、とくに神社参拝問題、神棚設置問題の推移を、本報告の範囲で簡略にたどってみた。「その他」の欄は、札幌に関係する戦時下の事案、事件を掲げた。

### (2) 札幌における神社参拝・神棚設置問題

表一での、小野村の逮捕事件及び「その他」欄の諸事件を特記すると、戦時下におけるキリスト教が国家の圧迫にしだいに押されて行く姿が前景に立ち現れる。ただ、留意して置きたいのは、戦時下が到来する前のキリスト教界の動向である。プロテスタントの主流は、関東大震災後の政府による国民精神作興運動の中でこれに呼応する「全国基督教教化運動」を一九二四年に起こしている。地方にあってもキリスト教が精神作興運動、教化総動員運動の一翼に位置付けられていくことになる。とくに一九三三年~一九三四年の第二期神の国運動は、キリスト教宣教が国民統治の一環となっていった。

「全国基督教教化運動」は、政府の国民精神作興運動を先取りして取り組んだもので、政府の後援もあったといわれ、講演会、説教会の会場には、教会はもとより図書館、県・郡の議事堂、町役場、小学校、師範学校、郵便局などが提供された。宗教団体、教化団体に対し、政府が求めた思想善導、民心の作興の意図と、国家と国民にキリスト教を拡張させようとするキリスト教界の意図とが一致していた。それぞれ相互にその意図を浸透させようと図ったものといえよう。札幌でもプロテスタント諸教会が加盟する札幌基督教聯盟は、一九二四年二月、精神作興詔書に呼応する特別伝道を行う「申合せ」を決議した。翌一九二五年四月には、「全国基督教教化運動」として中央から特派された講師を迎え、特別講演会を開催した（ただし、札幌独立基督教会は総会で不参加を決議している）。

キリスト教界が国民教化運動（やがては国体明徴運動）と親和的な関係にあり、進んでこれを伝道の機会と捉え、官側とも相互に利用し合う関係になっていたといえる。他方、キリスト教界と官側との関係が矛盾として表出し、キリスト教界が対応を余儀なくされる問題が、札幌においても神社参拝、また神棚の各戸設置問題であった。これが本報告でも着目する点である。

## 第三節　椿真六に見る国家体制への順応

### （1）椿真六の〝国家体制順応〟について

まず、国家体制への順応をキリスト教の本来のありようであると、積極的に位置付けた札幌組合基督教会（現、日本基督教団札幌北光教会）牧師椿真六の場合を取り上げる。椿は、同教会に一九三〇年～四二年（昭和五～十七年）に在任し、『日本精神と基督教』を著して、戦前の「日本的キリスト教」の論客の一人となった。椿の「日本精神」とは、日本人としての国家意識、民族意識の自覚（覚醒）と説明され、日本精神の基軸を万世一系の天皇と考えている。神社参拝には積極的で、〝国家体制への順応〟を文字通り説いた。

神社参拝への積極的な態度は、表一の一九三三年（別記椿①）に見るように、伊勢神宮はじめ日本精神の対象である神社と〝雑社〟とを区分し、前者に対して参拝の奨励を行っている（靖国神社や札幌神社（現、北海道神宮）は、当然、これに入る）。

椿は、日本人としてのアイデンティティーとキリスト教信仰の一致をめざしていた。これを強調する時期というのは、キリスト教活動が制約を受ける時期、いわば教会が〝受け身〟となり、逆風にさらされていく時期であった。椿にとって日本精神とキリスト教は相互に自立した価値であったが、時代の推移とともに、社会に対するキリスト教の存在意義を強調するという、弁明の形をとっていく。やがて国家体制への積極的な順応の結果、キリスト教の教理を変えて国家に従属させる論理を引き出すことになる。その先は、表一の一九三八年、「非常時日本、教徒の覚悟」（別記椿②）に見る、「基督教徒の国民道徳として、天皇陛下に絶対服従忠誠を誓ふべきである。基督教神学には、三位一体の教理がある。日本に在りては、四位一体と申し得る」との主張となっていく。

〝四位一体論〟は、今日から見るとキリスト教の教理から逸脱しているとみられること必至だが、当時の日本組合基督教会ではこれに正面切った反論はなかったのではないか。四位一体として加えられた対象が目に見える〝アキツミカミ〟であったからか、札幌組合基督教会でも椿が牧師としての地位を危うくしたとの形跡は見られない。

## （２）盧溝橋事件（日中全面戦争）後の転換

椿は、「社会的キリスト教」（ＳＣＭ運動）への接近もあったようで、札幌時代の初期は、表一の一九三二年、一九三三年の条に見るとおり、旺盛な社会批判、資本主義経済への批判を行っている。その文脈の中で、「日本の滅亡」など、日本の存在も相対化されている。しかし、時期が進むと、社会批判よりも社会状況に対するキリスト教界の認識の甘さを警告するところに軸足を置くようになる。

椿が、体制順応へ全面的に転換するのは、一九三七年の盧溝橋事件、日中戦争の勃発であった。椿は、盧溝橋事件の直前まで、キリスト教精神による資本主義経済の統制を論じているが、事件後は、政府および時局への批判を封印し、社会批判よりもキリスト教の国家における存在意義（貢献）を弁明することになっていく。また日本組合基督教会の総会で決議した「支那事変ニ関スル声明」の採択に際し、起立しなかったとし、小樽在住の宣教師フランク・ケーリを厳しく批判して、転任に至らしめている（もっとも、その戦後の言説には注目しておこう）。

椿の国家体制順応への言説は、日中戦争の勃発を契機として決定的になる。その前と後では、正反対の主張となるところが見て取れる。一九三七年の矢内原事件をめぐって、その師内村鑑三に対する評価が逆転するのもその一例である。その変化を含めて、椿の思想に一貫して通底するものがあるとすれば、それは状況への順応であろう。あとで戦後の言説も含めて、椿の状況への順応を見ることとしたい。

## 第四節　小野村林蔵に見る状況への順応

### （1）『神社に対する疑義』での主張と議論の対象

札幌日本基督教会（現、日本キリスト教会札幌北一条教会）牧師小野村林蔵については、一九四四年に「言論出版集会結社等臨時取締法」違反で有罪判決を受け、翌年、無罪判決を得たことが、よく知られている。これは表一の「その他」欄をあわせてみるとわかるように、戦時下札幌でのキリスト教界指導者の裁判四件の後に続く五番目の事件である。この事件をもって、また著書『神社に対する疑義』によって、小野村は、戦時下抵抗者の一人として数えられることがある。

小野村と小野村が牧会していた札幌北一条教会が起訴に屈せず無罪を勝ち取ったことは、今日、肯定的に捉えられている。ただこの裁判を通して『神社に対する疑義』が主張され、その疑義の主張が裁判で容認されたというわけではない。裁判の時点では、『神社に対する疑義』においてなされた小野村の主張は、事実上撤回されていて、その結果が控訴審での無罪獲得となった。

『神社に対する疑義』が出版されたのは一九二五年であるが、「神社に対する疑義」の内容は、表一の一九二〇年の条にあるように小野村逮捕事件から四半世紀前に公表されたものである。その四半世紀に及ぶ日本の状況の推移の中で神社参拝、神棚設置を容認していく様相が見える。それは小野村の対峙した状況が遷移していることを示している。

小野村の札幌日本基督教会—日本基督教団札幌北一条教会—日本基督教会札幌北一条教会在職は、一九一八年〜一九六一年（大正七〜昭和三十六。一時、中断あり）と四十余年に及んでいる。そのなかで小野村が『神社に対する疑義』を出版したのは、一九二五年（大正十四）ではあるが、同名の論説は、五年前の一九二〇年に——私はその初出記事を確認していないが——『福音新報』に掲載されたものであると同書の冒頭（中扉）に記されている。以下の通りである。

此の文章は大正九年の秋、時の政府が神社崇拝を、かなり執念に強要しつつあった頃の起稿で、当時の福音新報に載せたものであります。当時からみると時の推移を感ぜぬでもありませんが、論旨の大体は、今日にも意義ありと信じますのと、私としては多少追憶のなつかしさもありますのとで、わざと原文をそのままに致しておきました。

この註記は、『神社に対する疑義』を再録した『小野村林蔵全集』第一巻には、収録されていないので、同全集では同書出版の直接の動機が、正確に伝わっていないように思われる。

単行本『神社に対する疑義』は、三部作からなっていて、その第一部が「神社に対する疑義」、第二部が「国体と神社」、第三部が「日本国の憂ひ」である。第一部「神社に対する疑義」が上述の記事のようなものであるとすると、『神社に対する疑義』全体の出版の動機は、主として第二部「国体と神社」にあったことになる。

ともあれ、第一部「神社に対する疑義」が主張するところは、表一の別記小野村①にあるように、近時政府当局者が、頻りに奨励し、或る場合には強要しつ丶ある神社崇拝の如きは、信仰上、思想上、幾多の疑義を伴ふ事件であって、時には真理が無視せられ、正義が蹂躙せられつ丶あるかのやうな感を与へるものがある（中略）。従って神社崇拝を政府が命令を以て国民に強ひるなら、それは明白に憲法第二十八条によって我等に約束せられたる、我等の権利の蹂躙である。政府当局者にして『国憲を重んじ』る精神のある限り、それが官吏であらうが、軍人であらうが、はた学生、生徒であらうが、之れに神社崇拝を強ひる事は断じて出来ない筈である。

と、憲法を根拠に神社崇拝（参拝）は強制されない、というものであった。

いっぽう、「国体と神社」は、『神社に対する疑義』全六九頁の半分を占めている。ここでは、井上哲次郎著『我が国体と国民道徳』への批判を手がかりに、国体と神社神道は不可分ではないこと、神社崇拝は祖先尊崇の一形式であって普遍性はないこと、神社崇拝を守るか否かは各人に許された自由であること、政府が命令をもって神社参拝を強要することはできないことを主張する。第一部「神社に対する疑義」は、政府が神社崇拝（参拝）を奨励（あるいは強要）しつつあることに対する一般的批判であるのに対し、五年後の「国体と神社」執筆の直接の動機は、前年開催された、北海道庁が主導する全道教化事業関係者の懇談会で、神棚の各戸強制設置の議論がなされたことにあった。すなわち小野村も出席した、身近な会議での議論に対する反論でもある。小野村は、彼の国体論を井上哲次郎の最近著に対置させて、国民教化運動が引き出した神棚設置強制論議に対抗しようとした。これが第二部「国体と神社」執筆の動機である。国体論によって神社参拝を相対化しようと図っていることも読み取れる。第一部と同様、憲法二十八条を根拠に神社参拝からの自由を主張するが、第一部の歯切れの良さは減殺されている。

この懇談会のさらに四年後、一九二九年、同じような教化総動員運動の打合会でも、国体明徴、尊皇崇祖のために神棚の各戸設置が提起された。このとき新聞に掲載されたキリスト教側の意見は、「尊皇崇祖の精神を養ふといふことには異論はないが、神棚といふ形式に就ては心苦しく感ずる人があると思ふ。どうかその人々の良心を圧迫しないやうに当局の御配慮を願つておきたい」というものであった。この意見は、発言者を特定できないが、新聞記事の通りとすると、きわめて控えめな発言と言うべきであろう。これに小野村が出席したかどうかは確認できないが、小野村の一九二〇年、一九二四年の主張、発言者未詳の一九二九年の発言、さらに一九三〇年（「精神か形式か」）の小野村の主張を対比してみると、キリスト教界からの発言の領域がしだいに狭まり、主張が弱まって行く様相を見て取れよう。

### （2）『同胞に送るキリスト者の言葉』における転換

小野村も国体明徴の強調、治安維持法の改正が行われるなかで、神社参拝、神棚設置を容認するようになる。一九四二年の『同胞に送るキリスト者の言葉』では、神社参拝を「崇祖の礼を守ること」であってキリスト者の当然の行為であるとした。今回引用した前二者の主張が緩められ、ほとんど撤回されていると言ってよい。キリスト者が尊崇すべき神社は祖先崇拝の一形式として参拝を容認している。これは発言の時期が異なるけれども、椿真六と変わらない主張であり、時代が両者の距離を埋めていったと言いえよう。

一九四三年には、「大麻奉齋の心得」で神棚設置を迫られたキリスト者（教会員のこども）のために、神棚を大麻奉安所と言い換えて容認している。自伝『豊平物語』（一九六三年刊）によると、それに拠って小野村は、神社問題による起訴（治安維持法違反）を免れることができたという。

## 第五節　まとめ　―戦時下の言説を歴史の中に置く―

戦後になって、戦時下の言説はどのように説明されるのだろうか。本報告で取り上げた二人はどうか。

椿真六の場合、札幌北光教会以後、戦時下の今治教会ではどうであったか、その時代の史料は、戦時の灰燼に帰して失われている。当時の言説は、伝聞あるいは間接的な証言以外、筆者も得ていない。ひるがえって戦後の教会と今治市の復興については、椿の貢献を示す多くの証言がある。いっぽう椿自身の戦後の言説の中には、戦時下で教会が極端な皇国主義に陥ったと批判的な述懐を残している。これなどは、北光教会時代の言説を知る者をして当惑させるものである。戦中の今治教会時代の言説は、私にとって〝失われた環〟であった。椿が一九六六年に札幌北光教会創立七十年記念行事で来札した時も、かつて「日本精神」を高調したことに対して、自ら肯定、否定、弁明をなすことはなかった。

小野村林蔵は、戦後、自伝『豊平物語』を執筆し、逮捕、裁判事件の経過を記し、無罪判決獲得の意義を詳述している。同書では、『神社に対する疑義』や「大麻奉齋の心得」に大きくスペースを割いているが、『同胞に送るキリスト者の言葉』には言及がなかった。戦後の自伝で『神社に対する疑義』に多く関説していることは、戦後、同書の主張を再び自己の思想としたことの表明である。

いったいに戦時下の自らの言説、とくに戦争への協力、神社参拝に対しては、それを正当化する立場があり、かたや全面的に自己否定する立場がある。かつその間に無数の言説と沈黙がある。戦時下のキリスト者の言説は、時期によってその主張を変え、戦争の進行とともにそれ以前とは逆の主張となっていることがしばしばであることはよく知られている。また、それまで異なる主張であったものが、戦時下の進行の中で相互に同様の主張になっていくことがある。本報告の両牧師の言説は、そのような事例であるように思う。それを思想の変化と理解するのが適切であろうか。その変化を含めてそれぞれの思想の全体像を把握する視点も必要なのではなかろうかと考えている。とくに椿真六の場合は、本報告の冒頭に述べた、「史料情報の性格を、戦時下の事実の解明にあたっては、とくに意識して区別をなす必要がある」とした、その①から⑤までの留意点をとくに意識させられる事例であると思っている。

主な出典

・小野村林蔵著『神社に対する疑義』新星社、一九二五年。
・椿真泉（真六）著『日本精神と基督教』中村信以（東京堂発売）、一九三四年。
・浅見仙作著『小十字架』待晨堂書店、一九五二年。
・椿真六著「今治教会再建録抄」（手稿本）一九五八年。
・小野村林蔵著『豊平物語　―伝道と自伝の書―』札幌キリスト教伝道文書刊行会、一九六三年。
・日本基督教団札幌北光教会教会七十周年記念誌編集委員会編『札幌北光教会七十年の歩み』同教会、一九六六年。
・海老沢亮、大内三郎共著『日本キリスト教史』日本基督教団出版局、一九七〇年。
・小野村林蔵著、小野村林蔵全集刊行委員会編『小野村林蔵全集』第二巻、新教出版社、一九七九年。
・拙稿「戦争期、キリスト教徒にみる国家体制順応の思想　―札幌組合基督教会椿真六牧師の場合を事例として―」（『北海道史研究』第二二号～第二六号、一九八〇年～一九八一年、所収。本書特論編第一に再掲）。
・ホーリネス・バンド昭和キリスト教弾圧史刊行会編『ホーリネス・バンドの軌跡　―リバイバルとキリスト教弾圧―』編者、一九八三年。
・岸本羊一著『スキャンダラスな人びと　―レーン夫妻スパイ事件と私たち―』新教出版社、一九九一年。
・札幌市教育委員会編『新札幌市史』第四巻通史四、札幌市、一九九七年。
・日本キリスト教会札幌北一条教会歴史編纂委員会編『日本キリスト教会札幌北一条教会一〇〇年史　一八九〇―一九九五』同教会（市販版：一麦出版社）、二〇〇〇年。
・今治教会資料委員会編『今治教会史録』同教会、二〇〇四年。

［付記］
本稿は、「はしがき」でもふれた通り、二〇一六年九月九日～十日、開催のキリスト教史学会第六七回大会におけるシンポジュウム「札幌とキリスト教　―戦時下のキリスト教」の発題稿である。若干の文言を整え付加したほかは、当日配付したま

ま本書に収録した。個々の内容は、特論編第一「戦争期、キリスト教徒にみる国家体制順応の思想　―札幌組合基督教会椿真六牧師の場合を事例として―」で取り上げたところであるが、戦時下の問題について筆者の一定の見解を示しているので、本書に収録した。

| 小野村林蔵の言説 | その他 |
|---|---|
| ・日本基督北辰教会牧師（のち札幌日本基督教会、札幌北一条教会）に就任。 | |
| ・「神社に対する疑義」を『福音新報』に掲載（『神社に対する疑義の巻頭記事による）〈神社が宗教であることは明白。政府が強制するなら権利の蹂躙。崇拝強要は断じて出来ない〉。別記小野村①参照。 | |
| | |
| ・この頃、全道の教化事業関係者の懇談会開催、強制的に神棚設置を、とする意見がある。<br>・『神社に対する疑義』出版。「国体と神社」。井上哲次郎『我が国体と国民道徳』に対する反論。〈神社神道は祖先尊崇の一形式、国体（万世一系の天皇のしろしめす国）と不可分の関係ではない。神社崇拝を守るか否かは各人に許された自由〉。別記小野村②参照。 | |
| | |
| | 神棚設置に対するキリスト教側の論拠。〈神棚を設くることの趣意即ち肇国の観念、国体の拠って来るところを明徴にし尊皇崇祖の精神を養ふといふことには異論はないが、神棚といふ形式に就ては心苦しく感ずる人があると思ふ。どうかその人々の良心を圧迫しないやうに当局の御配慮を願つておきたい〉（北海タイムス記事）。 |
| ・「精神か形式か」。〈われらは神社の形式に積極的に反対するのではない。ただ神社の形式でなければ崇祖の道が無いとし、従わない者を国賊呼ばわりをすることに断じて反対する者である〉。 | |
| | |
| | |

表1　椿真六牧師、小野村林蔵牧師の言説

| 年 | 次 | 一般史・キリスト教界状況 | 椿真六の言説 |
|---|---|---|---|
| 1918 | 大正7 | | |
| 1920 | 9 | | |
| 1924 | 13 | ・清浦奎吾首相、三教の代表を招く。精神作興と思想善導につき懇談。<br>・日本基督教聯盟、全国基督教教化運動を起こす。 | |
| 1925 | 14 | ・北海道庁、国民精神作興詔書の普及徹底のため、北海道精神作興会設立。 | |
| 1927 | 昭和2 | ・北海道会、キリスト教主義学校（藤女学校、北星女学校）の三大節奉拝遵守について質疑。 | |
| 1929 | 4 | ・北海道庁、「教化総動員運動」全道教化団体有力者の打合会開催。国体明徴、尊皇崇祖のため神棚設置をめぐって論議。 | |
| 1930 | 5 | | ・札幌組合基督教会（現、日本基督教団札幌北光教会）牧師に就任。 |
| 1931 | 6 | ・柳条湖事件。満州事変。 | |
| 1932 | 7 | ・満州国、建国宣言。<br>・5.15事件。犬養毅首相暗殺。<br>・札幌基督教聯盟の愛国運動。統一説教題「基督教徒愛国の叫び」。<br>・上智大学生の靖国神社参拝拒否事件。 | ・「世界救済の大案」。〈基督は福音的方面のみならず、社会的方面（肉体的、物質的困難）に向き合い、支配階級と衝突、十字架に架かる。富の偏在が階級対立を激化。階級対立と公平の要求に基督教徒はいかに指導すべきか。神中心の社会的根本精神の確立を〉。 |

| 小野村林蔵の言説 | その他 |
|---|---|
| | |
| | |
| ・「現代の思想　―其の批判と我等の主張」。〈自由が傾退して、統制時代に入った。日本主義（国家組織が皇室を中心とした綜合家族主義）を批判、その難問はキリスト信仰が解決。日本主義は排撃しない、キリスト教の信仰をもって浄化、向上せしめる〉。 | |
| | |
| | |
| | |
| | |

| 年 | 次 | 一般史・キリスト教界状況 | 椿真六の言説 |
|---|---|---|---|
| 1933 | 昭和8 | ・日本、国際聯盟脱退を宣言。<br>・第2期神の国運動（～34年)。 | ・「祖国と神国」。〈万世一系の皇室、君臣一体が日本にこそ実現〉祖国愛の根拠。<br>・「基督教徒は祖国に不忠なりやの問題に答ふ」〈雑社（鳥・虫などを祀る）を排除、日本精神の対象たる神社（伊勢大廟、歴代諸帝の御社、勲功ある祖先を祀る社）を敬うは当然過ぎるほど当然〉〈基督教の神は、万物に超越した宗教上の対象〉。別記椿①参照。<br>・「世界滅亡の預言」。〈世界は再び大戦乱の惨禍にて亡ぶべし。日本滅亡、世界滅亡はいつまで猶予されるか〉。 |
| 1934 | 9 | | ・第50回日本組合基督教会総会で発題講演「日本精神及国際精神ニ対スル貢献」を発表、『日本精神と基督教』として出版。〈日本の歴史に基督教の精神が働いている〉。 |
| 1935 | 10 | ・天皇機関説に対し、政府、国体明徴を宣言。<br>・日本基督教聯盟の常議員会、この年の停滞の要因を〈保守的思想の重圧、経済的不況の影響、ミッション勢力の減退〉と総括。 | ～1936年。・基督教界教勢不如意、「不進」を言う。〈当教会も5年前の教会では無い〉。 |
| 1936 | 11 | ・2.26事件。斎藤実、高橋是清ら殺害。 | |
| 1937 | 12 | ・盧溝橋事件。日中戦争勃発。<br>・国民精神総動員実施要綱、決定。<br>・日本組合基督教会総会、「支那事変ニ関スル声明」を決議。 | ・「時代の認識と基督教」。〈日本の金は20に満たない大財閥が握っている。高速資本主義に巻き込まれている。基督教精神による世界経済の統制〉を説く。<br>・組合教会総会決議採決に起立しなかったフランク・ケーリ宣教師（小樽在住）に忠告（善処を要求する警告）<br>・「国民精神総動員と日本人基督教徒」。〈日本は極力事件不拡大方針だった。中国側の挑戦が事変の原因。重大な国家の決意行動に対して素人が勝手な判断を下すべきでない〉。 |
| 1938 | 13 | ・西尾幸太郎日本組合基督教会会長、明治天皇御製誤読事件。 | ・「非常時新年　教徒の覚悟」で〈日本の基督教徒の国民道徳として天皇陛下に絶対服従忠誠を誓うべき。三位一体は日本では天皇を加え四位一体。教育勅語、その他の詔勅は神命と拝受すべき〉別記椿②参照。<br>・教会紙『北光』に絵画「神苑朝」（札幌神社、現、北海道神宮社殿）を掲載。 |
| 1939 | 14 | ・宗教団体法成立。40年施行 | ・「旅に見る新時代」。伊勢神宮に参拝、皇室の万歳、皇国の隆盛を奉祷。 |

| 小野村林蔵の言説 | その他 |
| --- | --- |
| | |
| ・開戦当日の朝、北星女学校の生徒たちに戦意を鼓舞する檄を飛ばしていた（溝上茂夫校長の証言）。1944年の逮捕の際の検事論告では〈米英のみが悪いのではない。双方とも悪い〉との生徒の証言を取り上げる。 | ・札幌北光教会H＆Pレーン夫妻、出入りの学生宮沢弘幸、軍機保護法違反容疑で逮捕。懲役12～15年の判決。 |
| ・『同胞に送るキリスト者の言葉』出版。〈国体と国風（神社）は別。政府は神社が宗教ではないという。キリスト者は神社で崇祖の礼を守ること当然〉。別記小野村③参照。 | ・函館本町教会伝道者（元、函館聖教会）小山宗祐、獄中死。<br>・天主公教札幌教区長戸田帯刀司祭、軍事に関する造言飛語で検挙、無罪判決。<br>・旧ホーリネス系教師など治安維持法容疑で、一斉逮捕。札幌新生教会伊藤馨牧師、検挙。43年、懲役4年の実刑が大審院で確定。<br>・日本基督教団北海教区役員会、第6部（旧ホーリネス）牧師慰問の実情などについて、教区長らの巡回を打ち合わせる。 |
| ・「大麻奉齋の心得」。〈神棚設置は大麻奉安が目的。神棚と呼ばず、大麻奉安所と呼ぶ〉。 | ・新生教会、教会認可取り消し。<br>・浅見仙作（無教会）、言論出版集会結社等臨時取締法違反で検挙。<br>・セブンスデー・アドベンチスト教職・信徒、治安維持法容疑で一斉検挙。札幌では金子未逸ら検挙。 |
| ・神社への不敬、反戦的言論容疑で拘引。教会主管者辞任。言論出版集会結社等臨時取締法違反で懲役8か月、執行猶予無しの判決。<br>・日本基督教団北海教区常置委員会、小野村教区長の逮捕・辞任について、「小野村牧師一身ノ思想ニ関スル」ものだが、種々の噂がたつことに対し、「積極的ニ真相ヲ明ラカニシテ誤解ヲトク必要アリ」と議決。 | ・札幌地裁、浅見仙作に治安維持法違反で懲役3年の判決。<br>・陸軍被服本廠、札幌大通基督教会（独立教会）会堂を倉庫として接収。<br>・天主公教札幌北一条教会伝道館、陸軍警備隊に接収。 |
| ・札幌控訴院にて無罪判決。教会主管者に招聘。 | ・大審院（裁判長三宅正太郎）、浅見仙作に再臨は希望、待望のみ、と無罪判決（前年、三宅は、きよめ教会辻啓蔵へは、千年王国が「国体否定」として、治安維持法適用、実刑2年の判決）。 |

| 年 | 次 | 一般史・キリスト教界状況 | 椿真六の言説 |
|---|---|---|---|
| 1940 | 昭和15 | ・皇紀二千六百年奉祝全国基督教信徒大会開催。 | 日本組合基督教会紀元二千六百年紀念大修養会開催。集団で橿原神宮参拝。椿、率先参拝。「紀元二千六百年を迎へ基督教徒の覚悟」。日本精神の定義〈万世一系の天皇、天皇に対し奉りて臣民の忠誠〉〈日本精神は日本精神、基督教精神は基督教精神。教理と道徳とを明快に区別すること正道〉。 |
| 1941 | 16 | ・改正治安維持法公布、施行。<br>・日本基督教団、創立総会。<br>・対米英宣戦布告。<br>・言論出版集会結社等臨時取締法公布。 | ・「時局の為に祈る」（11月30日の説教）〈日米の協調、日米が双方の立場を離れて神の御心を知らねば解決がつかぬ。日米問題解決のために祈る〉。<br>・『北光』掲載の「依然世界はキリストの救いを要す」で２日間拘留。 |
| 1942 | 17 | | ・「会員及び会友（「北光」講読者）諸君に呈す」。〈日本は敢然と立ち、宣戦の大詔に至る。基督教徒の実践道徳によれば、主権者の命令は神の命令。これを実行する以外に別の道はない〉。別記椿③参照。<br>・札幌北光教会辞任。翌43年今治教会牧師に就任、戦後に至る。 |
| 1943 | 18 | | ・陸軍被服本廠、札幌北光教会会堂、北光幼稚園舎を倉庫として接収。札幌教会明星幼稚園舎に移転。<br>・北光教会代務者木村清松牧師、函館での講演で「天皇も一夫一婦制」と述べて数日留置。 |
| 1944 | 19 | | |
| 1945 | 20 | | |

| 小野村林蔵の言説 | その他 |
| --- | --- |
| | ・伊藤馨、金子未逸釈放。 |
| ・北一条教会牧師辞任。 | |
| ・北一条教会牧師再任（～ 1961年）。 | |
| | |
| | |
| ・『豊平物語―伝道と自伝の書―』出版（『泉』53 ～ 58年に連載）。大通未決刑務所入所の際、伊藤馨、浅見仙作も入所と、思いをはせたと。 | |

抑、基督教の実践道徳によりますれば、主権者の命令は、直ちに神の命令であります。されば之を実行する
外に又別の道はありません。
更に、基督教の根本道徳は、愛と義とでありますが、この際、基督教徒のみならず、一般国民が、大に慎む
き事は、国是、国策を徒に批評する事であります。妙想妙案があらば或は議会、或は翼賛会、或は其他の下
機関を通し、一定の筋道により、上申するは誠に、国に忠なる所以でありますが、無責任なる批評は極めて
けねばなりません。
殊に、口は禍の門となり易く、筆は誤解の種子となり易くありますから、特に謹《(ママ)》む必要があります。
小野村①：近時政府当局者が、頻りに奨励し、或る場合には強要しつゝある神社崇拝の如きは、信仰上、思
上、幾多の疑義を伴ふ事件であって、時には真理が無視せられ、正義が蹂躙せられつゝあるかのやうな感を
へるものがある。……従って神社崇拝を政府が命令を以て国民に強ひるなら、それは明白に憲法第二十八条
よって我等に約束せられたる、我等の権利の蹂躙である。政府当局者にして『国憲を重んじ』る精神のある
り、それが官吏であらうが、軍人であらうが、はた学生、生徒であらうが、之れに神社崇拝を強ひる事は断
て出来ない筈である。
小野村②：神社崇拝の奨勵といふ事は、果して理に於て正しく、手段に於て賢明なものであらうか。私は疑
なきを得ない。……神社神道が宗教であるなら、日本国民は憲法第二章第二十八条に保証せられて、当然に
れに対して自由な態度を持し得るのである。……神社神道は、祖先尊崇の方法の一形式に過ぎないのである。
…神道は、従ってまた神社は、我が日本国の国体にとって、何等根本的関係を持ってゐるものでは無いので
る。されば神社崇拝を守ると否とは、勿論各人に許された自由である。
小野村③：政府の主張に従えば神社は宗教ではないのです。したがって神社に捧げらるる礼拝は、宗教的な
味のものでなく、感謝、報恩の念をもって、祖先の崇敬の誠を致すのであります。こうした意味の崇敬を捧
るものである限り、キリスト教信仰は、もとより神社崇拝に異議のあるべきはずはないのであります。われ
キリスト者は、天皇陛下の御真影に対し、あるいは御歴代の御陵に対し、日本国民に当然の敬虔な敬礼を捧
来たったものであります。その純粋な崇敬の念をもって、皇祖、皇宗の霊廟を崇拝することは、キリスト教
虔にとって極めて自然のことであります。かく思想の本質においては、はた敬虔の実質において、キリスト
は神社崇拝と何等の矛盾も摩擦もないものであります。……今日においては、キリスト者は神社で崇祖の礼
守ることを、当然のこととしているのであります。

| 年　次 | | 一般史・キリスト教界状況 | 椿真六の言説 |
|---|---|---|---|
| | 敗戦後 | ・ポツダム宣言受諾、敗戦。 | ・(戦後) ケーリ宣教師への〝忠告〟は〈あれは特高に目をつけられていたケーリ先生を助けるための芝居であった〉と同宣教師子息オーティス・ケーリに弁明。 |
| 1953 | 昭和28 | | |
| 1956 | 31 | | |
| 1958 | 33 | | ・「今治教会再建録」(手稿本)。〈有力信徒の中にキリストか天皇かと問われたら天皇を信ずると公言する人があった。牧師はこの苦難を経てやがてキリスト教の時代が来る〉と。 |
| | | | ・「回顧と反省」。〈終戦までは、教会の精神的破壊。教会は極端な皇国主義思想に乗っ取られて仕舞った〉と。 |
| 1963 | 38 | | |

【別記】

○椿①：それぞれ有益なるまた功労ある程度に於て尊敬は払ひますが、その教の信者ではありません。……鳥を祀り、虫を祀り、無名、有名、迷惑至極の雑社も、おびただしく……これも敬礼せよと云った処で、それは基督教徒ならずとも、心ある国民は御免を蒙るのみならず却って反対するでありませう。……日本人として、皇室を尊び、伊勢大廟其他歴代諸帝の御社、若しくは全ての勲功ある吾等の祖先を祀れる社を敬ふは、当然すぎる程当然であります。……私達は、出所進退の知れたる日本精神の対象たる神又は神社は崇敬愛護する。しかし、それ以外の無智迷信の産物たる虚盲の雑神雑社は、日本を薬るものとして極力排撃します。光栄ある進歩しつつある大日本帝国々民の名に於て堂々と排撃します。……(キリストの神は) 万物の上に超絶し、万物を創造し、万物を常に化育し、また人類を罪より救ひ、霊を贖ひ、人類に永遠の生命を賜ふ神であります。乃ち宇宙の唯一神、霊なる神であります。宇宙悉くの精霊が跪くべき神であります。これこそ宗教上の対象の神であります。(日本の〝神々〟は) 如何に其威徳は崇高なりとも吾等国民の祖先としての神……依然、吾等の先祖たる人間として、今は霊界に在す神であります。

○椿②：日本臣民たる我等は基督教徒の国民道徳として、天皇陛下に絶対服従忠誠を誓ふべきである。

基督教神学には、三位一体の教理がある。日本に在りては、四位一体と申し得る。

陛下は、日本臣民に対し、地上国民生活に就きては、神徳を代表致し給う方である。されば基督教徒は、国民としては、陛下に絶対服従、忠誠を尽さねばならぬ。

吾等は、教育勅語、其他一切の詔勅を、目下に於ける神命と拝受尊奉致すべきである。

個人主義なる基督教徒は、自己の良心を主張するかも知らぬが、日本国に在りては、天皇陛下に於かせらるる程、優れたる心を御持ちになり、御活用遊さる方は、他に一人もないのである。況や草奔末枝の微臣どもが、己が良心を云々するが如きは、以っての外と申すべきである。若しも吾等をも、神が、国家の枢機に参与せしめ給うとすれば、それはそれとして、参与奉翼、奉答の正しき道がそれぞれ備へられあり、この方面より、吾等は不肖なれども、陛下の御徳に触れ奉る光栄を有するのである。

○椿③：昨年末は、事変不拡大の方針にて、日本があらゆる手段を講じたるにも拘らず、米国大統領ルーズベルトの頑迷と不遜とは、遂に之に応ぜず、為に日本は敢然と立つに至り、畏くも米英に対する宣戦の大詔を拝するに至りました。

詔書を拝し奉るに

「洵ニ已ムヲ得サルモノアリ豈朕ガ志ナラムヤ」

とありますが、誠に恐懼の外はありません。

# あとがき

「はしがき」にも書きましたが、この本は、当初、『札幌キリスト教史　―通史と研究―』として構想されたものの一部です。私のこころづもりでは、できれば生涯にあと二冊の著作をと考えていたもののうち、うしろから二番めとなるはずでした。それが「はしがき」に書いたとおり、はからずも二番めと三番めの著作を公することになり、この本がうしろから三番になりました。思わぬ展開でした。

通史と研究とを分けることは、それでよかったと思っていますが、『札幌キリスト教の研究』と題してみると、副題に「通史への試み」と添えたとはいえ、それでよかったかと思う気持ちがないわけではありません。その一つはこの書名ですと、本来ならこれまでの札幌のキリスト教史の研究全体を見渡して、先行する諸研究の成果を評価したうえで、この本のそれぞれの論文を研究の流れに位置づける必要がありますが、今回はそれをしていません。もともと通史のためにまとめた研究ですから、各章、各編の最初に必要に応じて関係の研究にふれていますが、その程度にとどまっています。いまひとつは今後どなたかが、本格的な『札幌キリスト教史の研究』を公しようとすることがあろうかと考えると、この書名を私が専有してよいかなと思わないでもありません。とはいえほかの題名が思いつきませんので、これもお許しいただきたいと思っています。

ところで、ここに収録した研究は、『新札幌市史』のために行った作業です。「はしがき」で各章、各編の要旨をあらかじめ紹介しましたが、それをさらに要約すると、私が意図したのは、まず通史をどのように考えるかでした。私としては自治体史にあってもキリスト教史は時期区分をはっきり定めて書くこと（『新札幌市史』では、全体の時期区分に従いましたが）、そして戦前だけでなく戦後を含めてとぎれなく連続してたどることが必要で、そのためにあらかじめどのように描くか、考えておきたいと思いました。つぎに通史の対象となるキリスト教会がどのように存在したか明らかにしておきたいと思いました。戦前のすべての教会の名称と所在地、会堂の変遷を明らかにしたり、戦後も教会の所在地を網羅して分布図にしたりしました。そしてさらに戦時下の教会とキリスト者がどのように戦争と国家に向き合ったか、それを通史にどのように書くことができるかを考えておきたいと思いました。戦時下の問題は、この本でも大きなウエイトを占めています。

私は、いくつかの個所で、戦時期のキリスト教を考えるときは、起こった当時の事実とその時の認識・解釈と戦後、になって与えた評価、現在の評価をそれぞれ区別して捉える必要があることを述べました。そして過去に対して行う現在の評価を生みだす視点がどのようなものか、見据えておく必要があるとも述べました。過去に対して弁明する、あるいは批判する歴史をみる眼が、それぞれにどこから生まれるのか、ということです。

この本で取り上げた戦時下の様相に対して、私の立ち位置はそれを批判するところにあると思われるかもしれませんが、私としては戦時下のキリスト教界の指導者に対してそれを批判の対象とすることで終わるものではないと考えています。それは私の戦時下のキリスト教との〝遭遇〟によるものです。

一九五五年頃であったと思いますが、高校生であった私は、ある日、札幌北光教会の日曜学校の教師室を掃除していました。そのとき偶然、戦時下に創刊された日本基督教団日曜学校局編『教師の友』（月刊）を見つけました。それは日曜学校（教会学校）教師のための説教案、分級案の参考書ですが、そこには「忠君愛国」（一九四二年十二月号）など、戦争を鼓吹する記事であふれていました。これは私にとって思いがけない衝撃でした。教会が戦争に〝率先垂範〟していたことをはじめて知りました。戦時下では札幌北光教会も献金を集めることで苦労した話を会計役員をしていたらしい父から聞くことがありました。教会堂を陸軍被服廠に強制的に接収され、幼稚園ごと移転を余儀なくさせられましたから、教会はいわば戦時下の被害者であったと思っていました。戦後は、一転してキリスト教は陽の目をみます。札幌北光教会の説教などでは〈キリスト教への真の理解なくして、日本の民主主義は確立できない〉と、キリスト教が民主主義の旗手であるかのように語られていました。

しかし、戦時下では札幌北光教会でも戦争完遂の説教が語られ、戦闘機の献金が集められましたが、もはやその事実は人の口の端に上ることはありませんでした。教会の客員また会員であったハロルド・レーン、ポーリン・レーン夫妻がスパイ容疑（軍機保護法違反事件）の冤罪で有罪とされたことも、アメリカ人だから母国に強制送還されたのだというくらいに私などは思っていました（レーン夫妻は、戦後再び札幌に戻ってこられましたが）。

このような教会の中で、戦争に追従した姿を突然知ったのですから、それは仰天の一事でした。その時の遭遇は今でも鮮明です。このとき私が思ったことは、戦時下のキリスト教界の指導者たちに対する不信や批判ではありませんでした。そうではなく、もしそのような時代になったなら、自分も大勢に惹かれて戦争に同調し、銃を担って戦場に赴くのか、そうはなりたくないがどうなるだろうかという怖れと不安でした。戦争に反対し平和を語ることは、今の時代でなら可能であるけれども、世の中が戦争に向かったときには、どのようになるのかと、自分の不確かさを思ったものです。そうならないためには、どのようであったらよいのかという、素朴で高校生には大きすぎる問いを私は抱えたものでした。

その後も、戦時下のキリスト教界における戦争協力の言葉を多く知るようになりますが、特論第一の椿真六牧師の論説を北光教会史編集のなかで分析することで、多くの示唆をえることになります。そして特論第一を生みだす直接のきっかけが一九六八年頃からキリスト教界も広く取り組んだ靖国神社国営化問題でした。以来、五十年にわたって私なりにこの運動に深く関わるのですが、椿真六牧師の論説は、理論と実践のあり方の両面で私の反面教師ではありました。そして椿牧師の国家体制順応の問題は戦争期の問題にとどまらず、さらにさかのぼって近代百五十年にわたる日本のキリスト教史全体をどのように考えるか、歴史を解明する手がかりともなりました。七十数年前の事実をどのように捉えるか、当時の轍を踏まないためには、その時の指導者を批判すれば負の歴史を克服できる問題でもないでしょう。その時代を正視する、それによって歴史を明らかにしていく方向を新たに開いていく、それがいまの私の立ち位置です。

このようにして私の生涯のうしろから三冊めの本を世に送るわけですが、若い頃ですといくら時間をかけても最後にはできるはずだと思っていました。かつて私の最初の著作、『北海道町村制度史の研究』(北海道大学図書刊行会、一九八五年刊。うしろから数えて一冊めと考えていたのは、これの続編ですが)の「あとがき」の締めくくりに、旧約聖書「ヨブ記」の一節を掲げました。北海道立文書館設立直前の多忙であったさなかに、勤務外の時間を紡ぎ出して執筆と校正に励んだものでしたが、幸いなことにその時間を備えられました。それでヨブ記にその思いをあらわしたつもりです。いまそのような時間といのちが許されているかどうか、ふたたびヨブ記に聞くときのようです。

この本が私の〝遺稿集〟にならないため、出版事情のきびしいさなか、私の願いを形としてなして下さった北海道出版企画センターの野澤緯三男氏には感謝しています。また、原稿の精査を札幌元町教会で礼拝を共にしている神田いずみさん(北海道大学大学院生。博物館学)にお願いしました。お二人のご助力にはお礼を申し上げます。追ってつぎの『札幌キリスト教史』(仮称)を公にできればと願っているところです。

主《しゅ》が与《あた》え、主《しゅ》が取《と》られたのだ
主《しゅ》のみ名《な》はほむべきかな
(ヨブ記第一章二十一節)

二〇一八年十二月

鈴江　英一

呉根睦編『在日本朝鮮基督教会第一回大会々録』、編者、1934年８月。

「札幌市史編集資料」21宗教（１）調査資料、1950年（札幌市公文書館所蔵)。

同志社大学人文科学研究所、キリスト教社会問題研究会共編『戦時下のキリスト教運動 ― 特高資料による』１～３、新教出版社、1972年６月～73年８月。

戸村政博編『神社問題とキリスト教（日本近代キリスト教史資料、１)』新教出版社、1976年８月。

北海道キリスト教史料調査会編「北海道キリスト教会史史料目録」上、下（『日本宗教史研究年報』４～５、1981年12月～1983年11月。

日本基督教会北海道中会歴史編纂委員会編『日本基督教会北海道中会記録　1903年―1961年』新教出版社、1983年10月。

松尾尊兊「組合教会と朝鮮伝道」(『思想』1968年７月号)。

松尾尊兊「三・一独立運動と日本プロテスタント」(『思想』1968年10月号)。

森岡巌、笠原芳光共著『キリスト教の戦争責任』教文館、1974年。

金田隆一「1930年代における統一戦線の問題　―不統一の一要因としてのキリスト教会の問題点」(『苫小牧工業高等専門学校紀要』第11号、1976年３月)。

同志社大学人文科学研究所編『戦時下抵抗の研究』Ⅰ、Ⅱ、みすず書房、1968年１月、1979年２月（新装版２刷。初版：1969年３月)。

金田隆一著『戦時下キリスト教の抵抗と挫折』新教出版社、1985年10月。

原島正「日本基督教史の時期区分　―小崎弘道を中心に―」(石田一良編『時期区分の思想』ぺりかん社、1986年２月)。

土肥昭夫「『日本基督教団史資料集』の意図と構想」(『教団新報』第4167号、1988年11月15日付)。

五十嵐喜和「新日本基督教会における教会史の編纂と叙述について」(『日本の神学』28、日本基督学会、1989年９月)。

鈴江英一「北海道のキリスト教史研究について」(北海道基督教学会『基督教学』第27号、1992年７月)。

鈴江英一「自治体史のなかのキリスト教史　―札幌市史の経験を中心に―」(『日本プロテスタント史研究会報告』第51号、1994年１月)。

鈴江英一「地域キリスト教史の試み　―札幌の事例による―」(『横浜プロテスタント史研究会報』№16、1995年４月)。

武田清子『歴史をつらぬく神の真実　―二十一世紀への心のいしずえ―』札幌北一条教会、1995年10月。

土肥昭夫・田中真人共編著『近代天皇制とキリスト教』人文書院、1996年３月。

鈴江英一著『キリスト教解禁以前　―切支丹禁制高札撤去の史料論―』岩田書院、2000年11月。

鵜沼裕子公開講演「日本キリスト教史研究に従事して　―回顧と展望―」(『キリスト教史学』第66集、2012年７月)。

**道内教界・教会紙**

札幌基督教青年会（創刊時：札幌日本基督教会青年会)『北海教報』、1898年１月創刊。

札幌組合基督教会『北光』、1914年４月創刊。一時期、日本組合基督教会北海部会紙。

フランシスコ会『光明』1916年１月創刊。

**史資料・史料集**

「札幌基督教会一覧表」(伊東正三編『札幌区史史料　第一（宗教)』、所収、市立函館図書館所蔵)。

北海道史編纂掛編『北海道ニ於ケル宗教』(北海道大学付属図書館管理)。

「基督教々会堂講義所及び信徒数調（大正十四年末現在)」

札幌市役所『札幌宗教関係書類』１～22、1927年～1943年（北海道立図書館所蔵。原題：『社寺関係書類』『宗教結社届綴』『寺院教会規則認可関係』など)。

2009年10月。

**伝記・自伝・人物研究（論説を含む）**

小野村林蔵著『神社に対する疑義』新星社、1925年12月。

椿真泉（真六）著『日本精神と基督教』中村信以（東京堂発売）、1934年11月。

浅見仙作著『小十字架』待晨堂書店、1952年11月。

小野村林蔵著『豊平物語　—伝道と自伝の書—』札幌キリスト教伝道文書刊行会、1963年12月。

金田隆一「戦時下におけるキリスト者の抵抗　—矢内原忠雄の主として「通信」をめぐって—」（『苫小牧工業高等専門学校紀要』第４号、1969年３月）。

金田隆一「戦時下におけるキリスト者の受難　—ホーリネス系伊藤馨の場合—」（『苫小牧工業高等専門学校紀要』第５号、1970年３月）。

金田隆一「十五年戦争下における日本基督教会の歩み　—主として札幌北一条教会小野村林蔵牧師を通して—」（『苫小牧工業高等専門学校紀要』第12号、1977年３月）。

小野忠亮著『宣教師・植物学者フォリー神父（キリシタン文化研究会シリーズ、15）』キリシタン文化研究会、1977年４月。

椿貞子編著『陽子の坂道』椿貞子後援会、1977年10月。

小野村林蔵著、小野村林蔵全集刊行委員会編『小野村林蔵全集』第２巻、新教出版社、1979年７月。

岸本羊一著『スキャンダラスな人びと　—レーン夫妻スパイ事件と私たち—』新教出版社、1991年７月。

「石黒良吉叔父聞書き」1994年１月、筆者聞取。

北村正直「北村正直氏聞書き（1999年） 戦後の札幌市内のキリスト教会事情　—福音ルーテル教会信徒の視点から—（札幌市史編纂資料）」札幌市教育委員会文化資料室、1999年７月４日、筆者聞取。

李清一「北海道・樺太伝道と韓泰裕牧師（歴史コラム㉒）」（在日大韓基督教会編『福音新聞』第615号、2003年８月１日付）。

**キリスト教史研究**

小崎弘道著「国家と宗教」（『小崎全集』第２巻、日本基督教史、小崎全集刊行会、1938年10月）。

上良康「教会形成の観点から見た宣教百年の教勢に関する考察」（上良康、加藤邦雄執筆、日本基督教団宣教研究所編『プロテスタント百年史研究』日本基督教団出版部、1961年３月）。

隈谷三喜男著『日本社会とキリスト教』東京大学出版会、1961年６月（５刷）。

和田洋一、佐々木敏二共編「昭和十二・三年におけるキリスト教運動」（『キリスト教社会問題研究』第８号、同志社大学人文科学研究所、1964年４月）。

武田清子著『土着と背教』新教出版社、1967年２月。

土肥昭夫「大正デモクラシー期におけるキリスト者の政治論」（『キリスト教社会問題研究』13、同志社大学人文科学研究所、1968年３月）。

主をほめたたえよ―』、同教会、1977年12月。

札幌独立キリスト教会教会史編纂委員会編『札幌独立キリスト教会百年の歩み』上巻、下巻、同委員会、1982年10月～1983年3月。

カトリック北一条教会宣教100周年記念誌編集委員会編『神の愛　われらに満ちて　―カトリック北一条教会宣教100周年記念―』同教会、1982年12月。

カトリック北十一条教会記念誌委員会編『フルダから札幌へ　―カトリック北11条（聖フランシスコ）教会創建75周年記念―』同教会、1984年12月。

札幌正教会百年史委員会編『札幌正教会百年史』札幌ハリストス正教会、1987年8月。

カトリック円山教会編『五十年のあゆみ　―カトリック円山教会創立50周年記念―』同教会、1987年11月。

日本基督教会札幌桑園教会30周年記念誌編集委員会編『札幌桑園教会30周年記念誌』同教会、1989年6月。

札幌新生教会史編纂委員会編『札幌新生教会八十年史』ホーリネスの群札幌新生教会、1990年8月。

「札幌教会百年の歩み」編集委員会編『札幌教会百年の歩み』日本基督教団札幌教会、1992年7月。

札幌教会宣教七十五周年記念誌委員会編『宣教七十五周年の歩み』日本福音ルーテル札幌教会、1992年12月。表紙の書名：『宣教七十五年の歩み』。

日本聖公会札幌キリスト教会歴史編集委員会編『日本聖公会札幌キリスト教会百年の歩み』同教会、1993年4月。

札幌北一条教会歴史編纂委員会編『日本キリスト教会札幌北一条教会100年史略年表』同教会、1995年10月。

中川収［編纂責任］『日本キリスト教会札幌豊平教会略年表　1949―2000』同教会、2000年5月。

日本キリスト教会札幌豊平教会編『日本キリスト教会札幌豊平教会建設40周年記念誌』同教会、2001年12月。

日本キリスト教会札幌北一条教会歴史編纂委員会編『日本キリスト教会札幌北一条教会100年史　1890―1995』同教会（市販版：一麦出版社）、2000年10月。

カトリック北一条教会信友会「宣教120周年記念事業委員会記念誌小委員会」編『「喜び、祈り、感謝」　―カリック北一条教会宣教120周年記念―』同教会、2002年3月。

今治教会資料委員会編『今治教会史録』同教会、2004年7月。

**学校史**

大山綱夫著『札幌農学校とキリスト教』EDITEX、2012年7月。

**団体・会社史**

北海道YMCA百年史編纂委員会編『すべてのわざには時がある　―北海道ＹＭＣＡ百年史―』北海道YMCA、1997年10月。

土屋博、寺岡宏共著『北海道大学キリスト教青年会の歩み　―羊たちの群像―』同青年会、

竹中正夫著『倉敷の文化とキリスト教』日本基督教団出版局、1979年11月。

福島恒雄著『北海道キリスト教史』日本基督教団出版局、1982年7月。

真山光弥著『尾張名古屋のキリスト教　―名古屋教会の草創期―』新教出版社、1986年1月。

札幌市教育委員会文化資料室編『札幌とキリスト教（さっぽろ文庫、41)』札幌市・札幌市教育委員会、1987年6月。

長野県史刊行会編『長野県史』通史編第7巻～第9巻近代1～3、長野県、1988年。

群馬県史編さん委員会編『群馬県史』通説編第9巻近現代3、群馬県、1990年。

庄司一幸著『須賀川プロテスタント伝道史』(「須賀川・郡山へのプロテスタント伝道史(1)」（郡山地方史研究会編『郡山地方史研究』第22・23集、1993年3月、及び「須賀川プロテスタント伝道百年史」2（1995年の著作）の合冊)。

新潟プロテスタント史研究会編『新潟県キリスト教史』上巻、下巻、新潟日報事業社出版部、1993年12月
一色哲「戦後沖縄キリスト教史研究の方法と課題　―地域教会形成とキリスト教交流史の試み―」(『キリスト教史学』第59集、2005年7月)。

本井康博著『近代新潟におけるプロテスタント』思文閣出版、2006年11月。

坂井信生著『福岡とキリスト教　―ザビエルから現代までの変遷を追って―』海鳥社、2012年4月。

松本汎人著『長崎プロテスタント教界史　―東山手から始まった新教の教会―』上巻、中巻、下巻、長崎文献社、2017年6月。

**個別の教会史（修道院を含む）**

救世軍北海道聯隊札幌小隊編「救世軍[札幌]小隊歴史」、1928年6月使用開始(同小隊の「日記」。同小隊所蔵)。

林恒衛著『札幌市に於ける天主公教会』(稿本。カトリック北一条教会所蔵。カトリック北一条教会信友会「宣教120周年記念事業委員会記念誌小委員会」編『「喜び、祈り、感謝」カトリック北一条教会宣教120周年記念』(同教会、2002年3月)に「天主公教会教会誌歴」として掲載)。

日本基督教会札幌北一条教会創立六十年史編纂委員会編『日本基督教会札幌北一条教会創立六十年史』同委員会、1956年12月。

椿真六著「今治教会再建録抄」(手稿本)、1958年11月。

武田利信、細谷良彦共編『山鼻カトリック教会三十年のあゆみ』、同教会三十周年記念祝典委員会、1960年12月。

日本基督教団札幌教会教会史編纂委員会編『札幌教会年表』、同教会、1963年9月。

日本基督教団札幌教会教会史編纂委員会編『川畔の尖塔　―札幌教会75年史―』同教会、1964年9月。

日本基督教団札幌北光教会教会七十周年記念誌編集委員会編『札幌北光教会七十年の歩み』同教会、1966年10月。

日本基督教団今治教会編『日本基督教団今治教会九十年記念誌　―わたし達の教会―』同教会、1970年9月。

新名忠臣著『教会組織五十周年記念誌　―セブンスデー・アドベンチスト教団札幌教会史、

年１月。

中村敏著『日本キリスト教宣教史　―ザビエル以前から今日まで―』いのちのことば社、2009年５月。

**日本神学史**

古屋安雄、土肥昭夫、佐藤敏夫、八木誠一、小田垣雅也共著『日本神学史』ヨルダン社、1992年４月。

**教派・教団史**

ゲルハルト・フーベル「フランシスコ会北海道布教小史」１～17（『光明』第1173号～1190号附録、1957年１月13日～５月19日付）。

日本聖公会北海道教区歴史編纂委員会編『教区九十年史』同教区、1966年３月。

日本基督教団史編纂委員会編『日本基督教団史』同教団出版部、1967年３月。

高木一雄著『明治カトリック教会史研究（キリシタン文化研究会シリーズ、18～20）』上、中、下、キリシタン文化研究会、1978年11月～1980年６月。

塚田理著『天皇制下のキリスト教　―日本聖公会の戦いと苦難―』新教出版社、1981年８月。

梶山積著『使命に燃えて　―日本セブンスデー・アドベンチスト教会史―』福音社、1982年11月。

中川宏監修、仁多見巌編著『北海道とカトリック』戦前篇、「北海道とカトリック」出版委員会、1983年５月。

ホーリネス・バンド昭和キリスト教弾圧史刊行会編『ホーリネス・バンドの軌跡　―リバイバルとキリスト教弾圧―』編者、1983年９月。

五十嵐喜和著『日本基督教会史の諸問題』改革社、1983年９月。

日本基督教会北海道中会歴史編纂委員会編『北のひとむれの歩み　―日本基督教会北海道中会の諸教会の歴史と年表―』同委員会、1983年10月。

高木一雄著『大正・昭和カトリック教会史（日本と教会、２～５）』１～４、聖母の騎士社、1985年１月～９月。

大宮溥「メソヂスト教会と日本基督教団」（日本基督教団教職者懇談会編『合同教会としての日本基督教団　―その教派的伝統と特質をめぐって―』新教出版社、1989年６月）。

塩野和夫『日本組合基督教会史研究序説』新教出版社、1995年３月。

金田隆一著『昭和日本基督教会史』新教出版社、1996年４月。

高木信二、ウィリアム・マッキンタイヤ共著、高木信二編『日本末日聖徒史　1850―1980年』ビーハイブ出版、1996年６月。

大島良雄「小樽拠点の宣教活動　1902年―1914年」（『関東学院大学文学部2000年度紀要』、2000年７月）。

李清一著、在日大韓基督教会歴史編纂委員会監修『在日大韓基督教会宣教100年史　1908―2008』かんよう出版、2015年12月。


**地方・地域キリスト教史、札幌市以外の自治体史**

東京百年史編集委員会編『東京百年史』第３巻、東京都、1972年７月。

# 主な参考文献目録

1. ここには、本書を執筆するにあたって参照、引用したおもな文献を収録した。
2. 収録にあたっては、著編者、書名・論文名、副書名・副題、(叢書名)、巻号次、発行所名、刊行年月次（論文の収載書名・雑誌名、刊行年月次ほか）などの順に記載した。刊行年・月次は筆者が利用することができた版次・刷次によって記載し、必要に応じてその初版・初刷の年次・月次を記載した。
   なお、刊行年は、すべて西暦で記載した。元号による表示も西暦に換算して記載した。
3. 記載の事項は、それぞれの奥付の表示を転記した。ただし、表紙その他の表示によって補ったところもある。[　　　] を付したのは、筆者の判断で補った部分を示す。
   なお、この目録では、漢数字で標記されている巻号次を算用数字に代えた。
4. 収録にあたっては、各文献の主題などによって分類を施した。各分類項目の中の排列は、刊行年月次または作成年次の順に行った。刊行年・月次及び作成年次が明らかではないものについては、推定して排列を行った。

**北海道史・札幌市史**


伊東正三編『札幌区史』札幌区、1911年7月。

北海道庁編『北海道史』第1、同庁、1918年12月。

札幌市役所編『札幌市史』社会文化篇、同市役所、1958年4月。

鈴江英一著『北海道町村制度史の研究』北海道大学図書刊行会、1985年3月。

札幌市教育委員会編『新札幌市史』第4巻通史4、札幌市、1997年3月。

新札幌市史編集室編『札幌の歴史』第13号、札幌市教育委員会文化資料室、1997年8月。


**日本キリスト教史一般**


小崎弘道「日本基督教史」(『小崎全集』第2巻、小崎全集刊行会、1938年10月)。

久山康編『近代日本とキリスト教』大正・昭和篇、基督教学徒兄弟団、1956年11月。

片子沢千代松著『日本新教百年の歩み』日本YMCA同盟、1957年8月。

上良康、加藤邦雄執筆、日本基督教団宣教研究所編『プロテスタント百年史研究』日本基督教団出版部、1961年3月。

久山康編『現代日本のキリスト教』基督教学徒兄弟団、1961年11月。

海老沢亮著『日本キリスト教百年史』日本基督教団出版部、1965年9月（3版。初版：1959年7月）。

都田恒太郎著『日本キリスト教合同史稿』教文館、1967年12月。

呉允台著『日韓キリスト教交流史』新教出版社、1968年10月。

海老沢有道、大内三郎共著『日本キリスト教史』日本基督教団出版局、1970年10月。

土肥昭夫著『日本プロテスタント・キリスト教史』新教出版社、1980年7月。

小野静雄著『日本プロテスタント史』上、下、聖恵授産所出版部、1986年2月～5月。

日本キリスト教歴史大事典編集委員会編『日本キリスト教歴史大事典』教文館、1988年2月。

久山康編『日本キリスト教教育史』思潮篇、キリスト教学校教育同盟、1993年5月。

志茂望信著『物語日本キリスト教史　―日米キリスト者群像を辿る―』新教出版社、1998

# 人名索引

＜凡例＞

・この索引では、第１部各論編、第２部特論編の各章の本文（表を含む）のなかに記載されている個人の氏名を収録した。
　註に記載した文献の著者・執筆者名は除外したが、註のなかでその著者・執筆者の主張を参照している場合は、その著者・執筆者名を収録した。

・収録にあたっては、姓のみ記載している場合は、名前に［　］を付して補うか、または姓名がそろっている項目に加えて検索できるようにした。

・別名、筆名など本名を参照すべき項目がある場合は、→（を見よ）、または→：（をも見よ）を付して参照できるようにした。

・人名は姓ついで名の50音順に排列した。人名の読みが特定できない場合は類推して排列したものもある。

・外国人の場合は、ふつう使われている表記により記載している。

・特論編第１の場合は、全編、「椿真六」を対象とし、第２の場合は、全編、「椿真六」および「小野村林蔵」を対象としているので、第１では「椿真六　123～208」とし、第２では「椿真六　209～229」および「小野村林蔵　209～229」とし、一括して記載した。

**著者略歴**

鈴江英一（すずえ　えいいち）

1939年　札幌市に生まれる
1959年　北海道総務部に勤務
1968年　慶應義塾大学文学部卒業
1985年　北海道立文書館に勤務
1993年　国文学研究資料館史料館教授
2001年　北海道大学博士（文学）の学位取得
2002年　国文学研究資料館史料館長併任
2003年　北海道教育大学教授（札幌校）
2005年　同上退職

現在　北海道史研究協議会常任幹事、古文書学会評議員
主著　『札幌北光教会七十年の歩み』（共編、日本基督教団札幌北光教会、1966年）
『松前町史』史料編第1～4巻、通説編第1巻上・下（共編、松前町、1974－88年）
『北海道町村制度史の研究』（北海道大学図書刊行会、1985年）
『札幌とキリスト教（さっぽろ文庫、41）』（共編、札幌市教育委員会、1987年）
『開拓使文書を読む』（雄山閣出版、1989年）
『町村制の発足（史料叢書、3）』（編集、名著出版、1999年）
『キリスト教解禁以前　―切支丹禁制高札撤去の史料論―』（岩田書院、2000年）
『近現代史料の管理と史料認識』（北海道大学図書刊行会、2002年）
『日本のアーカイブズ論』（共編、岩田書院、2003年）
『開拓使文書の森へ　―近代史料の発生、様式、機能―』（編著、北海道出版企画センター、2005年）
『教会アーカイブズ入門』（共著、いのちのことば社、2010年）



札幌キリスト教史の研究
―通史のための試み―

発　行　2019年3月8日

著　者　鈴　江　英　一
発行者　野　澤　緯三男
発行所　北海道出版企画センター
〒001-0018　札幌市北区北18条西6丁目2-47
電　話　011-737-1755
ＦＡＸ　011-737-4007
振　替　02790-6-16677
ＵＲＬ　http://www.h-ppc.com/
E-mail　hppc186@rose.ocn.ne.jp

印刷所　㈱北海道機関紙印刷所

ISBN978-4-8328-1901-6 C3016